Kathy Wise

HOLZTIERE UND FIGUREN

MIT DER FEINSCHNITTSÄGE KREATIV GESTALTEN

Arbeitsbuch Dekupiersäge

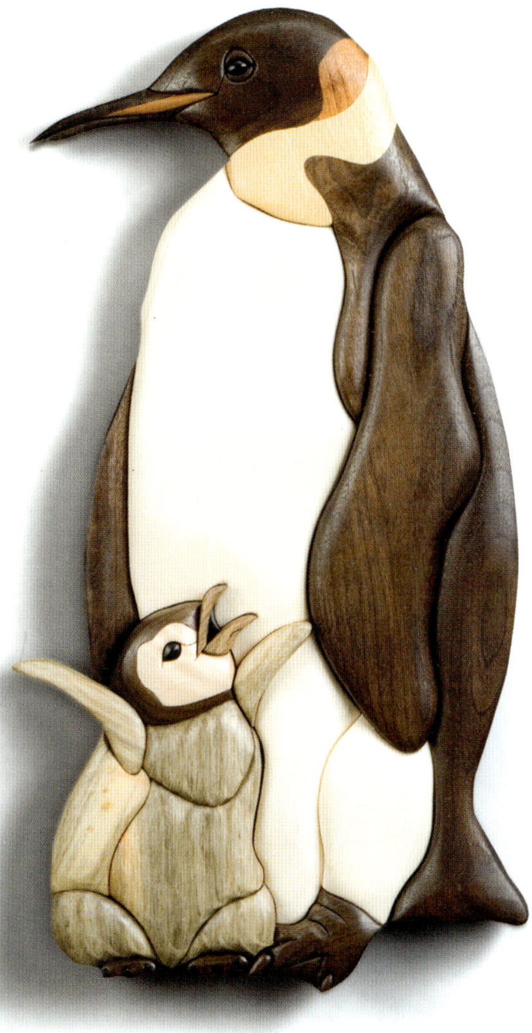

stv

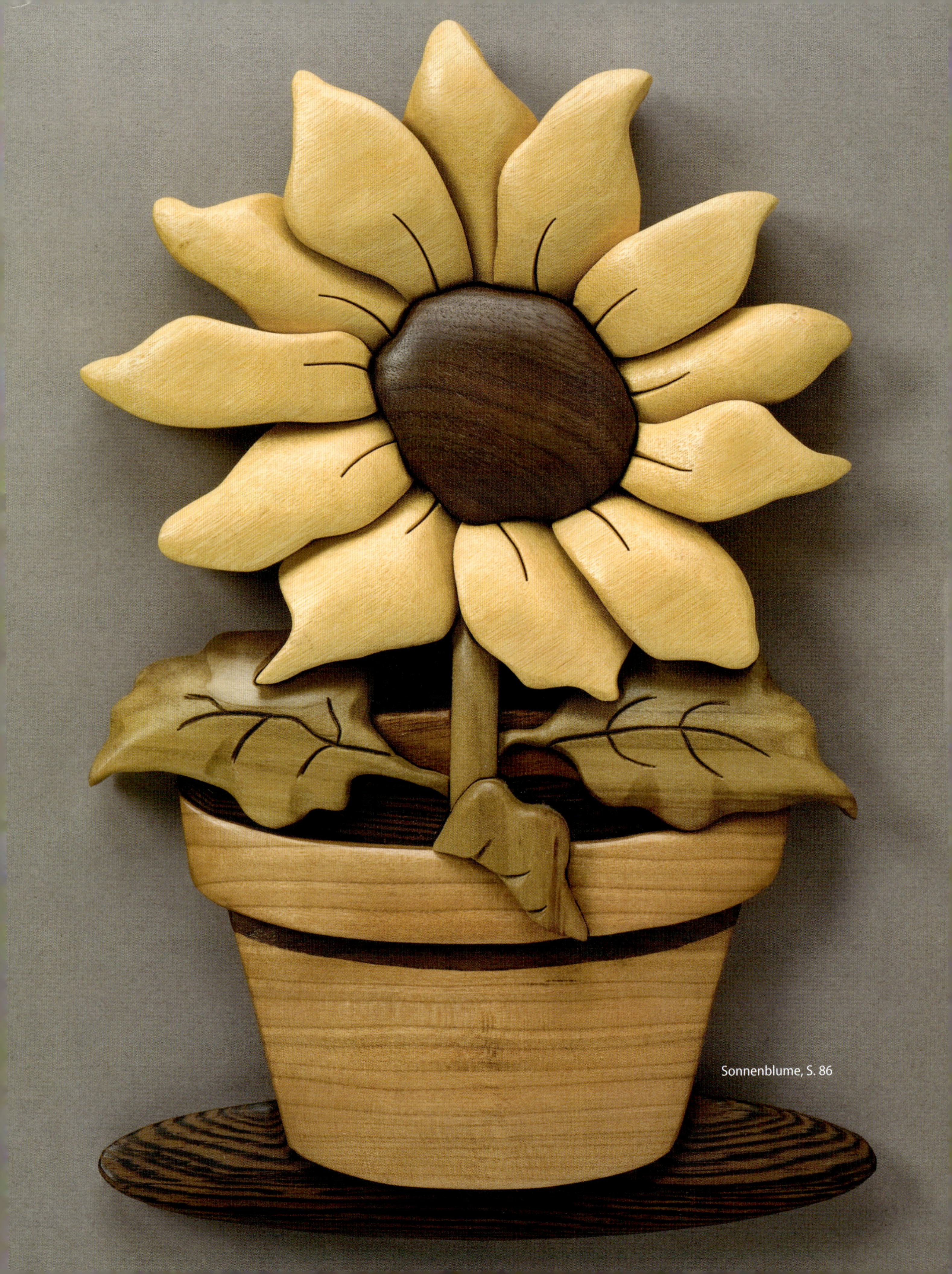

Sonnenblume, S. 86

ARBEITSBUCH
DEKUPIERSÄGE

KATHY WISE

HOLZ TIERE

UND FIGUREN

MIT DER FEINSCHNITTSÄGE
KREATIV GESTALTEN

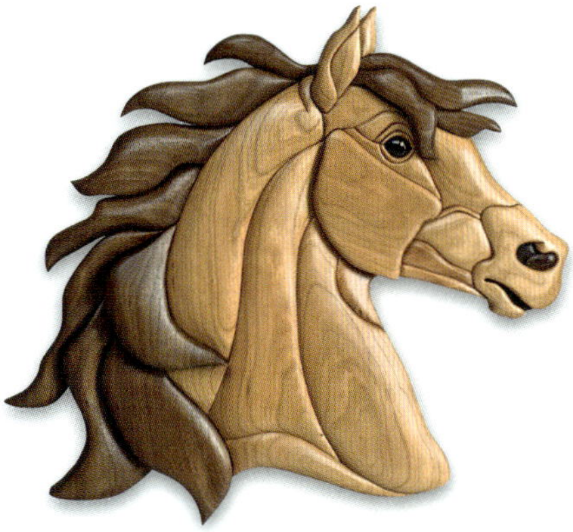

Leopold Stocker Verlag
Graz – Stuttgart

Umschlaggestaltung: DSR Werbeagentur Rypka GmbH, A-8143 Dobl/Graz, www.rypka.at

Bildnachweis:
Umschlagabbildungen Vorder- und Rückseite sowie Innenteil: Soweit nicht anders angegeben: Archiv der Autorin oder Archiv Scroll Saw Woodworking & Crafts Magazine. Alle Vorlagen stammen von der Autorin, sie dürfen ausschließlich für den persönlichen, nicht kommerziellen Gebrauch kopiert werden.

Titel der englischen Originalausgabe: Intarsia. Woodworking for Beginners. Skill-Building Lessons for Creating Beautiful Wood Mosaics; by Kathy Wise and Fox Chapel Publishing Company; ISBN 978-1-56523-442-0

Aus dem Englischen übertragen von Dr. Claudia Tancsits

Bibliografische Information der Deutschen Nationalbibliothek
Die Deutsche Nationalbibliothek verzeichnet diese Publikation in der Deutschen Nationalbibliografie; detaillierte bibliografische Daten sind im Internet über http://dnb.d-nb.de abrufbar.

Hinweis:
Dieses Buch wurde auf chlorfrei gebleichtem Papier gedruckt.

Auf Wunsch senden wir Ihnen gerne kostenlos unser Verlagsverzeichnis zu:
Leopold Stocker Verlag GmbH
Hofgasse 5/Postfach 438
A-8011 Graz
Tel.: +43 (0)316/82 16 36
Fax: +43 (0)316/83 56 12
E-Mail: stocker-verlag@stocker-verlag.com
www.stocker-verlag.com

ISBN 978-3-7020-1563-3

Layout: DSR Werbeagentur Rypka GmbH, A-8143 Dobl/Graz, www.rypka.at
Druck: Gorenjski tisk, Kranj – Slowenien

Sicherheitshinweis
Vorsicht beim Umgang mit der Dekupiersäge. Achten Sie stets auf Ihre Sicherheit. Beachten Sie bei der Verwendung von Oberflächenbehandlungsmitteln die Herstellerhinweise. Manche Öle sind selbstentzündlich.

INHALT

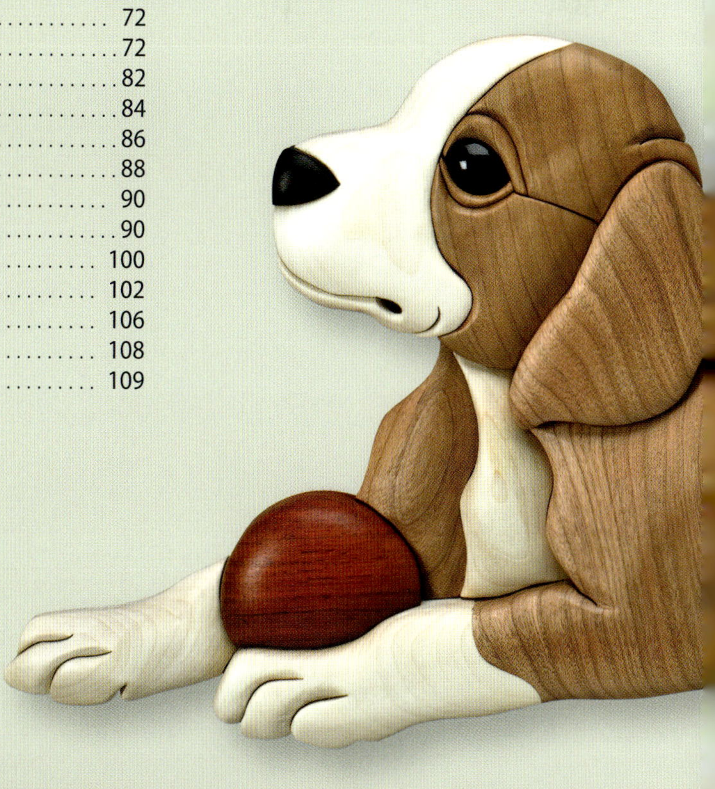

Einleitung

Intarsien sind ursprünglich Einlegearbeiten aus verschiedenfarbigen Hölzern (Furnieren) auf einem Holzhintergrund. Aus dieser altehrwürdigen italienischen Handwerkskunst, bei der eine ebene Holzfläche entsteht, entwickelte sich im Laufe der Jahre eine neue Technik, bei der die fertige Arbeit eine plastische Oberfläche erhält. Die so entstehenden Kunstwerke bezeichnet man ebenfalls als Intarsien. Jeder Intarsienkünstler, jede Intarsienkünstlerin hat eine eigene Arbeitsweise, einen eigenen Zugang zu dieser Kunst. Meiner Überzeugung nach gibt es keine „richtige" oder „falsche" Intarsientechnik, es gibt nur verschiedene Stile und Varianten. Holzfarben und Hell-Dunkel-Effekte sind bei der Intarsienkunst sehr wichtig. Ich arbeite so viel wie möglich mit natürlichen Holztönen. Manchmal jedoch bemale oder beize ich das Holz, um bestimmte Wirkungen zu erzielen. Da ich mich schon seit über 30 Jahren mit plastischen Tierdarstellungen beschäftige, lege ich auch bei meinen Intarsienarbeiten besonderen Wert auf Dreidimensionalität.

Ob das fertige Stück als rein handwerkliche oder als künstlerische Arbeit angesehen wird, hängt auch vom Thema ab. Naturgetreue Darstellungen von Landschaften oder Tieren in Holztönen werden eher als Kunstwerke betrachtet als eine noch so schön ausgeführte bunte Lokomotive. Dieses Buch enthält eine Auswahl an verschiedenartigen Projekten; naturalistische Darstellungen sind ebenso vertreten wie fröhliche „Farbtupfer".

Als Einführung in die faszinierende Welt der Intarsien möchte ich Ihnen alle Fertigkeiten vermitteln, die Sie brauchen, um diese Kunst auszuüben. Jede Projektarbeit baut auf der vorherigen auf; als Einsteiger nehmen Sie sich daher am besten ein Projekt nach dem anderen vor. Wenn Sie schon Kenntnisse in der Intarsientechnik mitbringen, blättern Sie die Übungen und Projekte durch – Sie finden darin allerlei nützliche Informationen sowie arbeitssparende Tipps und Tricks. Natürlich können Sie die Vorlagen abändern, die angegebenen Holzarten durch exotische Hölzer ersetzen, das Holz bemalen, beizen, mit Öl behandeln oder andere Materialien wie Glas, Stein oder Kunststoff hinzufügen, um den gewünschten Effekt zu erzielen. Geben Sie der Arbeit möglichst viel Tiefenwirkung. Betrachten Sie die Vorlage als Ausgangspunkt für Ihre Kreativität – machen Sie jedes Intarsienprojekt zu Ihrem höchstpersönlichen Meisterwerk. Und lassen Sie die Freude an der Arbeit nicht zu kurz kommen!

Kathy Wise

Über dieses Buch

Das Buch ist so aufgebaut, dass jeder diese schöne Technik erlernen und eindrucksvolle Kunstwerke gestalten kann – auch ohne irgendwelche Vorkenntnisse der Intarsienarbeit mitzubringen. In den Übungskapiteln werden die notwendigen Techniken und Abläufe Schritt für Schritt erklärt. Wenn Sie noch nie mit einer Dekupiersäge gearbeitet haben oder beim Durchführen einfacher Schnitte unsicher sind, empfehle ich Ihnen die Einsteigerübungen im Anhang ab S. 112.

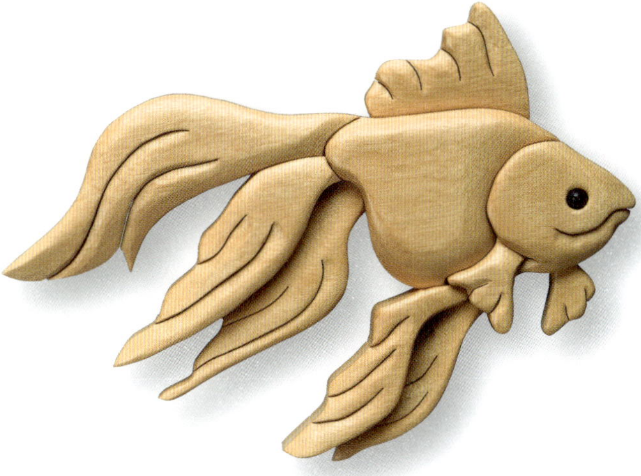

Der **1. Teil** führt mit sechs einfachen Übungsschritten in die Intarsientechnik ein. Sie gestalten Ihre erste Arbeit – einen Goldfisch – und erlernen dabei die Grundlagen: den Umgang mit Intarsienvorlagen, das Ausschneiden, Schleifen und Kleben der Teile, die Herstellung einer Trägerplatte und die Oberflächenbehandlung.

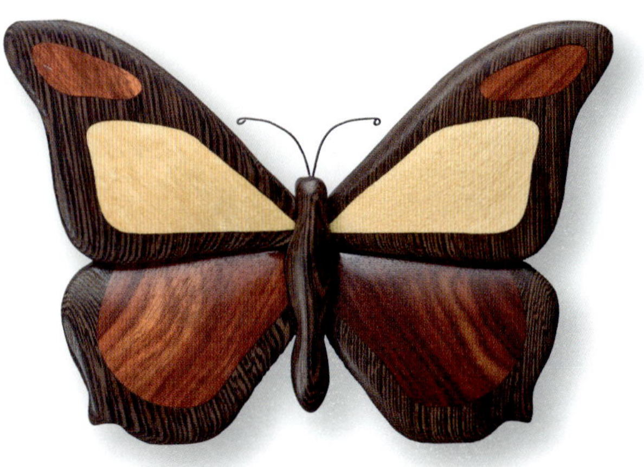

Im **2. Teil** (Übung 7–10) gestalten Sie einen prächtigen Schmetterling aus verschiedenfarbigen Hölzern. Sie erfahren, wie man mit mehreren Holztönen und den entsprechenden Vorlagen arbeitet, farbige Einlagen herstellt und die Teile zusammenfügt.

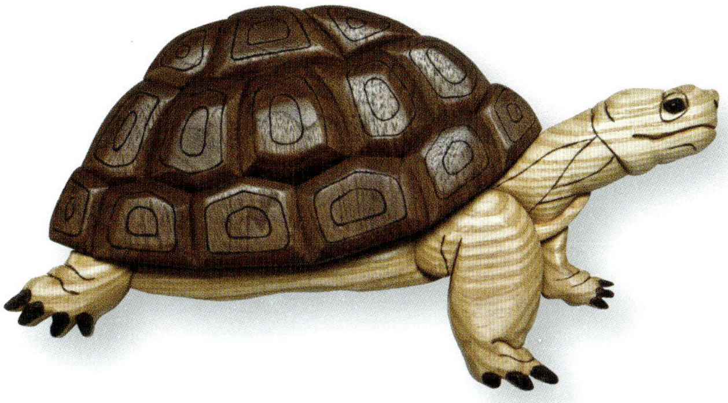

Im **3. Teil** (Übung 11–17) stehen schon anspruchsvollere Techniken wie Beizen, Lamellieren, der Einsatz von Unterlegscheiben und Overlays (aufgesetzten Teilen) sowie die Gestaltung der Oberfläche mit Schnitzmesser und Brandmalgerät auf dem Programm.

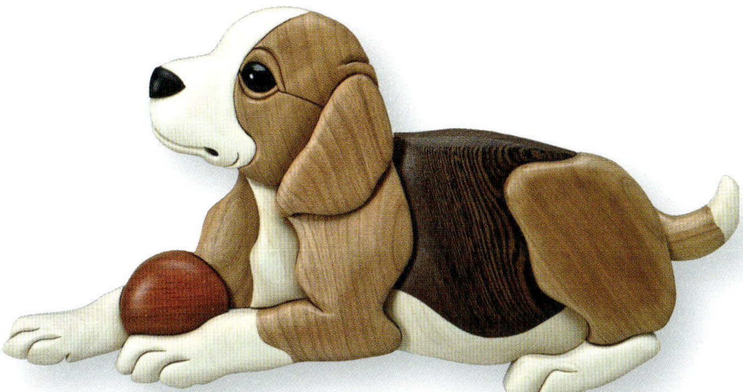

Die 19 Projekte im **4. Teil** sind in drei Abschnitte gegliedert. Jeder Abschnitt entspricht einer Leistungsstufe und beginnt mit einer detaillierten Schritt-für-Schritt-Anleitung. Bei jedem Einzelprojekt finden Sie eine Vorlage, anschauliche Fotos, eine Materialliste sowie nützliche Hinweise.

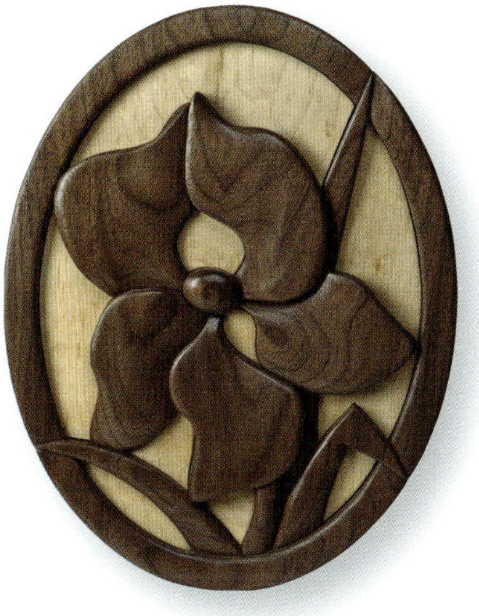

Der **1. Abschnitt** des 4. Teils enthält eine Schritt-für-Schritt-Anleitung für diese edle Schwertlilie sowie weitere Vorlagen für einen verspielten Hund, eine Schildkröte, einen fantasievoll gestalteten Fotorahmen und vieles mehr.

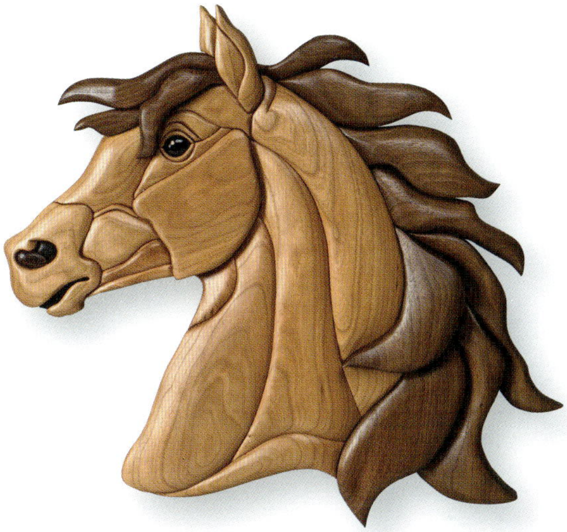

Der **2. Abschnitt** beginnt mit der Schritt-für-Schritt-Anleitung für ein feuriges Pferd. Außerdem stehen eine Sonnenblume, ein Frosch, ein Leuchtturm und weitere schöne Projekte zur Auswahl.

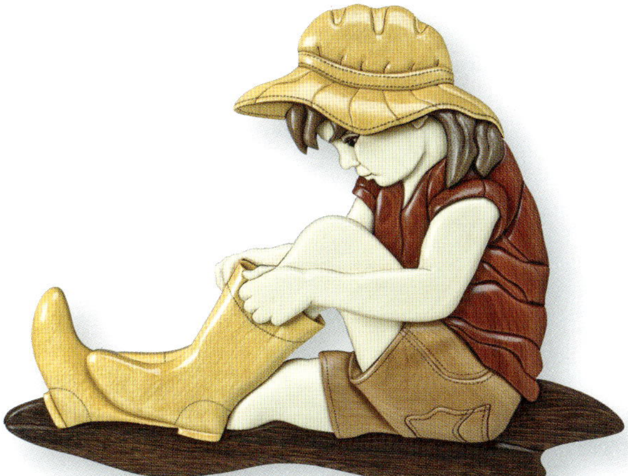

Der **3. Abschnitt** enthält die anspruchsvollsten Arbeiten im ganzen Buch. Die Schritt-für-Schritt-Anleitung für das „Kind mit Stiefeln" macht den Anfang. Ein kecker Waschbär, ein Vogelhäuschen und weitere lohnende Projekte folgen.

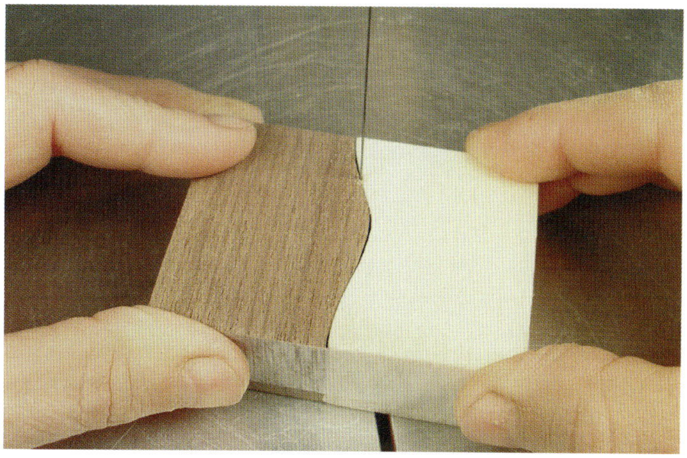

Im **Anhang** finden Einsteiger, die den Umgang mit der Dekupiersäge erlernen oder ihre Technik perfektionieren wollen, eine ganze Reihe einfacher Übungen und Vorlagen.

1

1. TEIL

DIE WICHTIGSTEN ARBEITSSCHRITTE: *Ein Goldfisch entsteht*

Vom Umgang mit einer einfachen Vorlage bis zum Anbringen der Aufhängevorrichtung lernen Sie auf den folgenden Seiten anhand zahlreicher Abbildungen und Fotos alle grundlegenden Arbeitsschritte kennen und gestalten zugleich Ihr erstes Intarsienkunstwerk, einen Goldfisch mit elf Teilen. Damit Sie sich besser auf den Arbeitsvorgang konzentrieren können, habe ich nur eine Holzart verwendet – wegen des schönen Farbtons fiel meine Wahl auf Gelbholz. Wenn Sie den Umgang mit der Dekupiersäge erst lernen müssen, nehmen Sie ein weicheres Holz wie Pappel oder Zeder, das leichter zu schneiden und in Form zu schleifen ist. Sie können die Arbeit auch zur Gänze oder zum Teil bemalen oder beizen.

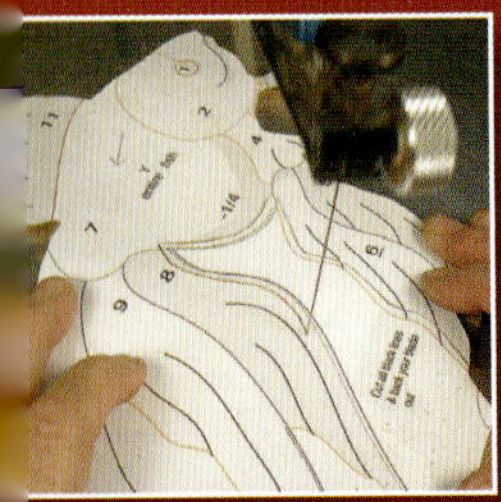
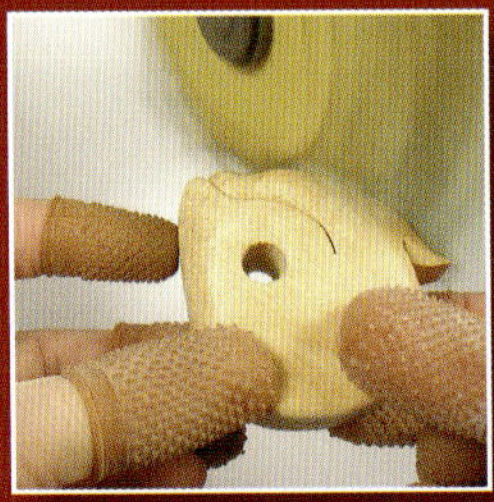
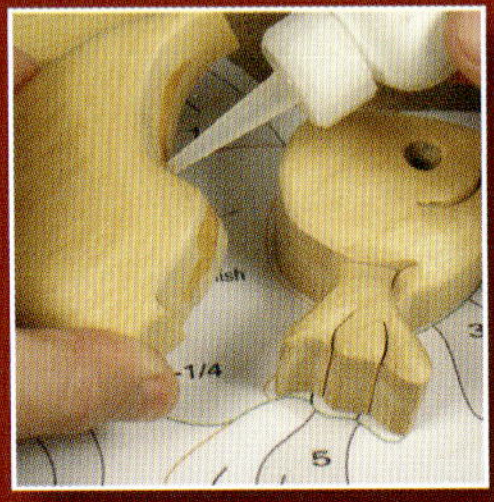
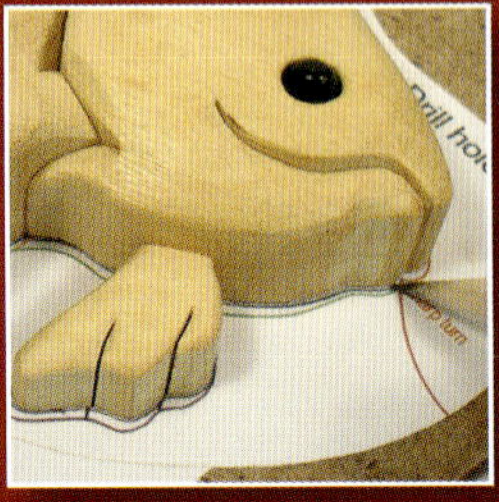
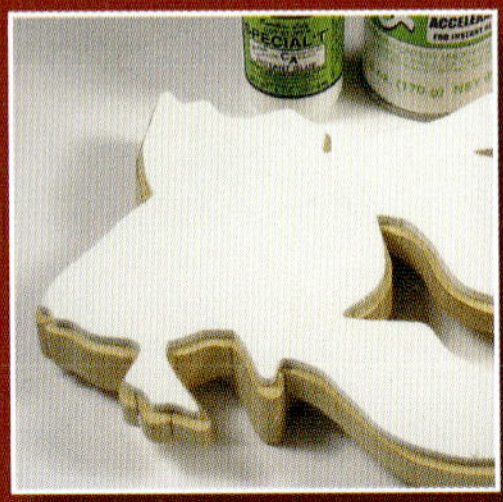

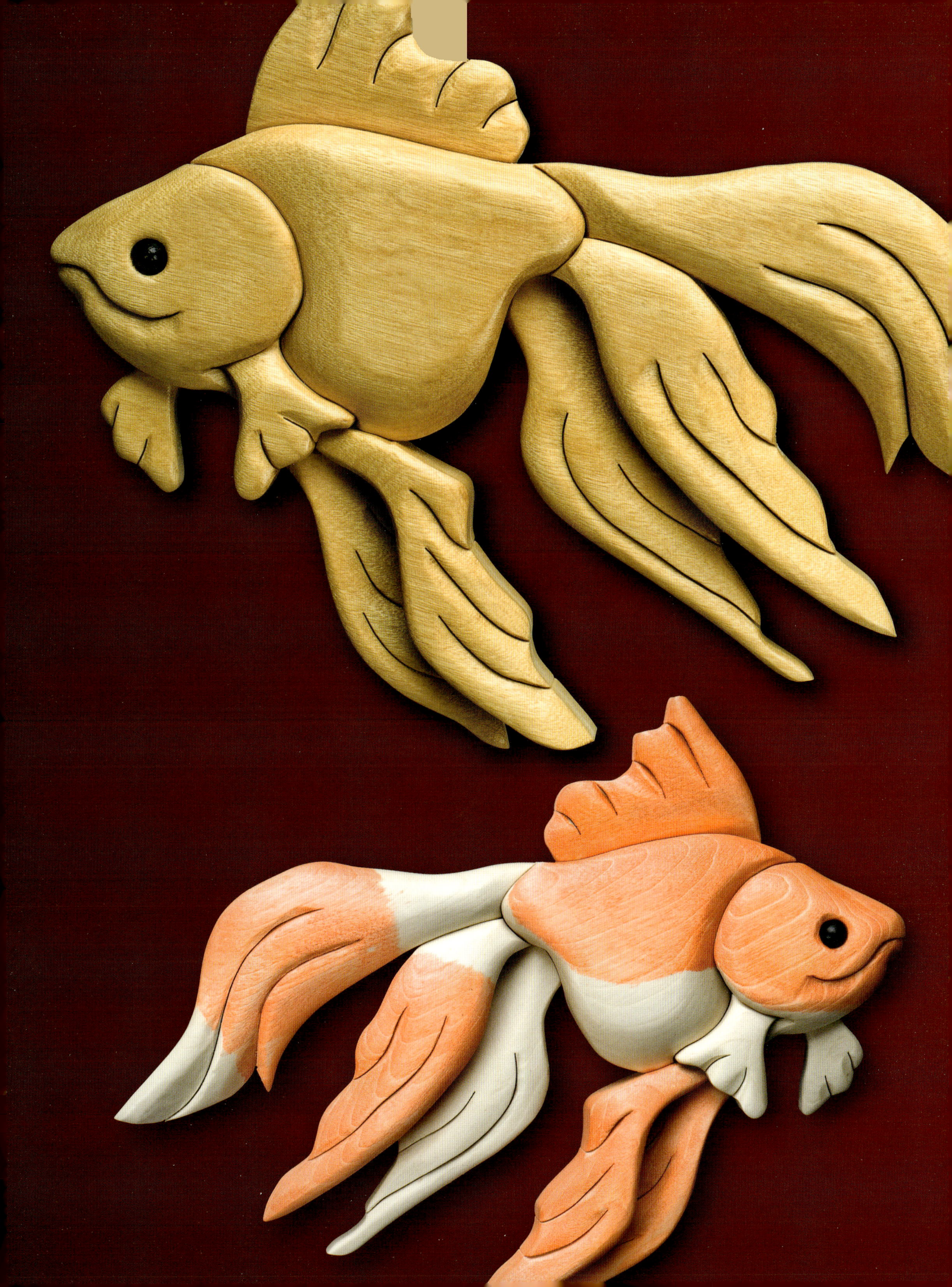

Goldfisch

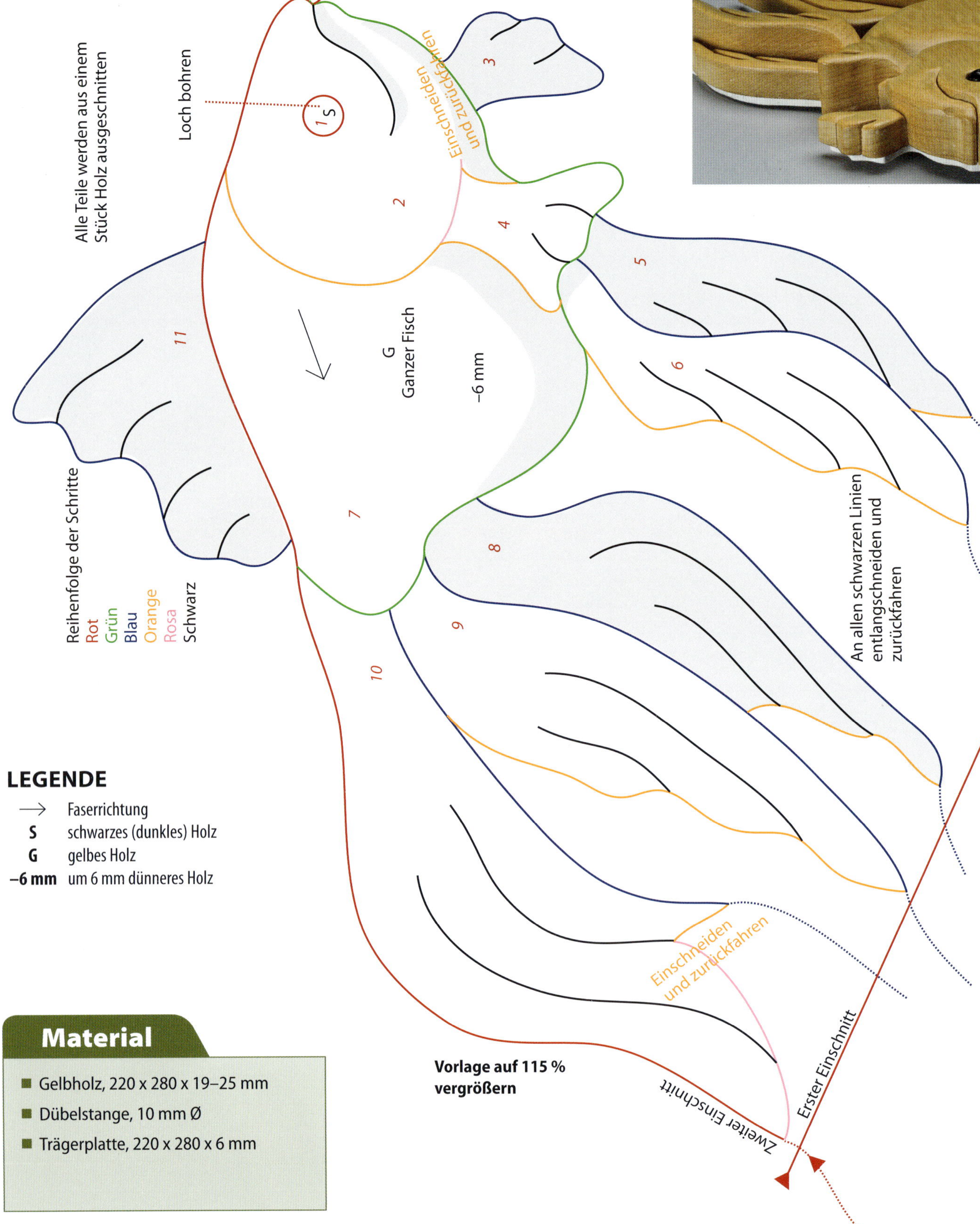

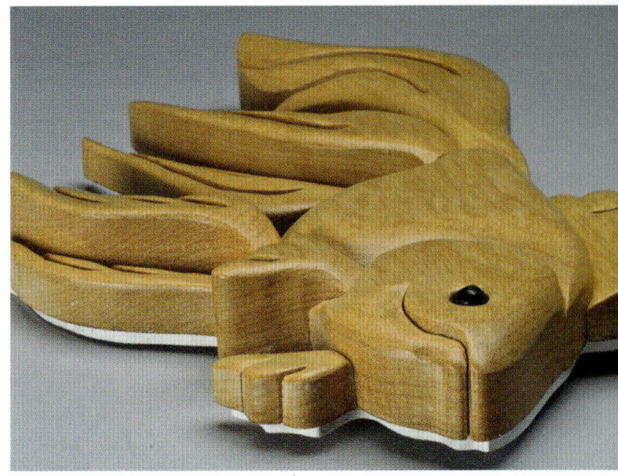

Vorlage auf 115 % vergrößern

LEGENDE

→	Faserrichtung
S	schwarzes (dunkles) Holz
G	gelbes Holz
–6 mm	um 6 mm dünneres Holz

Material

- Gelbholz, 220 x 280 x 19–25 mm
- Dübelstange, 10 mm Ø
- Trägerplatte, 220 x 280 x 6 mm

1. ÜBUNG

Umgang mit einer einfachen Vorlage

Hinweis!
Da es sich bei diesem Buch um eine Übersetzung handelt, sind in den Ablaufbildern die englischen Bezeichnungen der Angaben auf den Kopiervorlagen sichtbar.

Eine Intarsienvorlage enthält jede Menge Details und Infos – z. B. Vorschläge für Holzfarben, Faserrichtungspfeile, graue Schattierungen für das Formschleifen, Begrenzungslinien für Unterlegscheiben oder Linien, die mit dem Brandmalgerät eingebrannt werden müssen. Mehr dazu erfahren Sie in dieser Übung. Bevor Sie zu arbeiten beginnen, machen Sie mehrere Kopien von der Vorlage – wozu das gut ist, wird unten erklärt.

Sehen Sie sich die Vorlage auf S. 10 mit den verschiedenen **Symbolen** an.

Die **Faserrichtungspfeile** sind als Vorschläge gedacht. Wenn Sie ein Stück Holz zur Verfügung haben, das wegen seiner Maserung besonders gut geeignet ist, können Sie die Pfeile durchaus ignorieren.

Ziffern mit Vorzeichen (plus oder minus) bedeuten, dass eine Fläche höher oder tiefer als die restliche Arbeit gelegt werden soll. Bei einem Minuszeichen schleifen Sie das Holz ab oder nehmen Sie dünneres Holz. Bei einem Pluszeichen verwenden Sie dickeres Holz oder eine Unterlegscheibe.

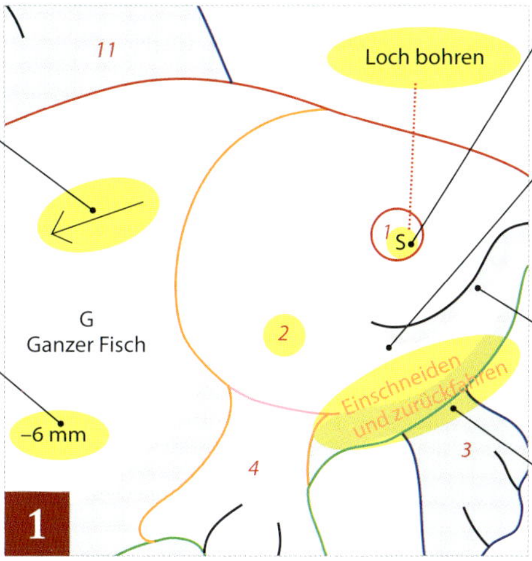

1

Solche **Buchstaben** beziehen sich auf die in der Legende empfohlenen Holztöne für die verschiedenen Teile.

Die **Nummerierung** hilft beim Unterscheiden der Teile. Übertragen Sie die Nummer auf die Rückseite jedes ausgeschnittenen Teils, damit Sie wissen, wo er hingehört.

Graue Schattierungen zeigen die Bereiche an, die durch Schleifen abgesenkt werden müssen.

Die Vorlage kann noch **zusätzliche Anweisungen** enthalten.

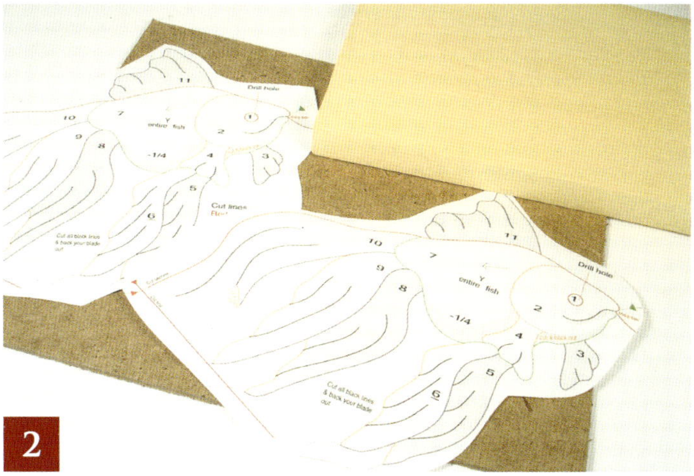

2

Machen Sie drei Kopien von der Vorlage: eine zum Aussägen des Fisches, eine für die Trägerplatte und eine als „Extrakopie" für alle Fälle. Wenn ich während der Arbeit merke, dass ich eine zusätzliche Kopie brauche, will ich nicht alles stehen und liegen lassen, um den Kopierer anzuwerfen!

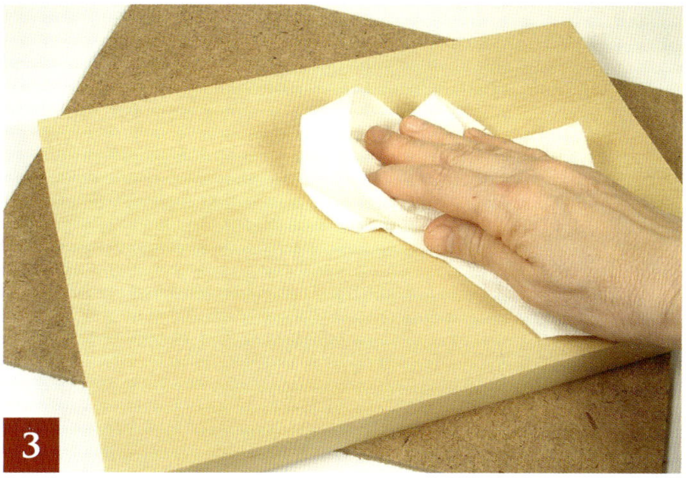

3

Wischen Sie Staub und Schmutz gründlich ab, bevor Sie die Vorlage auf den Rohling kleben. Wenn der Rohling nicht ganz eben ist, hobeln oder schleifen Sie ihn ab. Unebene oder verzogene Rohlinge erschweren das Ausschneiden und das Zusammensetzen der Teile.

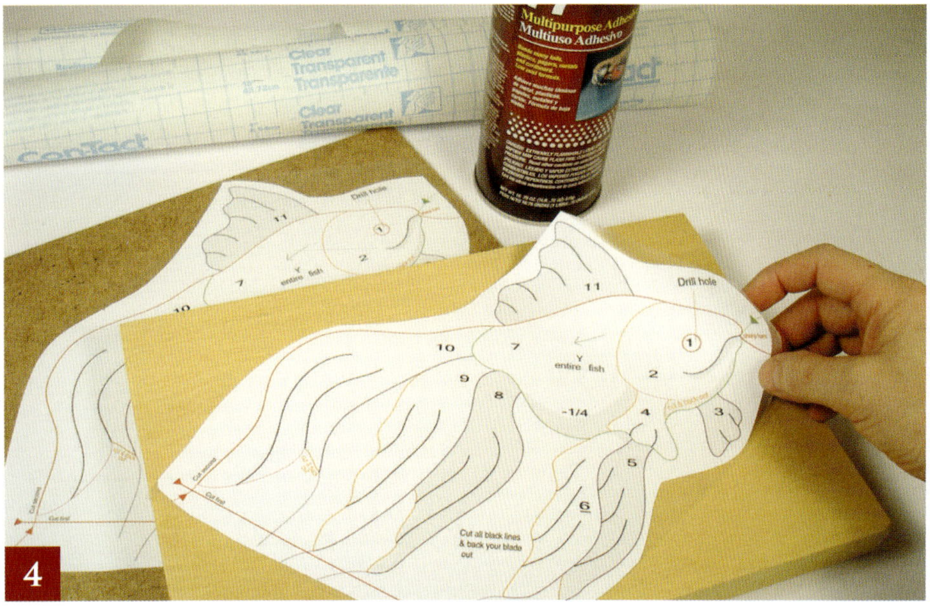

4

Besprühen Sie die Rückseite der Vorlage mit Sprühkleber und kleben Sie sie auf die glänzende Seite einer durchsichtigen Klebefolie. Schneiden Sie die Vorlage aus und ziehen Sie das Haftpapier ab. Kleben Sie die Vorlage auf das Holz. Richten Sie sie dabei mithilfe der Faserrichtungspfeile aus.

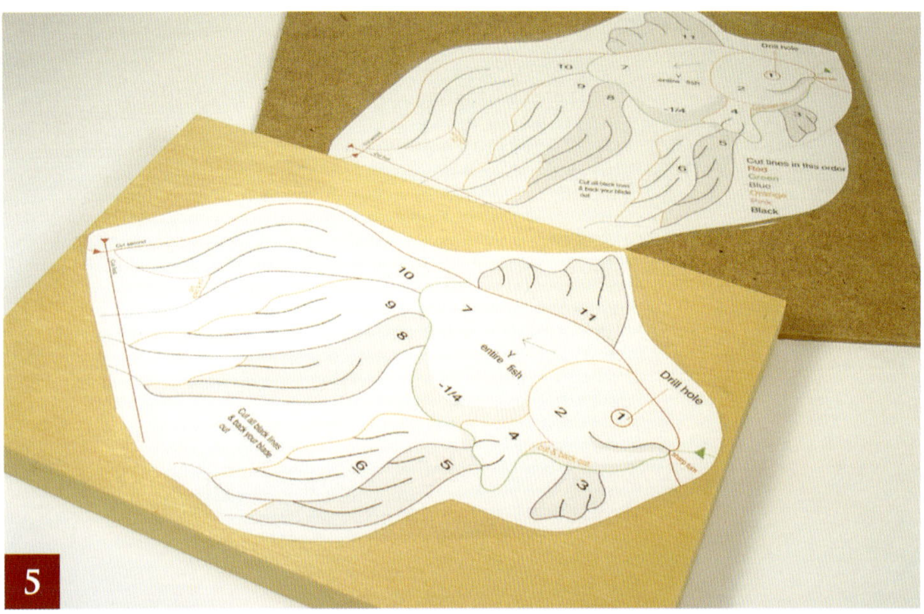

5

Erster Kontrollpunkt: So sieht das Projekt nach den ersten Arbeitsschritten aus.

Tipps

- Die auf die Trägerplatte aufgeklebte Vorlage kann als Arbeitsfläche zum probeweisen Auflegen der Teile verwendet werden.
- Wenn Sie eine Trägerplatte aus Masonit gewählt haben, kleben Sie die Vorlage unbedingt auf die raue Seite der Platte.
- Äußere, nicht benötigte Bereiche des Rohlings können Sie abschneiden, damit er eine handlichere Größe bekommt und sich die Teile leichter aussägen lassen.
- Wenn Sie mit Sprühkleber und Klebefolie arbeiten, können Sie die Vorlage wieder vom Holz abnehmen und anders platzieren. Es bleiben auch keine Kleberreste am Rohling zurück.

2. ÜBUNG

Einfache Intarsien schneiden

Einsteiger wissen oft nicht, wo sie zu schneiden beginnen sollen. Mit zunehmender Übung werden Sie bald auf den ersten Blick erkennen, welche Linien Sie zuerst schneiden müssen, um das ganze Projekt zu „erschließen“ und den Zugang zu anderen Linien zu erleichtern. Die Vorlage für den Goldfisch hat einen Farbcode, der Einsteigern die Arbeit erleichtern soll. Wenn Sie keinen Farbkopierer haben, legen Sie das Buch griffbereit auf, damit Sie jederzeit nachschauen können.

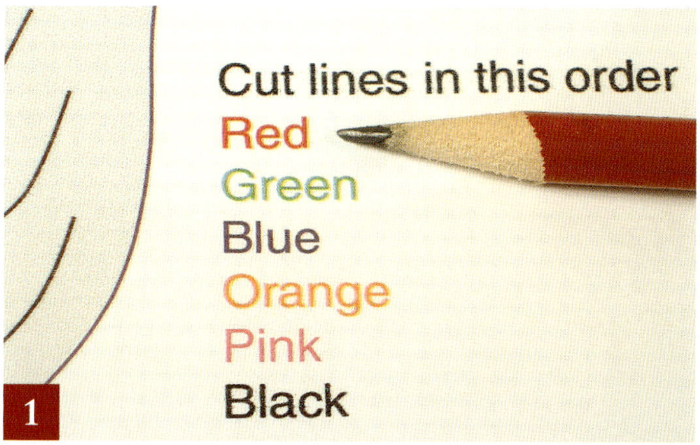

1

Überprüfen Sie, ob das Sägeblatt senkrecht zum Sägetisch steht und der Rohling eben ist. Schneiden Sie mit einem Sägeblatt Nr. 5 mit Gegenzähnen oder dem Sägeblatt Ihrer Wahl an den farbcodierten Vorlagelinien entlang; beginnen Sie mit den roten Linien. Wenn Sie die angegebene Reihenfolge einhalten, erleichtert jeder Schnitt die folgenden Schnitte.

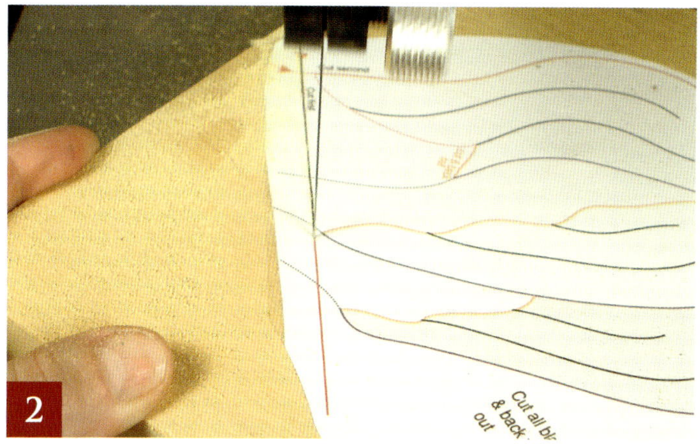

2

Bei diesem Projekt sind hauptsächlich Kurven zu schneiden. Sie können aber mit einer geraden Linie an der Spitze der Flossen beginnen, um etwas Abfallholz loszuwerden. Schneiden Sie langsam; schieben Sie das Werkstück von vorne und nicht von der Seite auf das Sägeblatt zu. Lassen Sie das Sägeblatt die Arbeit machen. Einsteiger sind oft ungeduldig und schieben das Werkstück mit zu viel Druck auf das Sägeblatt zu. Das Ergebnis sind krumme Schnitte, geringe Passgenauigkeit und abgebrochene Sägeblätter.

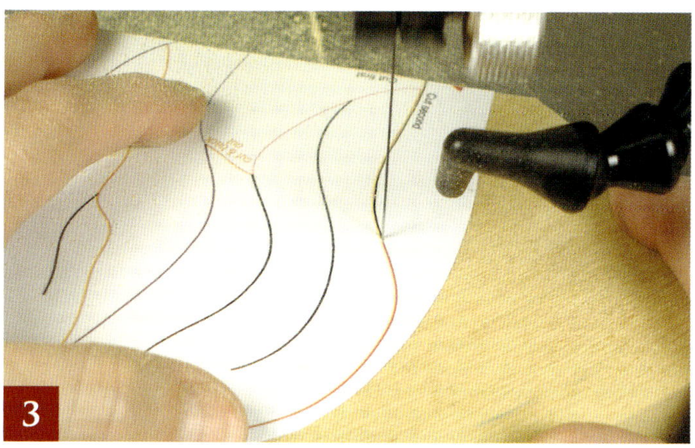

3

Schneiden Sie die rote Linie am Rücken des Fisches. Während Sie das Holz vorschieben, drehen Sie es langsam, um die Kurven zu schneiden. Wenn das Sägeblatt von der Linie abweicht, führen Sie es allmählich auf die Linie zurück. Da Sie alle Teile aus demselben Rohling ausschneiden, passen sie auch zueinander, wenn das Sägeblatt von der Linie abkommt.

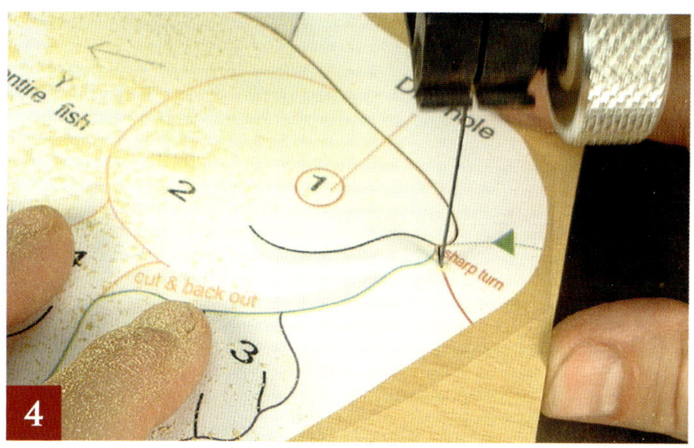

4

Wenn Sie zu der scharfen Wendung am Maul kommen, hören Sie auf, das Holz vorzuschieben oder zu bewegen, und lassen Sie das Sägeblatt auf der Stelle laufen. Üben Sie von hinten leichten Druck auf das Sägeblatt aus und drehen Sie das Holz. Dadurch dreht sich das Sägeblatt im Sägeschlitz, ohne weiter nach vorne zu schneiden. Wenn sich das Sägeblatt in der richtigen Position befindet, schieben Sie das Holz auf das Sägeblatt zu und schneiden Sie weiter. Mit feineren Blättern lassen sich scharfe Wendungen leichter schneiden.

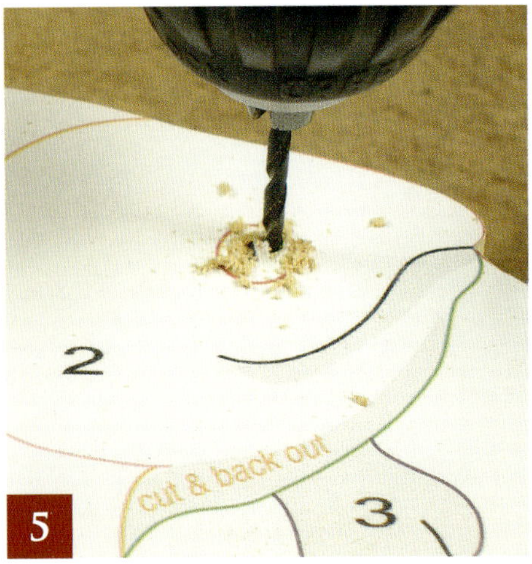

Wenn eine Innenfläche auszuschneiden ist, müssen Sie ein Startloch bohren. Tun Sie dies, bevor die Arbeit weit fortgeschritten und der Teil so klein geworden ist, dass er sich nur schwer handhaben lässt. Wählen Sie einen Bohrer, der stärker als Ihr Sägeblatt ist, und bohren Sie ein Loch im Bereich des Auges. Schleifen Sie die Rückseite ab, um etwaige Grate zu entfernen. Fädeln Sie das Sägeblatt durch das Loch und schneiden Sie den Kreis aus.

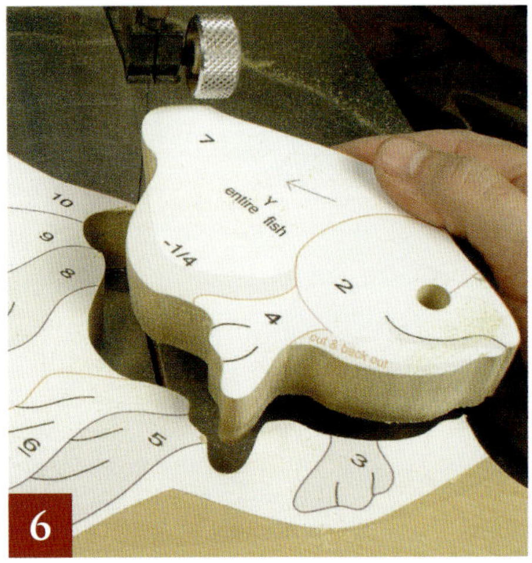

Schneiden Sie an den grünen und blauen Linien entlang. Legen Sie die ausgeschnittenen Teile beiseite. Arbeiten Sie in der vorgegebenen Reihenfolge (nach dem Farbcode) weiter, bis alle Teile ausgeschnitten sind. Wenn ein Teil sich nicht leicht ausschneiden lässt, versuchen Sie von der anderen Seite zu schneiden. Schneiden Sie zuletzt an allen schwarzen Linien entlang und fahren Sie danach jeweils zurück.

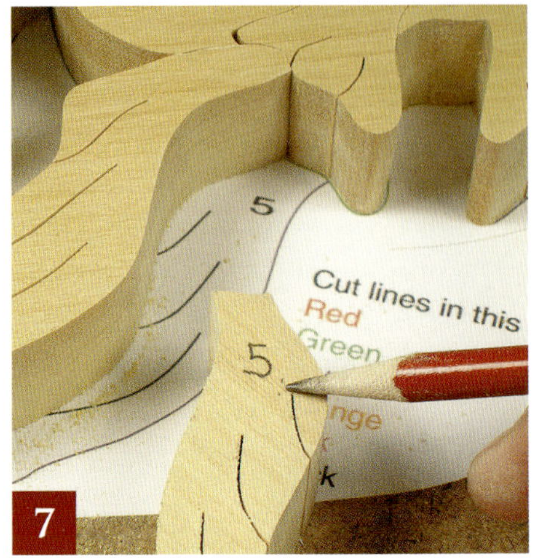

Nummerieren Sie jeden Teil mit Bleistift auf der Rückseite. Ziehen Sie das Vorlagepapier von der Vorderseite aller Teile ab.

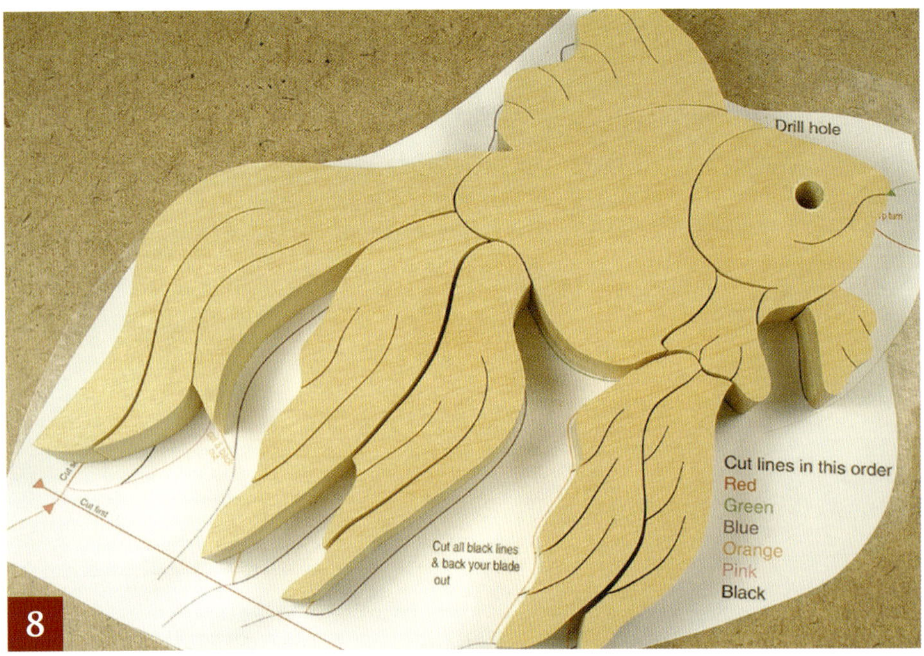

Zweiter Kontrollpunkt: Legen Sie alle Teile auf der Vorlage auf der Trägerplatte auf.

Tipps

- Manche Teile werden von einer Vorlagelinie „geteilt" – wenn Sie an diesen Linien entlangschneiden, erhalten Sie kleinere, handlichere Teile (siehe Schritt 6). Wählen Sie Linien ohne scharfe Kurven, die nicht in einer „Sackgasse" enden.
- Schneiden Sie auf die Kante des Holzes zu und über diese hinaus, wenn Sie dadurch eine scharfe Wendung vermeiden können.
- Zum Wenden bei scharfen Außenecken schneiden Sie eine Schleife in den Abfallbereich.
- Statt des Innenschnitts für das Auge können Sie mit einem 10-mm-Bohrer ein Loch in der Größe des Dübels bohren.
- Wenn sich ein Teil nur schwer ausschneiden lässt, üben Sie vielleicht zu viel Druck auf das Holz aus, sodass sich das Sägeblatt verbiegt und der Schnitt krumm wird. Sägen Sie langsamer und lassen Sie das Sägeblatt die Arbeit machen.

3. ÜBUNG

Teile in Form schleifen

Um dem Projekt mehr Tiefe zu geben, senken Sie die am weitesten vom Betrachter „entfernten" Bereiche ab. Die betreffenden Bereiche – beim Goldfisch z. B. die Rückenflosse (Teil Nr. 11) – sind auf der Vorlage grau schattiert. Ich schneide meist alle Teile zuerst aus gleich starkem Holz aus und reduziere die Stärke je nach Bedarf durch Schleifen oder Schneiden. Orientieren Sie sich auch an dem Foto in Seitenansicht auf S. 10, das die Höhenunterschiede an der fertigen Arbeit zeigt.

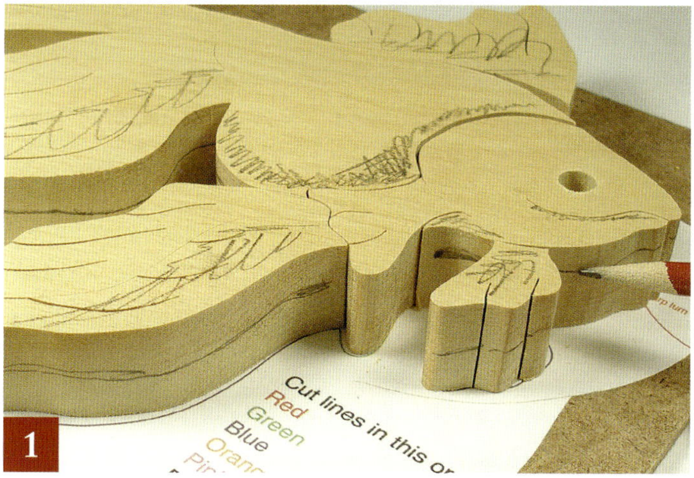

Markieren Sie die abzusenkenden Bereiche mit Bleistift (siehe Abbildung). Orientieren Sie sich nach den Schattierungen auf der Vorlage. An den Fotos vom fertigen Projekt sehen Sie, wie stark die Teile abgeschliffen werden müssen.

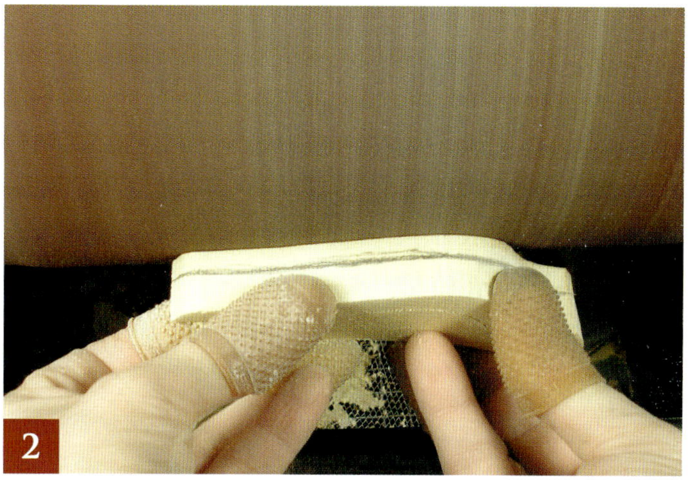

Schleifen Sie zuerst all jene Teile, die am stärksten abgesenkt werden (Nr. 3, 5, 8 und 11). Ich schleife diese Teile mit einem Trommelschleifer auf eine Stärke von 13 mm herunter. Halten Sie den jeweiligen Teil immer so, dass Sie die Markierungslinie sehen können. Schleifen Sie bis zur Markierungslinie. Drehen Sie den Teil und überprüfen Sie, ob Sie rundherum bis zur Linie geschliffen haben.

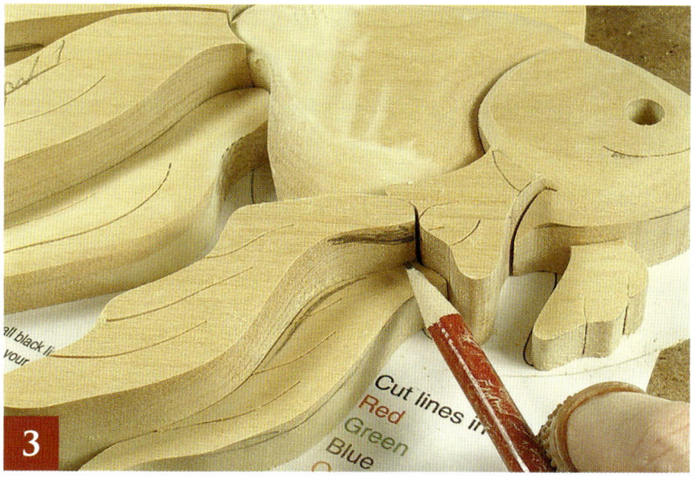

Legen Sie den Teil zwischendurch öfter auf die Vorlage, um die Markierung zu überprüfen und zu ergänzen. Schleifen Sie lieber „kleinweise" und überprüfen Sie die Stärke immer wieder – wenn Sie zu viel wegschleifen, müssen Sie den Teil nochmals ausschneiden! Wenn die abgeschliffenen Teile alle etwa die gleiche Höhe haben und das Projekt dreidimensional wirken lassen, haben Sie Ihr Ziel erreicht.

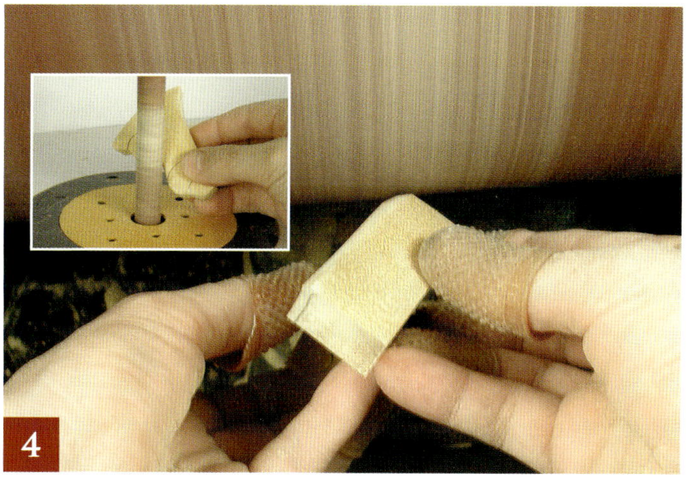

Drücken Sie die Kanten der höheren Teile (Nr. 2, 4, 6, 7, 9 und 10) in einem Winkel von 45° leicht an den Trommelschleifer, um sie abzurunden. Schleifen Sie direkt an den Kanten etwa 6 mm ab. Für enge Innenrundungen brauchen Sie ein Multifunktionswerkzeug mit einem 13-mm-Schleifband. Nach Wunsch können Sie die Linien an den Flossen und unter dem Maul mit einem Handschnitzmesser oder einem Motorschnitzgerät betonen.

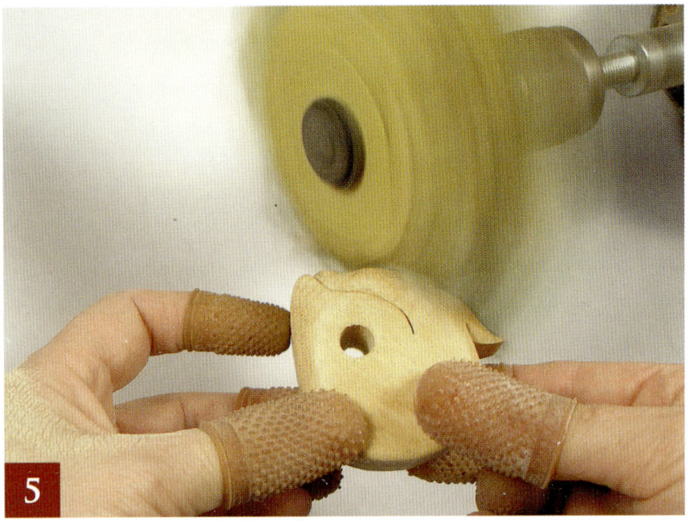

5

Wenn Sie die Teile nicht mit der Hand schleifen wollen, ist ein Schleifmop zu empfehlen. Mit diesem Gerät erhalten Sie schnell und mühelos eine glatte Oberfläche. Wenn Sie den Schleifmop an einem Multifunktionsgerät oder einer Standbohrmaschine mit variabler Geschwindigkeit montieren, können Sie die Drehzahl (RPM) einstellen und dadurch Brandspuren am Holz vermeiden.

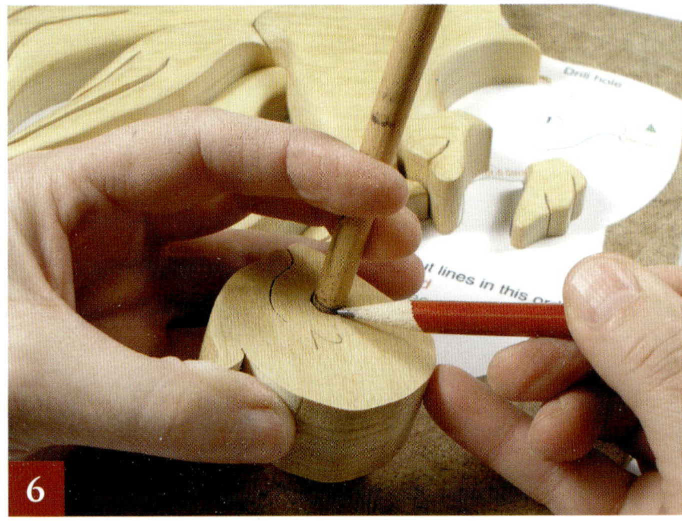

6

Für das Auge runden Sie das Ende einer 10-mm-Dübelstange mit dem Trommelschleifer ab. Danach behandeln Sie das Ende noch mit dem Schleifmop. Führen Sie die Dübelstange provisorisch in das Loch ein, markieren Sie sie an der Unterkante und schneiden Sie sie mit der Dekupiersäge ab. Färben Sie das Ende mit Farbe, Beize oder mit dem Brandmalgerät schwarz.

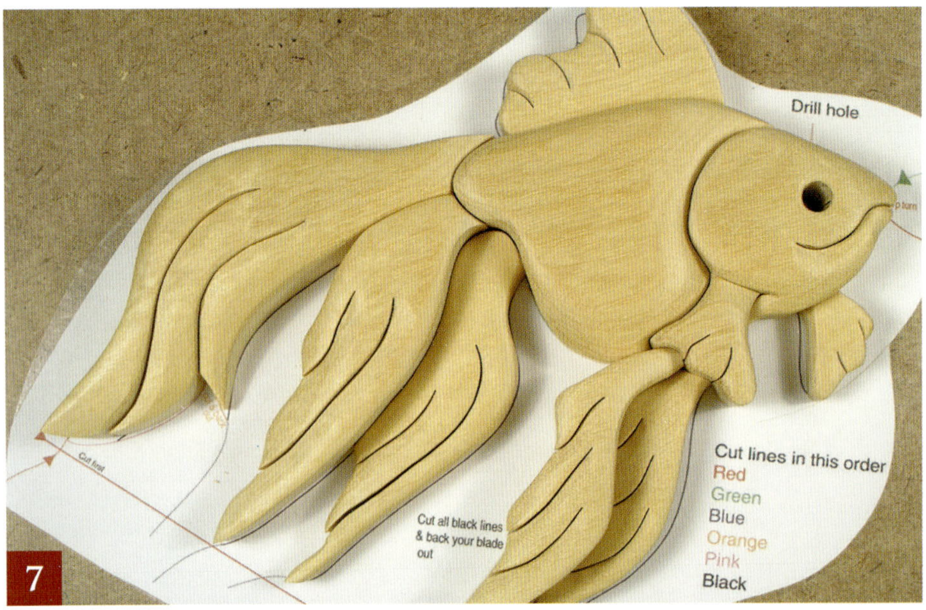

7

Dritter Kontrollpunkt: Legen Sie alle Teile auf der Vorlage auf. Überprüfen Sie, ob Sie mit den Höhenunterschieden zufrieden sind und die benachbarten Teile am Schwanz und am Körper fließend ineinander übergehen. Die langen Bauchflossen (Nr. 5 und 6) sollten tiefer liegen als die kurze Brustflosse (Nr. 4).

Tipps

- Verwenden Sie beim Schleifen Fingerschützer aus Gummi (erhältlich in Bürobedarfsgeschäften).
- Tragen Sie Augenschutz und Staubmaske.
- Eine gute Staubabsaugung ist wichtig: Bei manchen Holzarten ist der Holzstaub giftig.
- Mit einem Arbeitstisch auf Rollen können Sie die Werkstücke bequem von der Säge zum Schleifgerät transportieren.
- Schwer zugängliche Bereiche schleifen Sie am besten von Hand. Für ganz kleine Flächen eignet sich eine Nagelfeile.
- Halten Sie die Teile schräg gegen das Licht, um Kratzer und Unebenheiten besser zu erkennen. Wenn nötig, schleifen Sie sie noch einmal.
- Wenn Sie zu viel abgeschliffen haben, können Sie den Teil immer neu zuschneiden und schleifen. Das gehört zum Lernprozess!
- Halten Sie die Teile leicht an den Rand des Schleifmops – wenn Sie sie zu fest hineindrücken, werden sie vom Mop erfasst und zu Boden geschleudert. Kleine Teile halten Sie am besten mit einer Zange oder Pinzette.

4. Übung

Teile zusammenkleben

Ich befestige die Teile zunächst mit dickem, lückenfüllendem Cyanacrylatkleber (CA-Kleber) aneinander, bevor ich den ganzen Fisch auf die Trägerplatte klebe. Wenn Sie Kleberbeschleuniger verwenden, verringert sich die Trocknungszeit auf 5–10 Sekunden. Sprühen Sie den Kleberbeschleuniger auf eine Klebefläche auf, bevor Sie einige Tropfen CA-Kleber auf die andere Klebefläche setzen.

Vorsicht! CA-Kleber kann allergische Hautreaktionen hervorrufen und reizt Augen und Atemwege. Beim Kleben sowie beim Schleifen und Schneiden geklebter Bereiche auf ausreichende Belüftung achten. Beim Schneiden kommt es zur Erhitzung des Klebers und zur Freisetzung von Dämpfen – daher die Luft mit einem Ventilator vom Gesicht wegblasen.

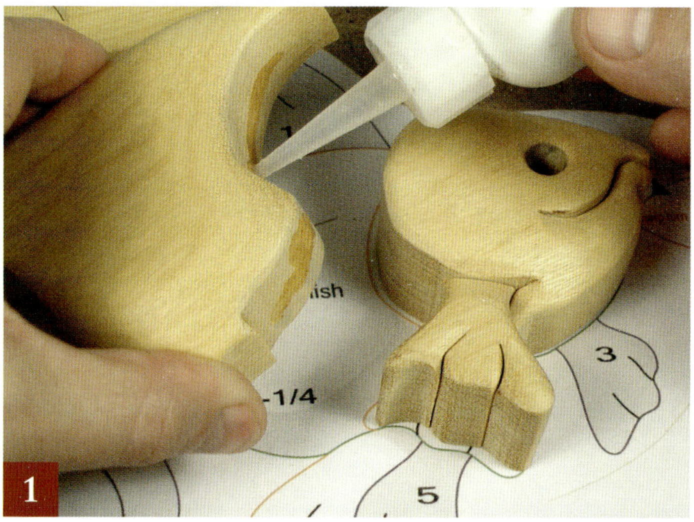

1

Setzen Sie einen Tropfen CA-Kleber auf dem Körper (Teil Nr. 7) auf. Drücken Sie den Kopf (Nr. 2) und die Flosse (Nr. 4) fest dagegen und lassen Sie den Kleber einige Minuten trocknen. Dann wiederholen Sie den Vorgang mit weiteren Teilen. Fahren Sie fort, bis alle Teile zusammengeklebt sind.

Kleben mit CA-Kleber + Beschleuniger

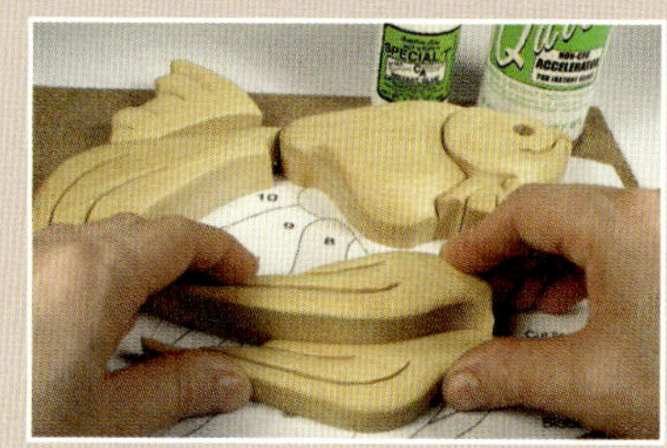

Bei der Verwendung von Kleberbeschleuniger müssen die Teile schnell an der richtigen Stelle platziert werden. Immer nur einen Bereich auf einmal kleben. Kleberbeschleuniger auf einen Teil aufsprühen, einige Tropfen CA-Kleber auf den anderen Teil setzen. Die Teile fest zusammengedrückt auf der Arbeitsfläche trocknen lassen und dabei leicht drehen, damit sie nicht am Vorlagepapier ankleben. Wenn der Kleber trocken ist, die nächsten Teile kleben. Fortfahren, bis alle Teile geklebt sind. Mehr zu CA-Kleber auf S. 43.

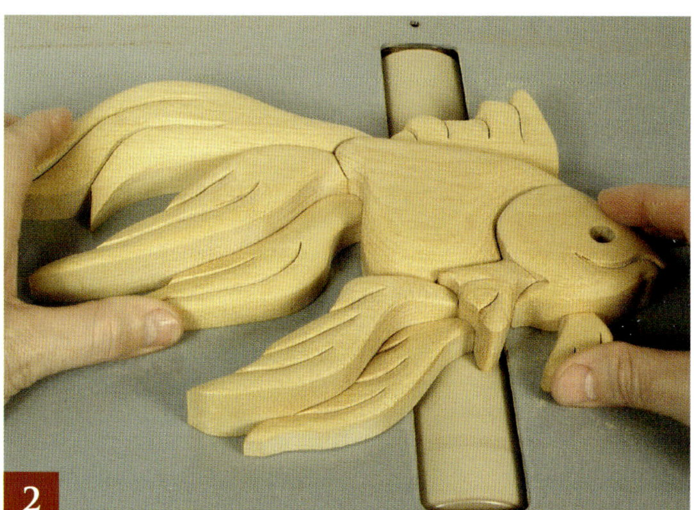

2

Wenn alle Teile zusammengeklebt sind, schleifen Sie die Rückseite plan ab, sodass eine gerade, ebene Fläche entsteht, die dann auf die Trägerplatte geklebt wird. Wenn Sie keine Walzenschleifmaschine haben, entfernen Sie sorgfältig alle Papier- oder Kleberreste von der Rückseite.

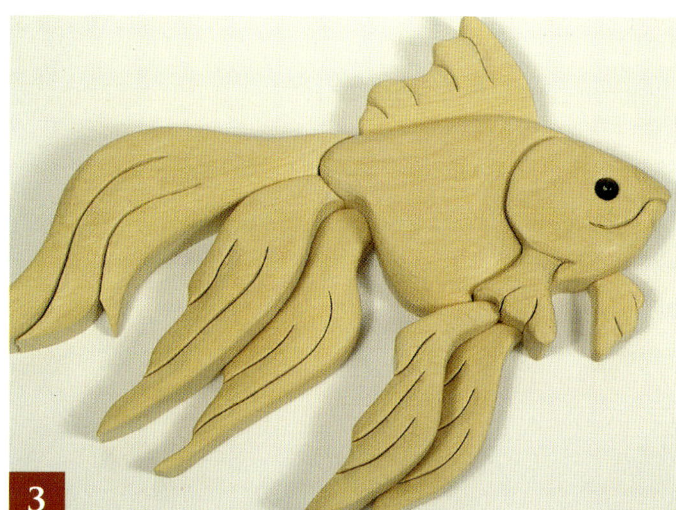

3

Vierter Kontrollpunkt: Der Goldfisch ist fertig zusammengeklebt und hat eine flache Rückseite.

Am Beispiel einer Blume: Kleben mit Silikonkleber

Wenn Sie die ausgesägten Teile auf der Originalvorlage zusammenstellen, ist das fertige Projekt oft kleiner als der Umriss der Vorlage. Der Grund: Bei jedem Schnitt wird Material weggenommen. Die Sägeschlitze summieren sich, und je mehr Teile Sie aussägen, desto mehr Lücken können entstehen bzw. desto breiter werden die Fugen. Mit Silikonkleber können Sie diese Fugen gleichmäßig auf das Projekt „verteilen" und damit kaschieren. Silikon ist zähflüssig und klebt nicht nur, sondern füllt auch die Lücken. Die geklebten Teile lassen sich auch wieder auseinandernehmen, wenn Sie ihre Position vor dem Ankleben an der Trägerplatte korrigieren wollen. Wenn Sie Silikon- statt CA-Kleber verwenden, fallen die Fugen an Ihrem Projekt breiter aus. Der Zusammenbau geht jedoch schneller und Sie erzielen trotzdem ein sehr gutes Ergebnis.

100%igen klaren Silikonkleber oder Silikonkitt erhalten Sie im Bastelladen oder Baumarkt. Fügen Sie die Teile jeweils mit einer kleinen Menge Kleber zusammen (nicht zu viel, sonst quillt der Kleber aus der Fuge) und legen Sie sie wieder auf die Vorlage, sodass möglichst keine Lücken sichtbar sind. Lassen Sie sie über Nacht trocknen.

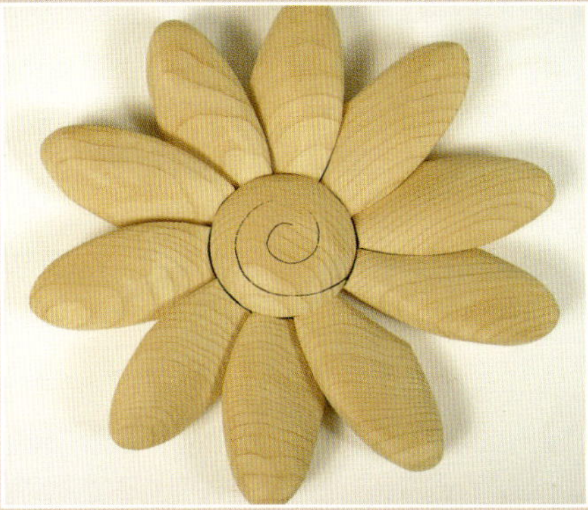

Wenn Sie die Teile dicht aneinanderschieben, entsteht auf einer Seite eine Lücke. Beim Kleben mit CA-Kleber bleibt diese Lücke erhalten.

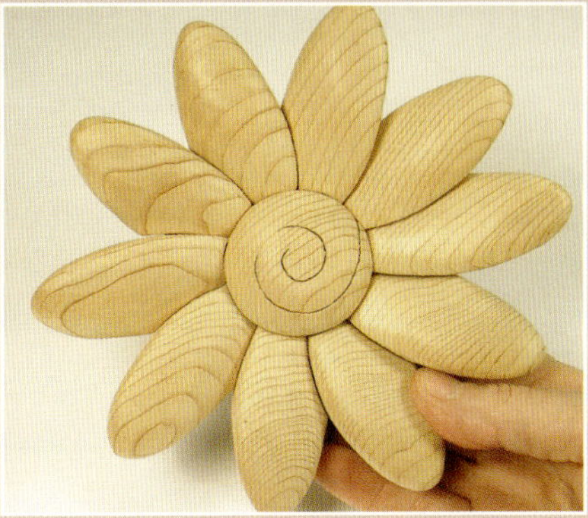

Beim Kleben mit Silikonkleber verschwindet die Lücke, weil sie gleichmäßig auf alle Fugen „verteilt" wird.

Material

- mittelhelles Holz (Zeder), 180 x 180 x 19 mm

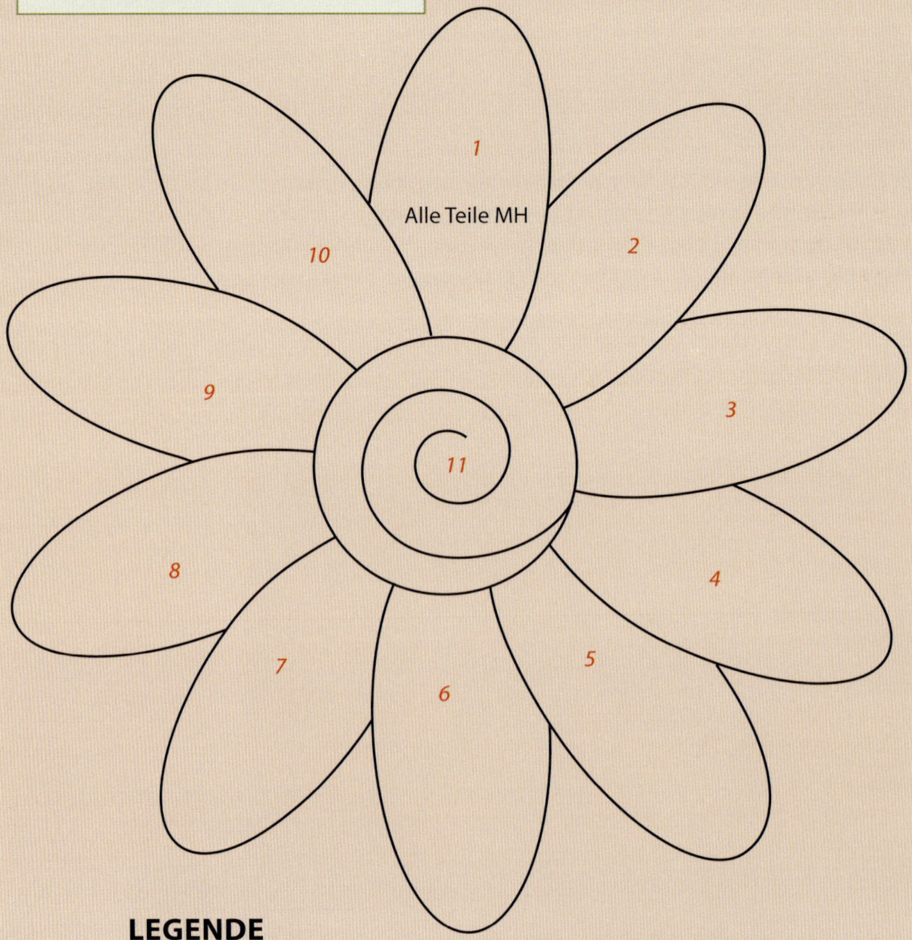

LEGENDE

⟶ Faserrichtung
MH mittelhelles Holz

Vorlage auf 130 % vergrößern

Tipps

- Bringen Sie immer den CA-Kleber auf dem kleineren Teil und den Beschleuniger auf dem größeren Teil auf.
- Kleben Sie kleinere Teile zu größeren zusammen – so sind sie leichter zu handhaben.
- Runden Sie die Blütenmitte ab.
- Mit Silikonkleber lassen sich die Teile leichter und genauer zusammenfügen als mit CA-Kleber.

5. ÜBUNG

Die Trägerplatte herstellen

Die hölzerne Trägerplatte bildet die Rückseite Ihres Projekts. Es bekommt dadurch zusätzlichen Halt und sieht richtig professionell aus. Die Trägerplatte wird zugeschnitten, nachdem alle Teile fertig zusammengeklebt sind. Als Material können Sie Masonit oder gutes Sperrholz nehmen. Die Rückseite sollte handwerklich ebenso gut ausgeführt sein wie die Vorderseite!

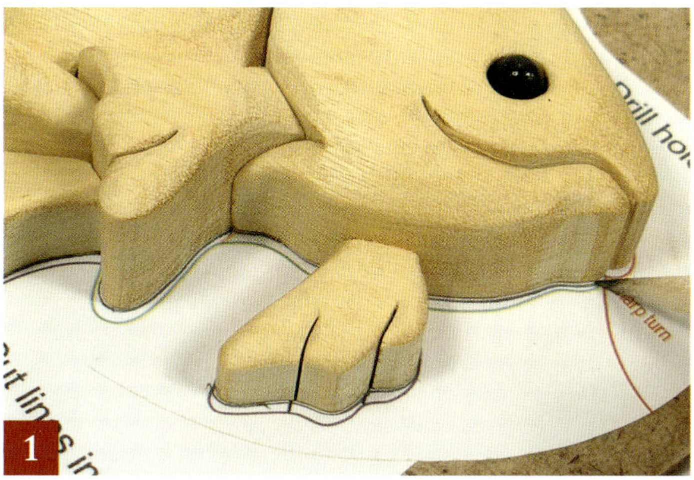

1

Legen Sie den fertigen Goldfisch auf die Vorlage, die Sie auf die Trägerplatte aufgeklebt haben. Umfahren Sie den Umriss des Fisches mit einem spitzen Bleistift. Wegen der Sägeschlitze ist der Fisch etwas kleiner als die Vorlage.

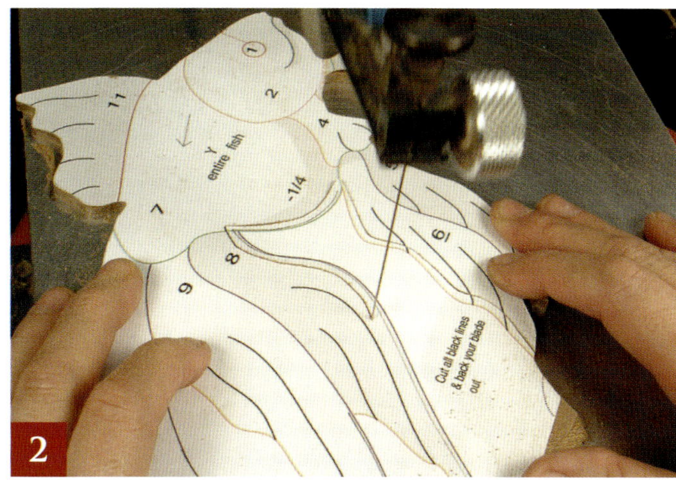

2

Nehmen Sie ein Sägeblatt Nr. 3 oder 5 mit Gegenzähnen, um einen sauberen Schnitt zu erhalten. Schneiden Sie knapp (ca. 3 mm) innerhalb der Umrisslinie. Die Kante der fertigen Trägerplatte soll sich knapp innerhalb der Kante des Werkstücks befinden.

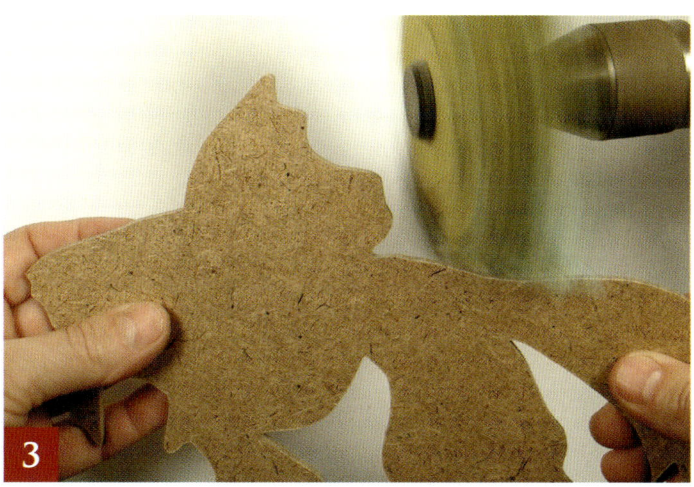

3

Schleifen Sie die Kanten der Trägerplatte mit einem Trommelschleifer und/oder einem Schleifmop ab. Sie können nach Wunsch auch eine Fase schleifen.

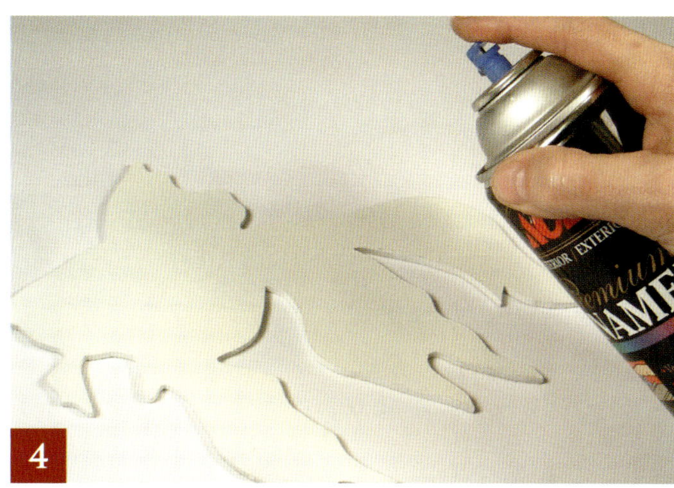

4

Bemalen oder beizen Sie nach Wunsch die Kanten und die Rückseite der Trägerplatte (außer wenn Sie Masonit verwenden). Bemalen Sie jedoch nicht die Vorderseite, auf die das Projekt aufgeklebt wird, da der Kleber ansonsten nicht so gut haftet.

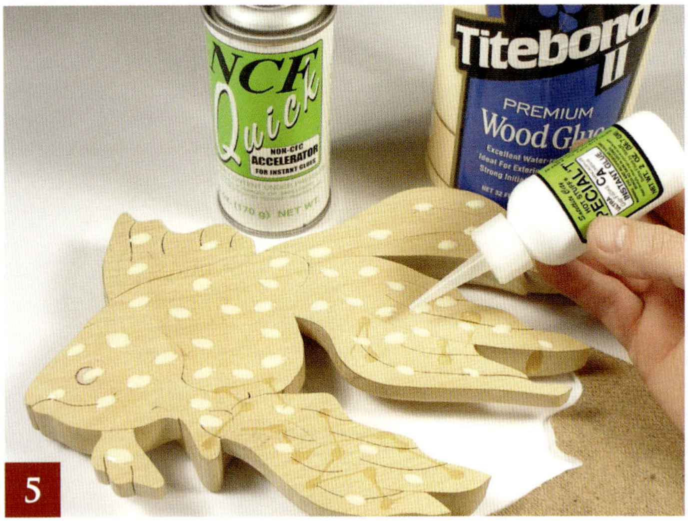

5

Bringen Sie Holzleim und CA-Kleber in einzelnen Tropfen auf der Rückseite des Fisches auf; achten Sie darauf, dabei keinen Bereich „auszulassen". Besprühen Sie die Trägerplatte mit Kleberbeschleuniger. Legen Sie den Fisch mit der Vorderseite nach unten auf ein weiches Tuch, um die Oberfläche nicht zu zerkratzen. Halten Sie die Trägerplatte über den Fisch und drücken Sie die beiden Oberflächen aufeinander. Schon nach 7–10 Sekunden zieht der CA-Kleber an und wirkt als „Klammer", sodass der Holzleim ebenfalls aushärten kann. Sie können gleich zur Oberflächenbehandlung übergehen.

Kleben mit Holzleim

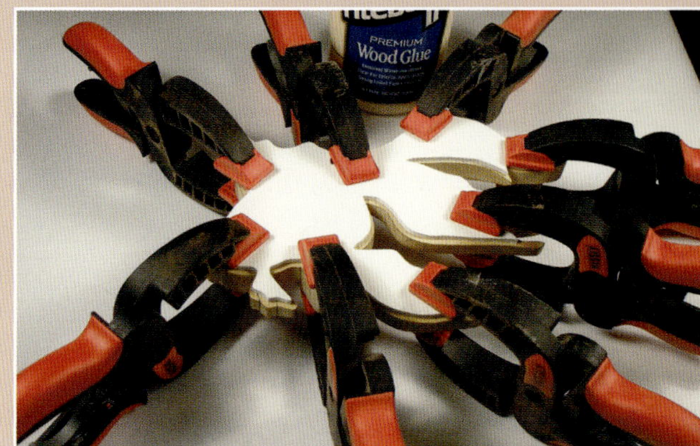

Wenn Sie statt CA-Kleber nur Holzleim verwenden wollen, fixieren Sie das Werkstück und die Trägerplatte mit Klemmen und lassen Sie den Kleber über Nacht trocknen. Wenn Sie keine Klemmen haben, beschweren Sie die Trägerplatte mit Sandsäckchen.

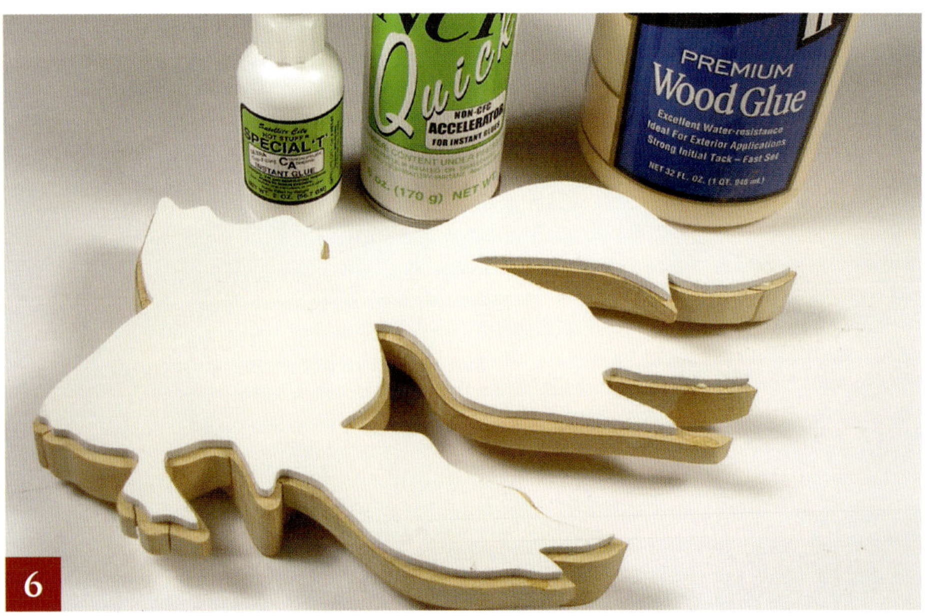

6

Fünfter Kontrollpunkt: So sieht das Projekt mit aufgeklebter Trägerplatte von hinten aus.

Tipps

- Sie können das Werkstück auch ohne Vorlagepapier direkt auf der Trägerplatte umfahren.
- Bei Masonit sollte die raue Seite nach oben zeigen, sodass die „schöne" glatte Oberfläche die Rückseite bildet.
- Die Trägerplatte soll etwas kleiner sein als das Projekt – schneiden Sie sie knapp innerhalb der Umrisslinie zu.
- Wenn Sie die Kante schräg abschneiden oder abschleifen (abfasen), sieht das Projekt besonders gekonnt aus.

6. ÜBUNG

Oberflächenbehandlung

Zuallerletzt besprühen Sie die fertige Arbeit mit einem schützenden transparenten Finish und bringen Sie einen Bilderhaken an. Probieren Sie vorher verschiedene Klarlacke auf Resten verschiedener Hölzer aus. An den Probestücken sehen Sie, wie das fertige Stück nach dem Lackieren aussehen wird. Heben Sie die Probestücke für zukünftige Projekte auf.

Tipps

- Tragen Sie nicht zu viel Sprühlack auf, damit er nicht herunterfließt.
- Statt Sprühlack können Sie Holzgel wählen. Es ist leicht aufzutragen und ergibt ein besonders schönes Finish.
- Weißes Holzgel verhindert, dass weiße Holzarten vergilben.
- Nach dem Lackieren können sich die Holzfasern aufstellen; dadurch entstehen raue Stellen, die mit zerknülltem Papier oder ganz feiner Stahlwolle abgerieben werden müssen.

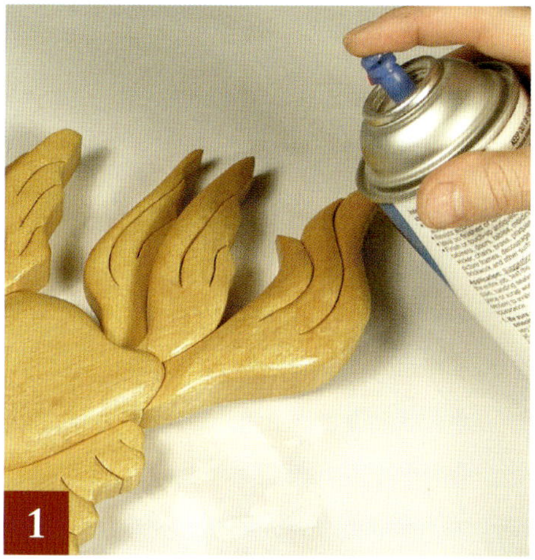

1

Achten Sie darauf, dass das Werkstück staubfrei ist. Sprühen Sie das gewählte Finish nach der Herstelleranleitung auf; lassen Sie dabei jeden Überzug vollständig trocknen. Ich verwende am liebsten farblosen seidenmatten Polyurethan-Sprühlack. Um eine naturnahe Wirkung zu erzielen, tragen Sie auf das Auge glänzenden Klarlack auf.

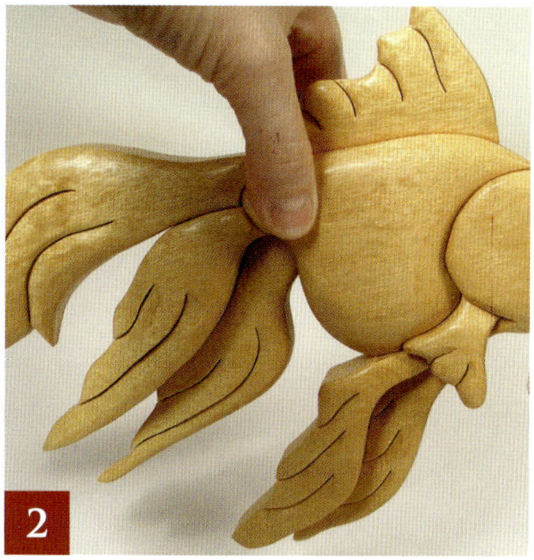

2

Um den Schwerpunkt zu ermitteln, halten Sie den Fisch mit Daumen und Zeigefinger fest und korrigieren Sie die Fingerhaltung, bis das Werkstück ausbalanciert ist. Markieren Sie den Schwerpunkt.

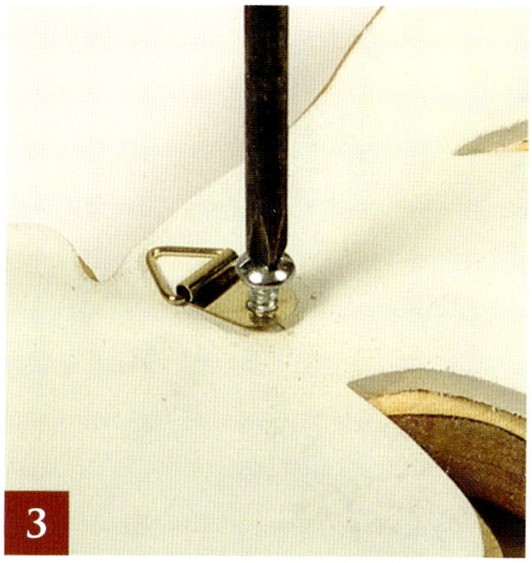

3

Bohren Sie im Schwerpunkt hinten ein Loch zum Anbringen einer Schraube für die Aufhängevorrichtung. Bohren Sie auf keinen Fall bis zur Vorderseite durch, sonst ist das Werkstück ruiniert! Schrauben Sie den Bilderhaken fest.

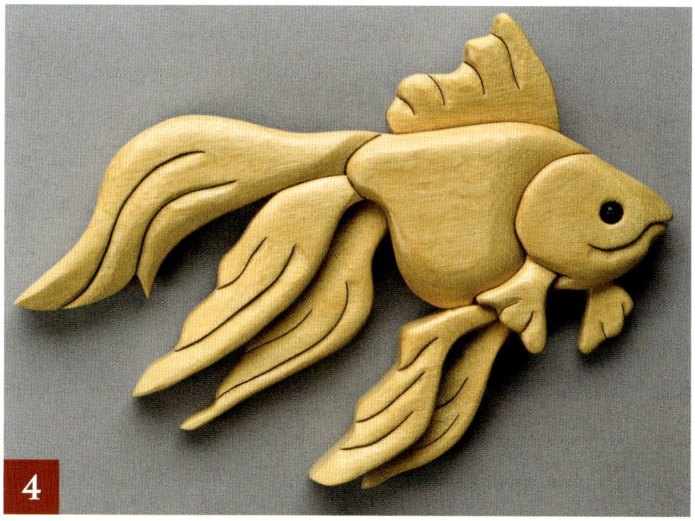

4

Sechster Kontrollpunkt: Gratulation! Ihre erste Arbeit ist fertig und kann aufgehängt werden. Nach diesem ersten Ausflug in die Welt der Intarsien können Sie Projekte aus mehreren Holzarten in Angriff nehmen, bei denen ganz präzises Schneiden nötig ist.

Vielfalt der Farben

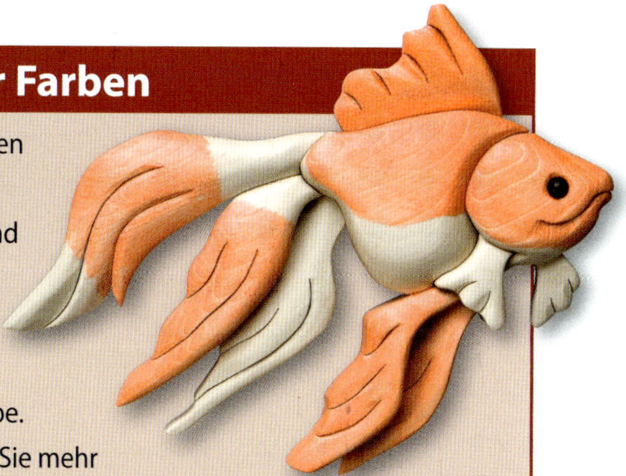

Für einen gefleckten Goldfisch nehmen Sie weißes Holz und behandeln es mit einer Acryl-Lasur in Orange oder einer anderen Farbe. Auf S. 34 erfahren Sie mehr über Beizen und Lasuren.

2

2. TEIL

Mehrere Holz-arten einsetzen: *Einen Schmetterling gestalten*

Hier liegt der Schwerpunkt auf den zusätzlichen Arbeitsschritten, die zu einem Projekt mit mehreren Holzfarben gehören. Gleichzeitig können Sie die im 1. Teil erlernten Fertigkeiten üben. Der Schmetterling besteht aus elf Teilen in drei Farben. Wenn Sie dieses Projekt gemeistert haben, sind Sie bereit für aufwendigere Arbeiten.

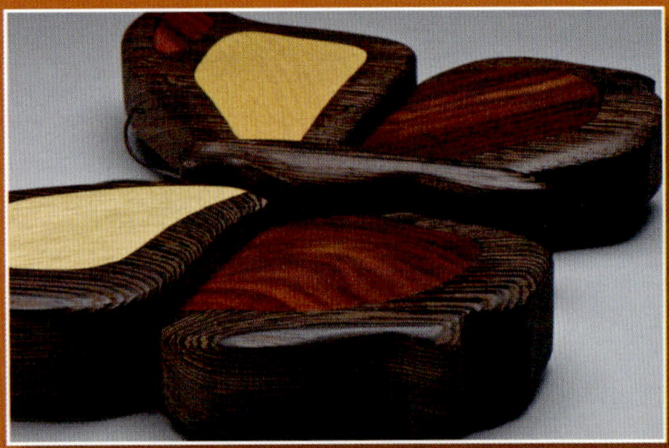

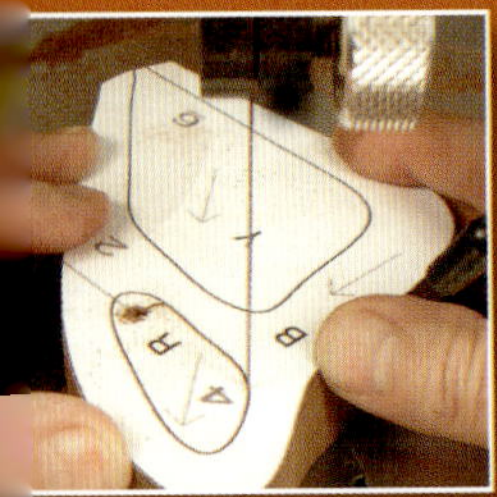

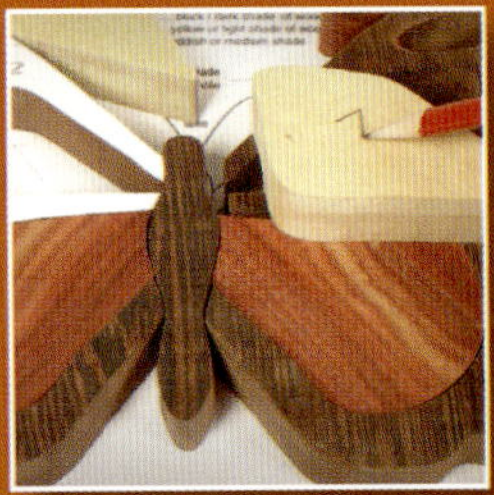

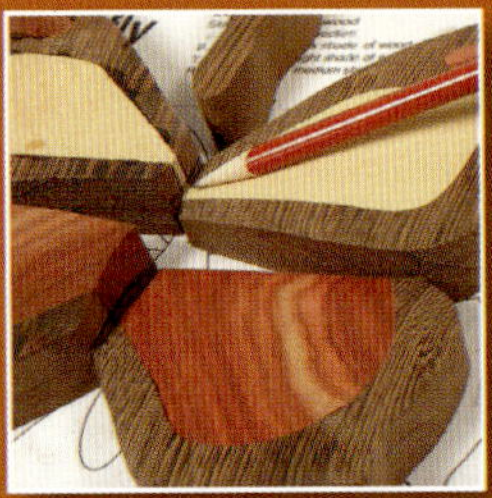

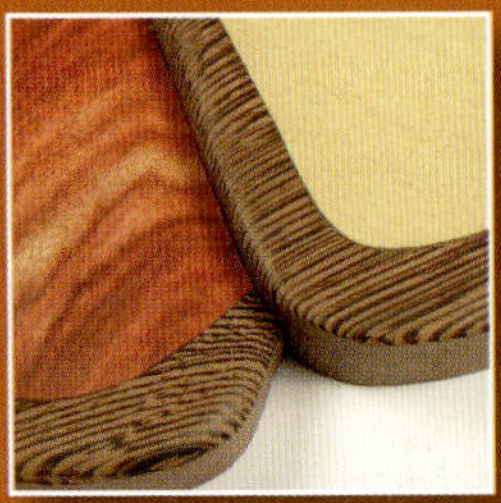

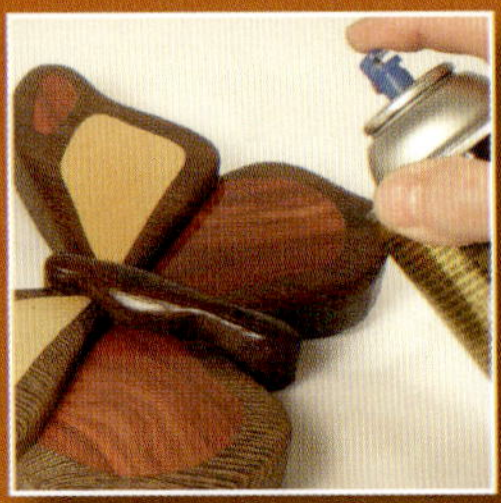

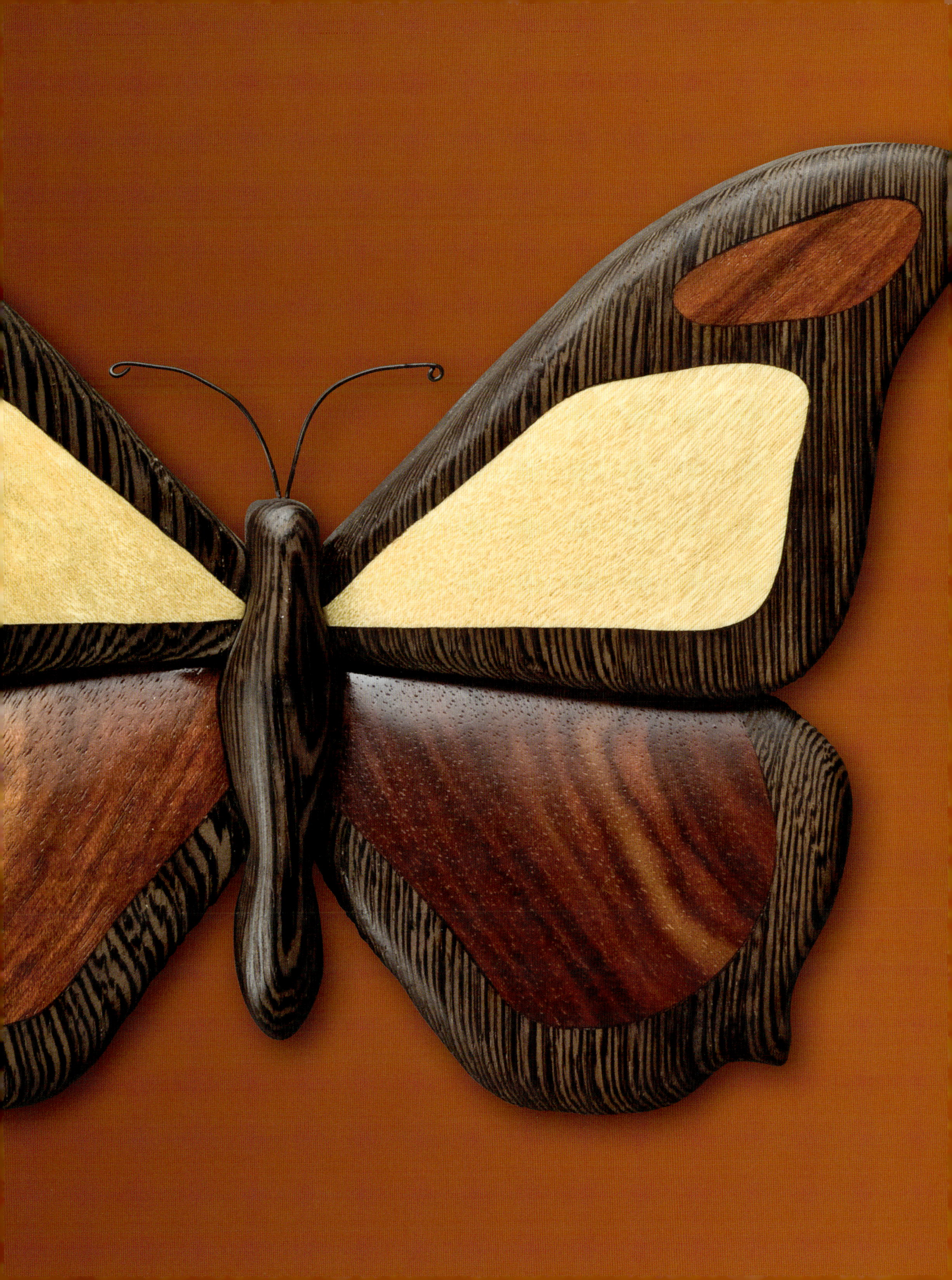

Schmetterling

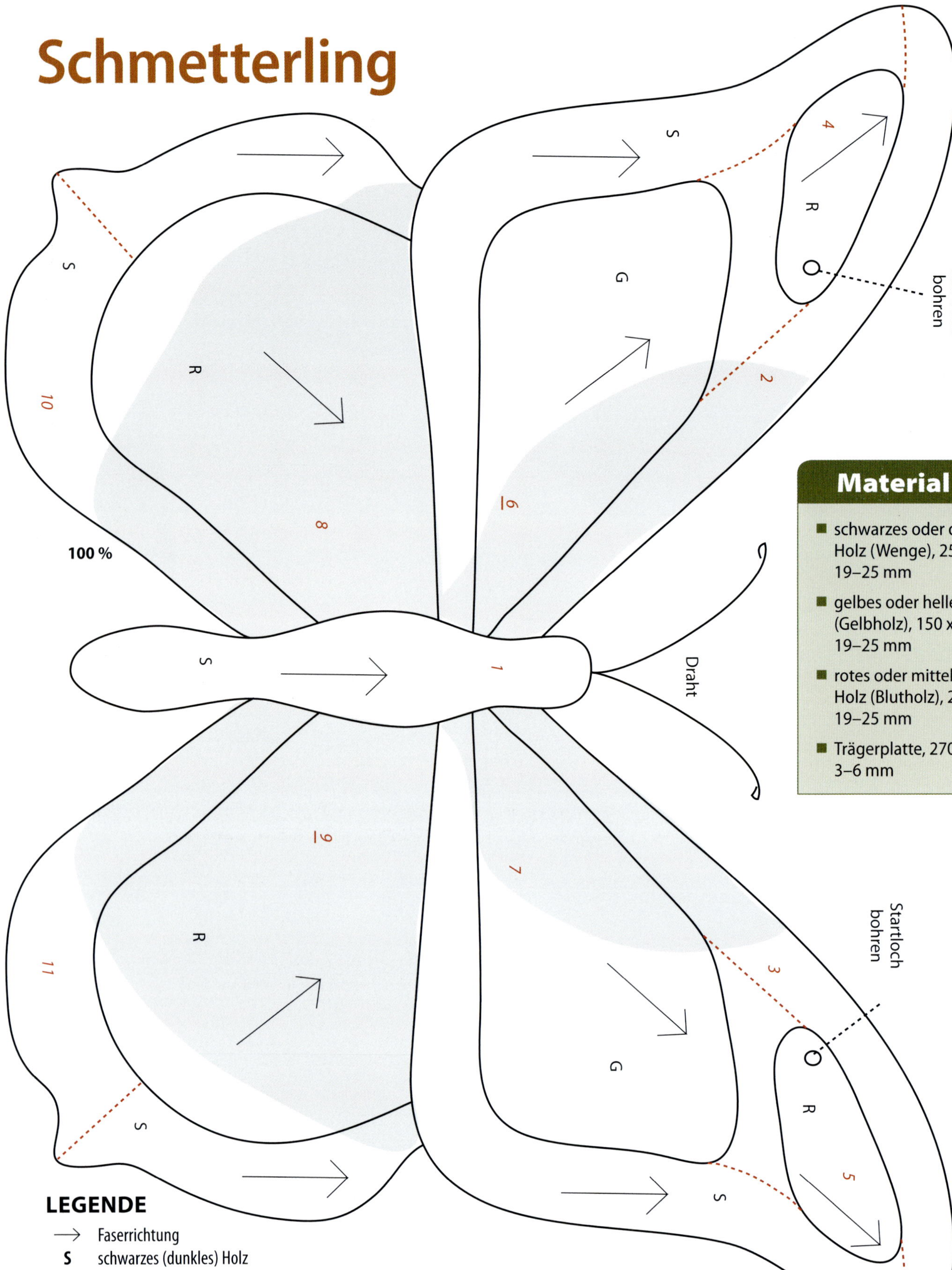

Material

- schwarzes oder dunkles Holz (Wenge), 255 x 220 x 19–25 mm
- gelbes oder helles Holz (Gelbholz), 150 x 150 x 19–25 mm
- rotes oder mittelbraunes Holz (Blutholz), 200 x 125 x 19–25 mm
- Trägerplatte, 270 x 215 x 3–6 mm

LEGENDE

→ Faserrichtung
S schwarzes (dunkles) Holz
R rotes Holz
G gelbes Holz
- - - - - für eine einfachere Variante hier entlangschneiden

7. Übung

Mehrfarbige Intarsien: Umgang mit Vorlagen

Hier sind mehrere Faserrichtungspfeile zu beachten, denn es kommen drei Holzarten zum Einsatz – ich habe Wenge, Gelbholz und Blutholz verwendet. Das Schneiden und Formschleifen geht leichter, wenn Sie weicheres Holz wie Zeder oder Pappel verwenden. Wenn Ihnen das Einpassen der Einlagen auf den oberen Flügeln zu zeitaufwendig ist, schneiden Sie an den gestrichelten roten Linien entlang. Danach lassen sich die Teile ohne Schwierigkeiten dicht ineinanderschieben, bevor Sie sie zusammenkleben und gemeinsam abschleifen.

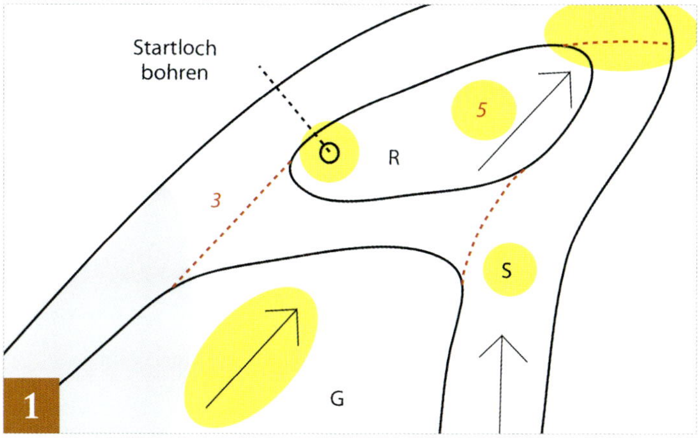

Sehen Sie sich die Vorlage auf S. 24 an: Sie enthält mehrere Farbsymbole; die Faserrichtungspfeile zeigen in verschiedene Richtungen.

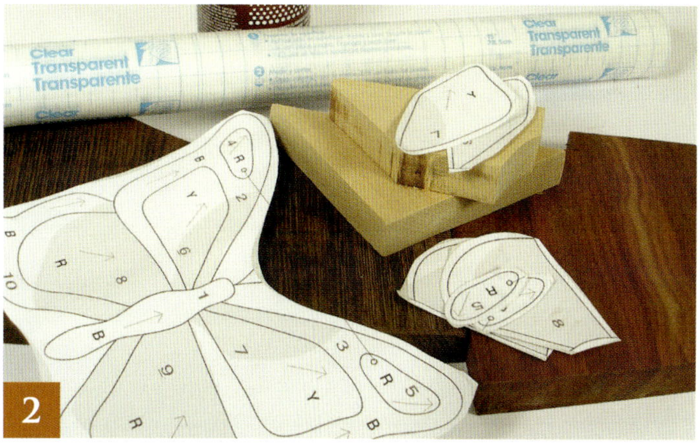

Machen Sie vier Kopien von der Vorlage: eine für die Trägerplatte (sie dient auch als Arbeitsfläche), eine für die schwarzen, eine für die bunten Bereiche und eine als „Extrakopie“ zum Aufbewahren. Schneiden Sie alle schwarzen Bereiche nach einer Vorlage aus. Für die gelben und roten Teile, die sich ja nicht berühren, genügt die zweite Kopie als gemeinsame Vorlage. Besprühen Sie die Rückseite der Vorlageteile mit Kleber und kleben Sie sie auf die glänzende Seite der Klebefolie.

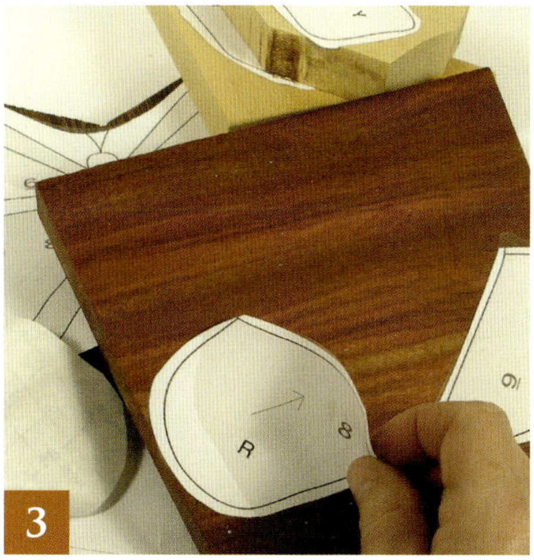

Schneiden Sie die Vorlageteile aus und ordnen Sie sie nach Farben. Ziehen Sie das Haftpapier von jedem Teil ab, kleben Sie ihn auf das richtige Holzstück und richten Sie ihn nach dem Faserrichtungspfeil aus.

Tipps

- Um den richtigen Holzbereich für einen bestimmten Teil zu finden, nehmen Sie eine zusätzliche Vorlage, schneiden Sie den betreffenden Teil aus und schieben Sie das verbleibende „Fenster“ auf dem Rohling hin und her, bis Sie eine optimal passende Stelle finden. Suchen Sie auch auf der Rückseite des Rohlings – dort sind Farbe oder Maserung oft anders.
- Legen Sie einige Probestücke in verschiedenen Holzfarben probeweise auf dem Bereich der Vorlage auf, in dem Sie sie einsetzen wollen. Treten Sie zurück und beurteilen Sie den Gesamteindruck. Sehen die Farben zusammen harmonisch aus oder „schlagen“ sie sich?
- Die Faserrichtung der einzelnen Teile soll möglichst fließend verlaufen und der Form des Werkstücks folgen. Interessante Maserungsdetails erhöhen die Wirkung des Projekts.
- Teile mit gleichmäßiger, unauffälliger Maserung tragen dazu bei, dass andere Teile mit auffälliger, lebendiger Maserung schön zur Geltung kommen.

8. Übung

Mehrfarbige Intarsien schneiden

Beim letzten Projekt haben Sie alle Teile aus einem Rohling ausgesägt. Das Schneiden von mehrfarbigen Intarsien ist kniffliger: Wenn Sie nicht ganz exakt auf der Vorlagelinie schneiden, passen die Teile später nicht zusammen.

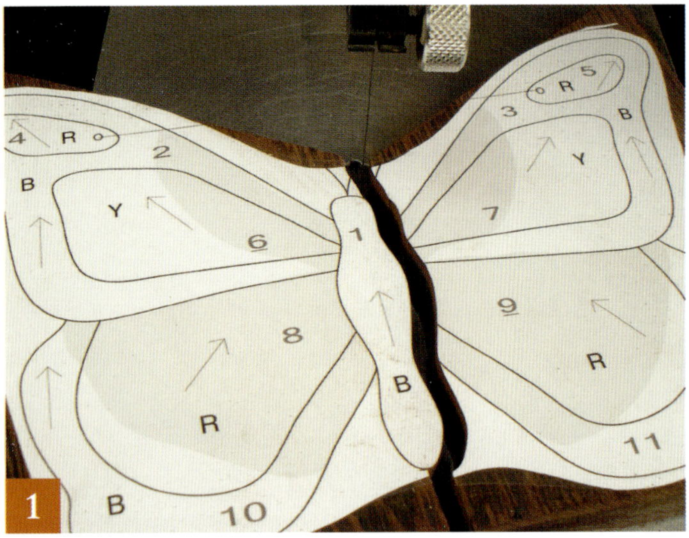

1 Sägen Sie zuerst die dunklen Holzteile aus. Schneiden Sie langsam und bleiben Sie genau auf der Vorlagelinie – dann lassen sich die farbigen Teile leichter einpassen. Sie können den Schmetterling am Körper entlang in zwei Teile auseinandersägen, die dann leichter zu handhaben sind.

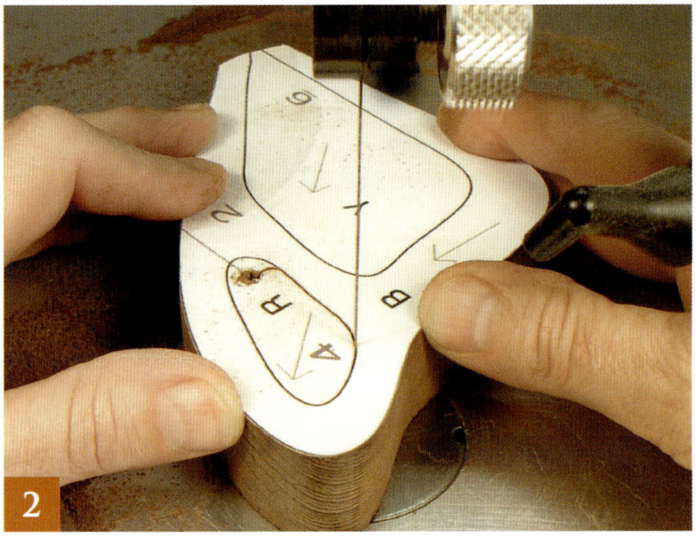

2 Bohren Sie Startlöcher in die oberen Flügel und sägen Sie die Innenschnitte.

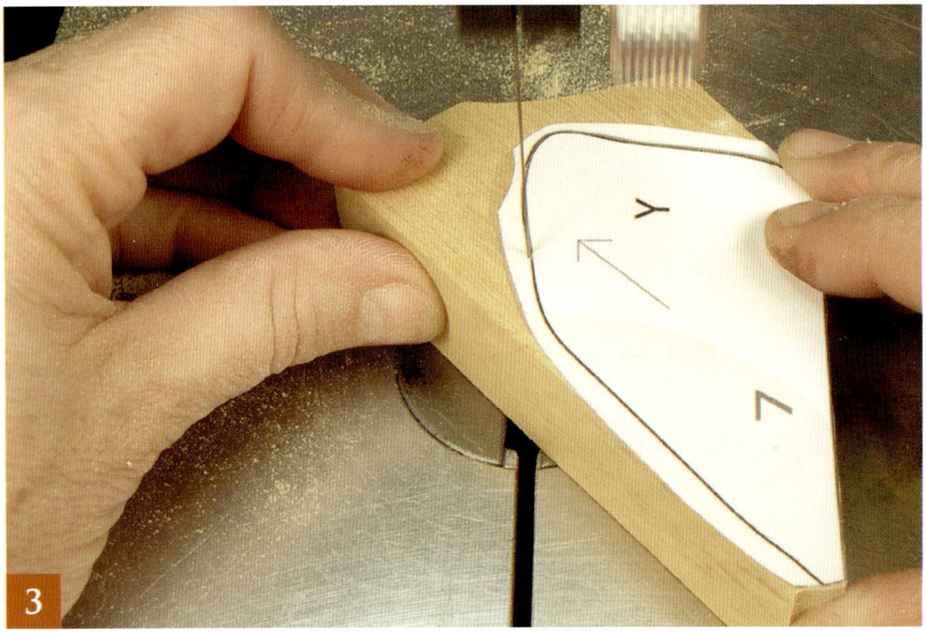

3 Sägen Sie die farbigen Einlagen aus. Üben Sie keinen Druck auf das Sägeblatt aus – nur so erhalten Sie senkrechte Schnitte. Sägen Sie langsam und arbeiten Sie bei den Wendungen besonders sorgfältig. Wenn Sie von der Linie abkommen, fahren Sie nicht zurück, sondern führen Sie das Sägeblatt allmählich auf die Linie zurück.

Tipp

- **Wichtig:** Das Sägeblatt muss genau senkrecht zum Sägetisch stehen!

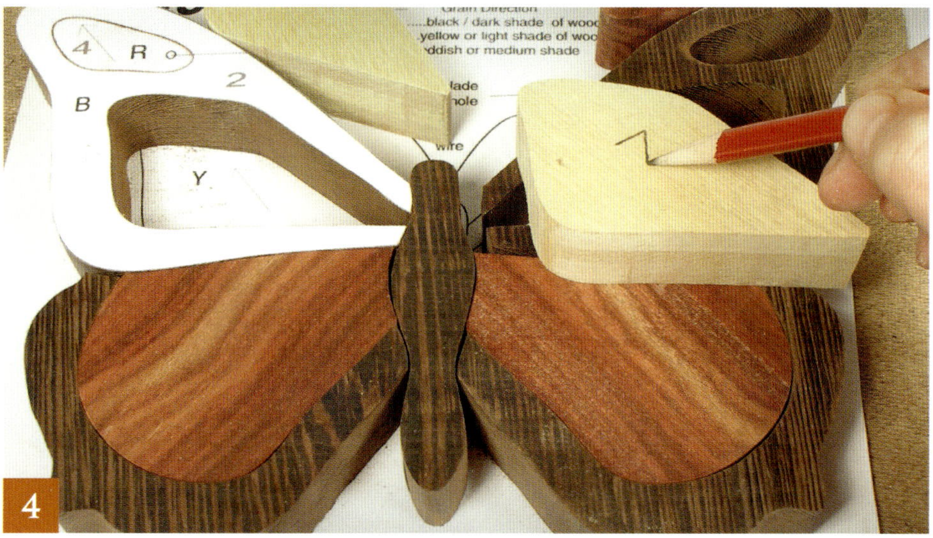

Nummerieren Sie jeden Teil auf der Rückseite mit Bleistift.

Optimale Passgenauigkeit

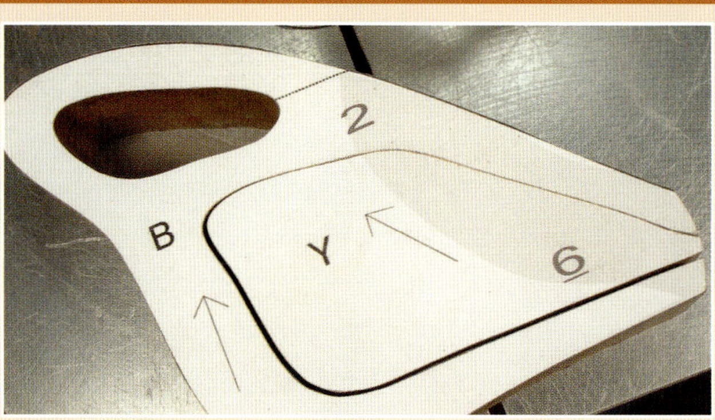

Wenn Sie nach dem Sägen der Innenschnitte das ausgesägte Abfallholz wieder einfügen und an einer Seite anlegen, entsteht auf der anderen Seite eine Lücke in der doppelten Breite des Sägeblattes. Denken Sie daran, wenn Sie die Einlage aussägen! Wenn Sie bei den Innenschnitten auf der Linie geschnitten haben, müssen Sie bei der Einlage knapp außerhalb der Linie schneiden, damit sie optimal passt.

9. Übung

Nahtlose Farbübergänge

Die farbigen Einlagen an den oberen Flügeln werden an den Kanten nicht abgeschliffen, sondern gehen „nahtlos" in den schwarzen Bereich über; das ganze Projekt wird in einem Stück abgeschliffen. Diese Technik kommt zur Anwendung, wenn sich in einem Bereich nur die Farbe, nicht aber die Oberflächenstruktur ändert – zum Beispiel beim gefleckten Fell eines Hundes.

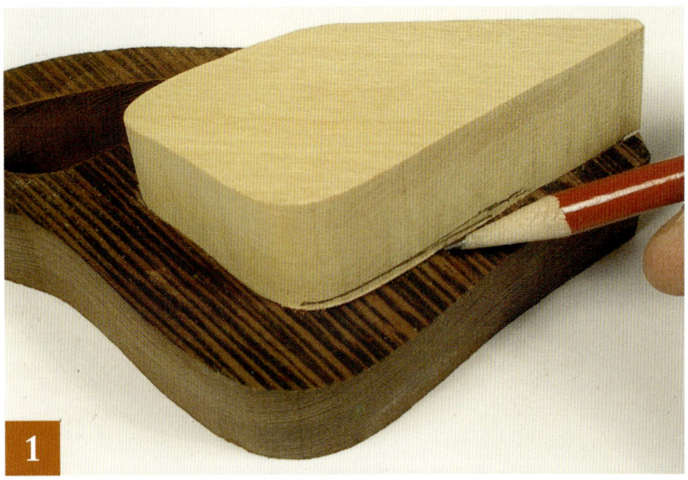

Fügen Sie die farbigen Einlagen in die Ausschnitte an den oberen Flügeln ein. Wenn eine Einlage nicht passt, schleifen Sie zunächst alle Seitenflächen kurz mit der Spindelschleifmaschine ab, damit die Kanten überall senkrecht sind. Legen Sie die bunte Einlage auf den schwarzen Flügel auf und markieren Sie alle Kanten, die sich nicht hineinschieben lassen oder über die Kante des Ausschnitts hinausragen. Schleifen Sie die markierten Kanten ganz vorsichtig mit der Spindelschleifmaschine ab und versuchen Sie die Einlage nochmals einzupassen. Wiederholen Sie diesen Schritt, bis die Einlage sich einpassen lässt.

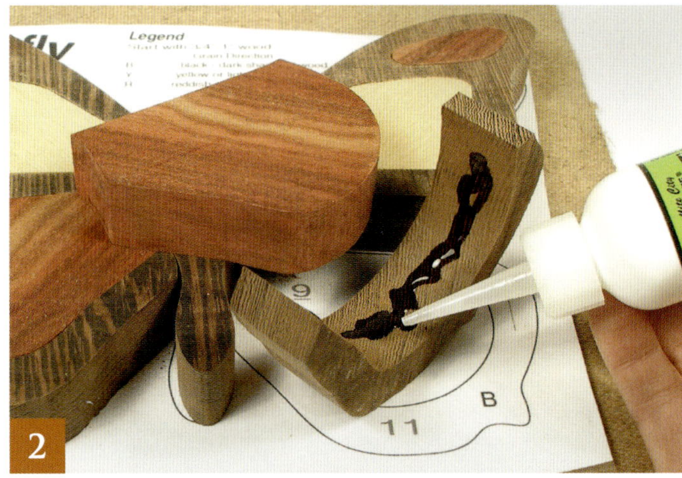

Kleben Sie die farbigen Einlagen mit CA-Kleber ein.

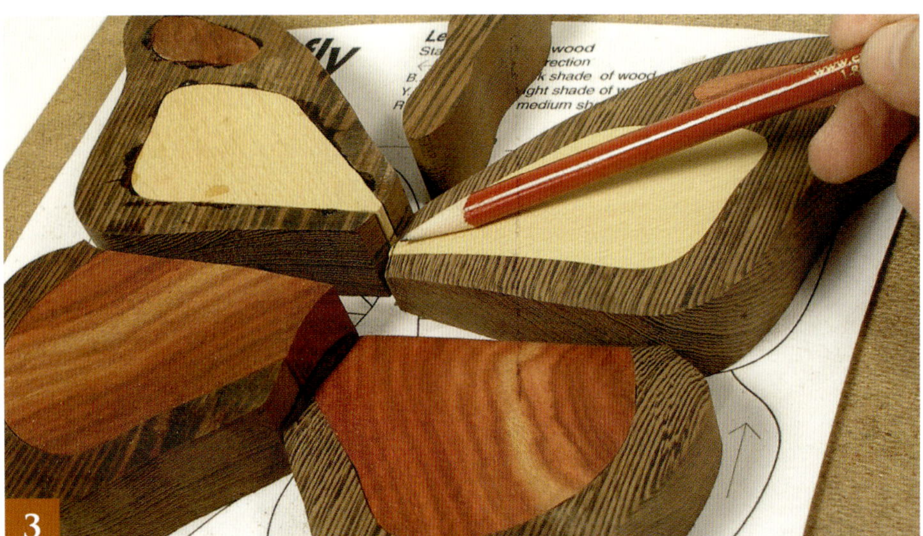

Wenn alle Einlagen eingeklebt sind, schleifen Sie die Oberseite des Schmetterlings plan ab. Schrägen Sie die unteren Flügel leicht nach oben hin ab (graue Schattierung auf Teil Nr. 8 und 9), als ob sie unter den oberen Flügeln hervorschauen würden. Schrägen Sie den Bereich der oberen Flügel ab, der an den Körper angrenzt (graue Schattierung auf Teil Nr. 6 und 7).

Unterlegscheiben

Mit dieser Alternativ-Methode können Sie einen Bereich aus mehreren Teilen höher legen und gemeinsam abschleifen. Die Methode braucht Zeit, denn Sie müssen für jeden solchen Bereich eine eigene Unterlegscheibe anfertigen. Sie brauchen dazu aber keinen CA-Kleber.

Die betreffenden Teile auf einem Sperrholzrest auflegen, den Umriss umfahren und die Sperrholzscheibe am Umriss entlang aussägen. Die Teile mit doppelseitigem Klebeband auf das Sperrholz kleben, sodass sie beim Abschleifen zusammengehalten werden.

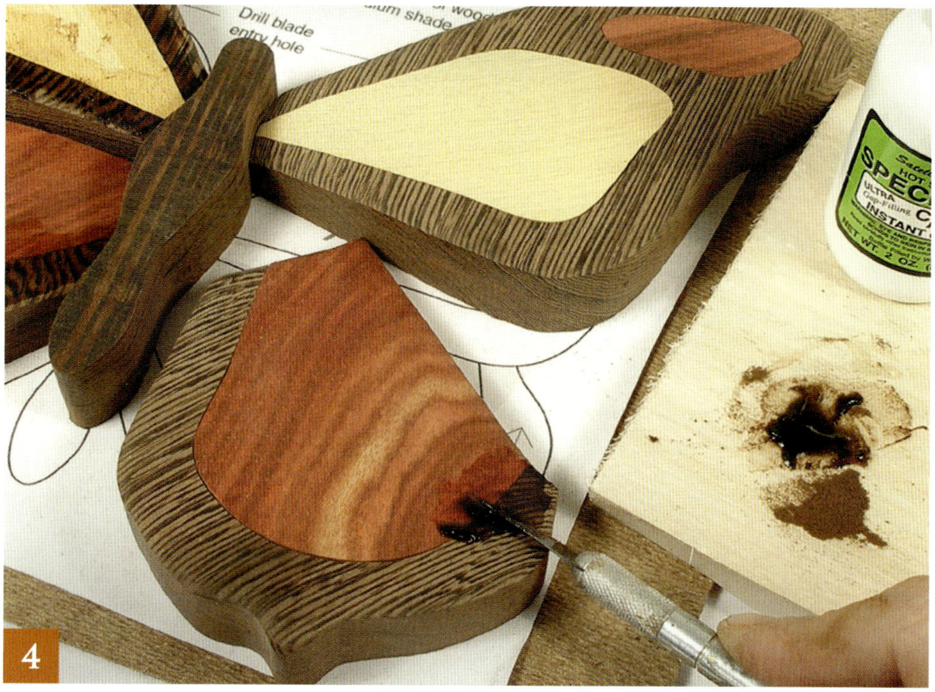

4

Als Nächstes sehen Sie nach, ob am Rand der Einlagen Lücken zu sehen sind. Mit einem X-Acto-Messer können Sie eine Mischung aus dickflüssigem CA-Kleber und dunklem Holzstaub in die Lücken einbringen. Dann schleifen Sie die Oberfläche noch einmal leicht nach, um die überschüssige Füllmasse zu entfernen. Die Lücke ist nach dem Lackieren kaum mehr zu sehen. Die Methode eignet sich nicht für allzu große Lücken – in diesem Fall müssen Sie den Teil noch einmal zuschneiden.

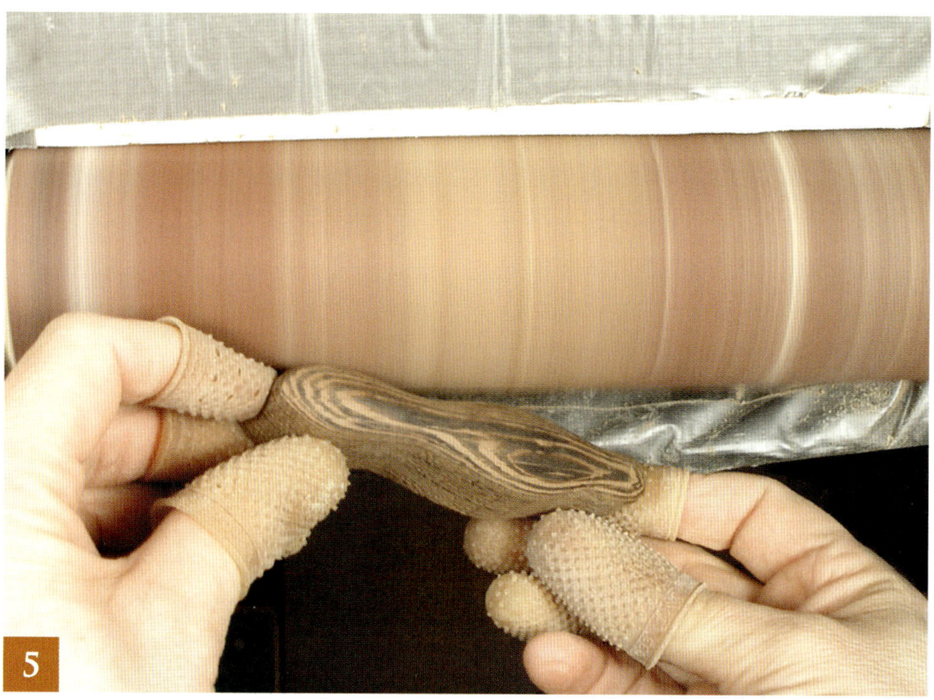

5

Dann runden Sie den Körper und die Flügel an den Kanten ab.

Tipps

- So entsteht die Füllmasse: Schleifen Sie einen dunklen Holzrest und fangen Sie den Schleifstaub mit einer Schale auf. Mischen Sie den Staub mit ein paar Tropfen dickflüssigem CA-Kleber. Lassen Sie die Masse in der Fuge ca. 5 Minuten trocknen, schleifen Sie den Überschuss mit einem Trommelschleifer und dann nochmals mit dem Schleifmop ab.
- Achten Sie beim Arbeiten mit CA-Kleber auf einen gut gelüfteten Arbeitsbereich. Halten Sie CA-Kleberentferner bereit, falls Sie falsch geklebte Teile auseinandernehmen müssen – oder falls Ihre Finger zusammenkleben …

10. ÜBUNG

Mehrfarbige Intarsien zusammenfügen

Der Zusammenbau mehrfarbiger Intarsien ist eigentlich kein Problem, wenn Sie alle Teile exakt gesägt haben. Wenn das nicht der Fall ist, werden Sie um zusätzliches Schneiden und Schleifen nicht herumkommen und die Arbeit kann sich schwierig gestalten. Keine Angst – mit zunehmender Übung können Sie bald auch die kniffligsten Projekte zusammenbauen!

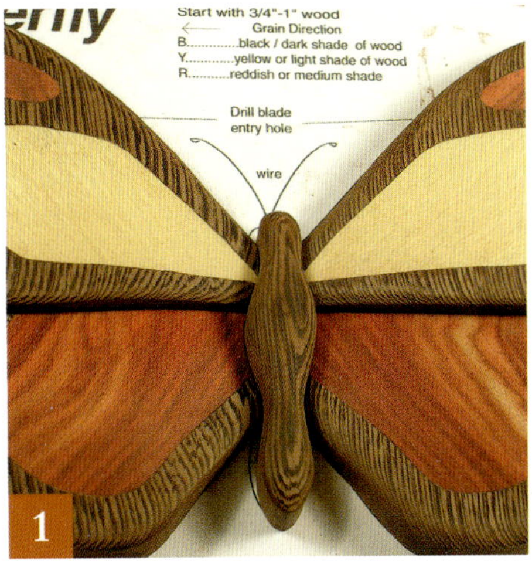

Legen Sie alle Teile auf der Vorlage auf.

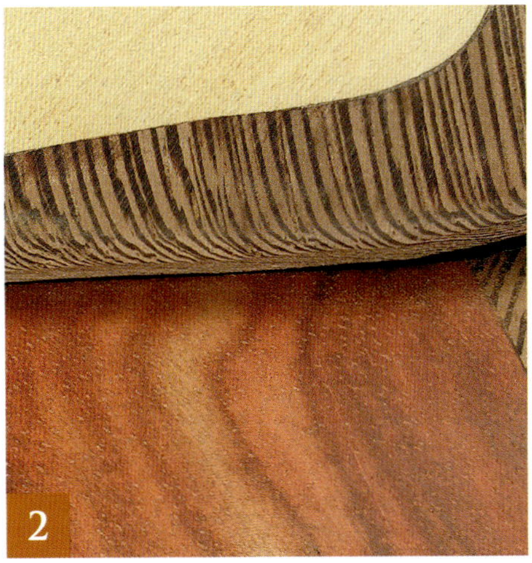

Wenn zwei Teile (z. B. ein oberer und ein unterer Flügel) nicht exakt zusammenpassen, können Sie die betreffende Linie nochmals nachschneiden. Je mehr Sie aber in einem Bereich nachschneiden und korrigieren, desto mehr Ungenauigkeiten können sich in anderen Bereichen ergeben, wodurch weitere Anpassungen notwendig werden. Schneiden Sie also von Anfang an möglichst exakt!

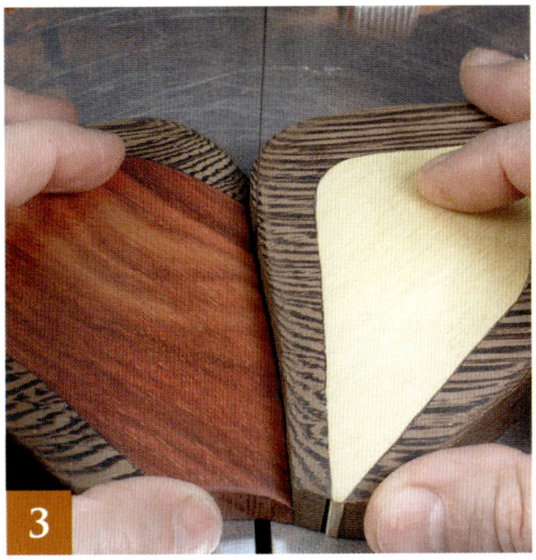

Zum Nachschneiden halten Sie die Teile fest aneinandergedrückt. Schneiden Sie mit einem weitgezahnten Sägeblatt Nr. 3 die Linie zwischen den Teilen nach. Das Sägeblatt schneidet dabei die eng aneinanderliegenden Bereiche und „gleitet" ohne Widerstand durch die Lücken durch (das dünne Sägeblatt eignet sich besonders gut dafür). Drücken Sie die Teile beim Vorschieben aneinander, ohne sie verkrampft zu halten – üben Sie zuerst mit Holzresten (siehe S. 120)!

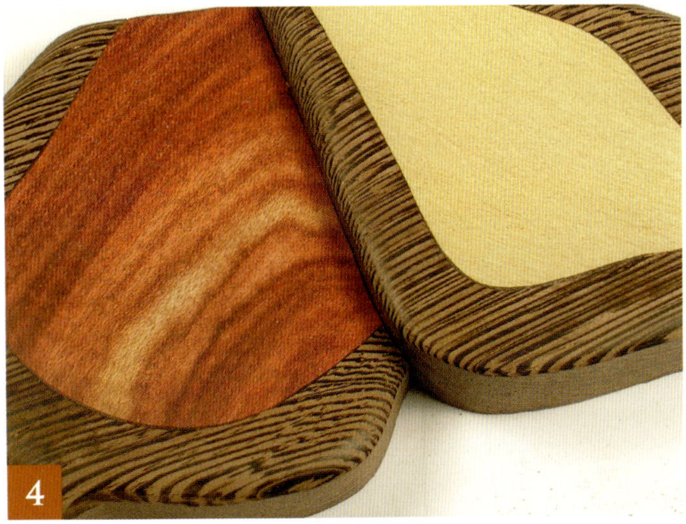

Wiederholen Sie das Nachschneiden, bis keine Lücke mehr zu sehen ist. Schleifen Sie alle Teile mit dem Schleifmop ab.

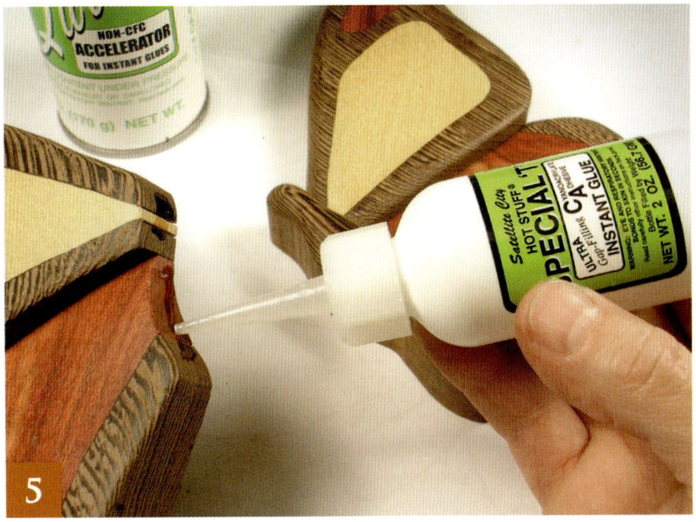

Kleben Sie die Teile der Flügel mit CA-Kleber aneinander. Dann passen Sie die Flügel bei Bedarf an den Körper an. Kleben Sie alle Teile zusammen (siehe S. 17). Schleifen Sie die Rückseite plan ab, um Kleberreste und Unebenheiten zu entfernen.

Tipps

- Wenn ein Teil sich weder von oben noch von unten problemlos einpassen lässt, überprüfen Sie, ob die Seitenflächen (auch an den benachbarten Teilen) genau senkrecht zur Oberfläche stehen. Wenn das Problem öfter vorkommt, steht vielleicht das Sägeblatt nicht senkrecht zum Sägetisch.
- Wenn sich ein Teil nicht einpassen lässt, halten Sie ihn über den Ausschnitt. Ermitteln und markieren Sie die Stellen, wo die Teile einander berühren, und schleifen Sie die markierten Stellen ab.
- Teile mit schiefen Kanten behandeln Sie am besten mit einer Spindelschleifmaschine. Schleifen Sie die schiefen Kanten nur ganz leicht ab. Schleifen Sie nicht über die ursprüngliche Schnittlinie an der Oberfläche des Teils hinaus.

Fertigstellung

Die Trägerplatte kann bemalt werden – wenn sie aus Masonit ist, können Sie sie unbehandelt lassen. Jetzt müssen Sie noch eine Oberflächenbehandlung für den Schmetterling auswählen. Sprühlack lässt sich schnell und problemlos auftragen.

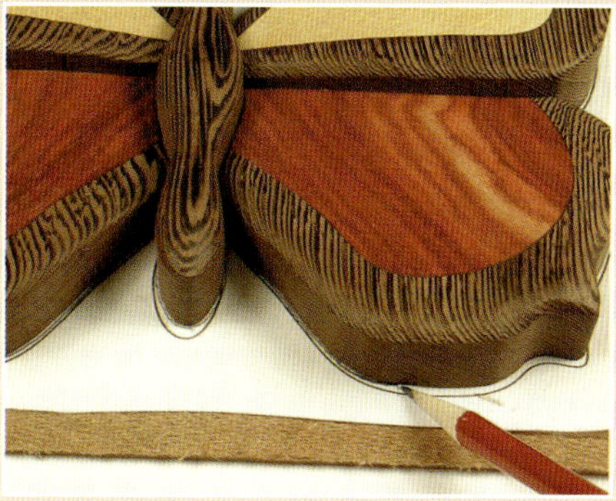

1 Platzieren Sie den Schmetterling auf der Trägerplatte, umfahren Sie den Umriss und sägen Sie ihn aus. Schleifen Sie die Kanten ab und bemalen Sie nach Wunsch die Rückseite und die Kanten.

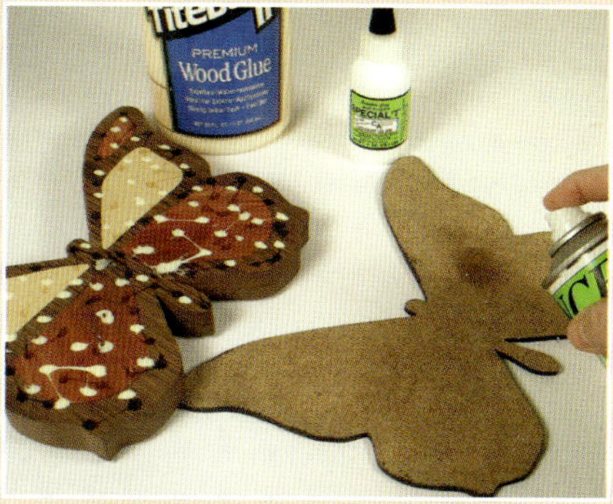

2 Bringen Sie CA-Kleber und Holzleim tropfenweise auf die Rückseite des Schmetterlings auf. Besprühen Sie die Trägerplatte mit Kleberbeschleuniger, setzen Sie den Schmetterling schnell darauf und halten Sie ihn festgedrückt, bis der Kleber anzieht (= nur ein paar Sekunden).

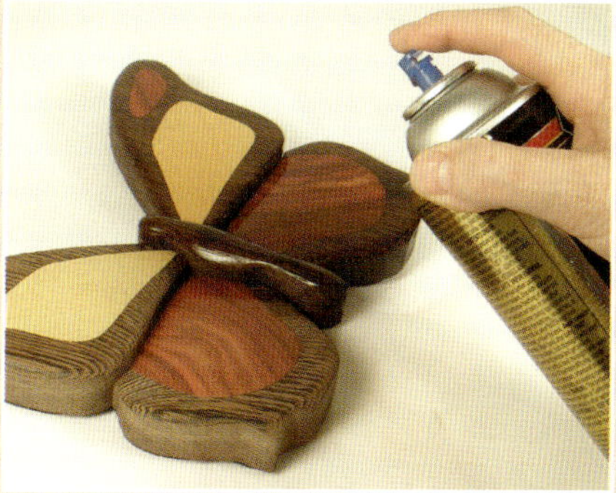

3 Sprühen Sie den gewählten Lack nach der Herstelleranweisung auf. Lassen Sie jeden einzelnen Lacküberzug trocknen.

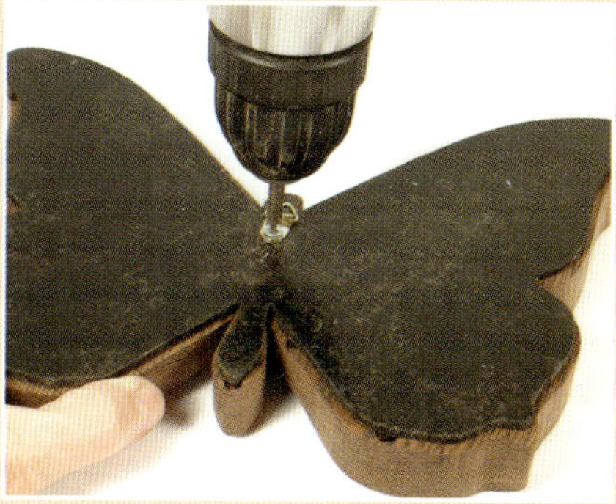

4 Platzieren Sie den Bilderhaken in der Mitte des Körpers. Bohren Sie auf keinen Fall bis zur Vorderseite durch, sonst ist das Werkstück ruiniert. Schrauben Sie den Bilderhaken fest. Bohren Sie an der Oberseite des Kopfes ein kleines Loch und kleben Sie den Draht für die Fühler ein.

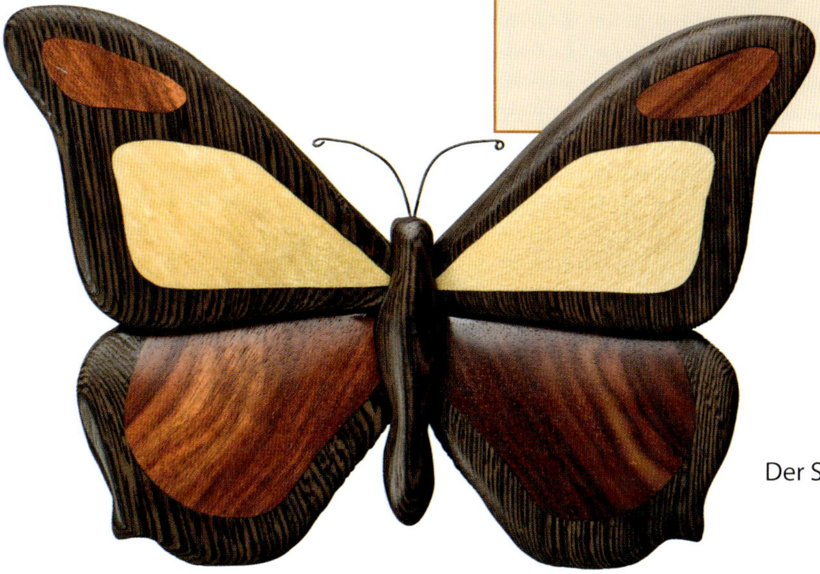

Der Schmetterling ist fertig!

3

3. TEIL

Raffinierte Techniken

Sie beherrschen nun die Grundlagen und können sich zusätzliche Fertigkeiten aneignen, um das nächste „Level" der Intarsientechnik zu erreichen. In diesem Teil des Buches geht es unter anderem um den Einsatz von Beizen und Unterlegscheiben.

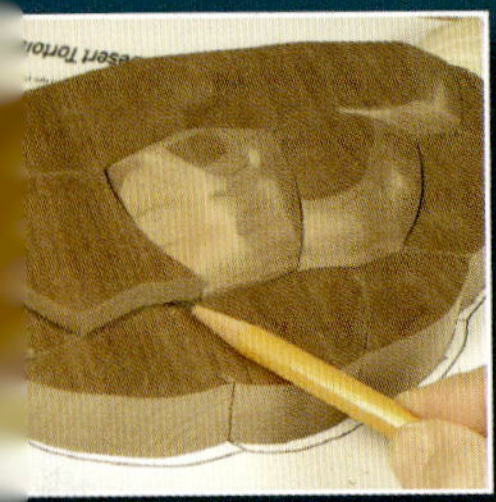
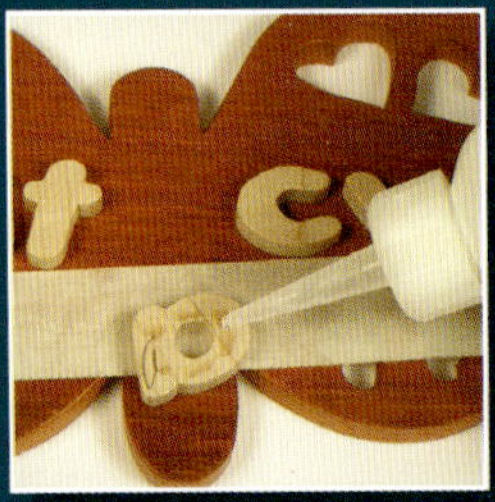
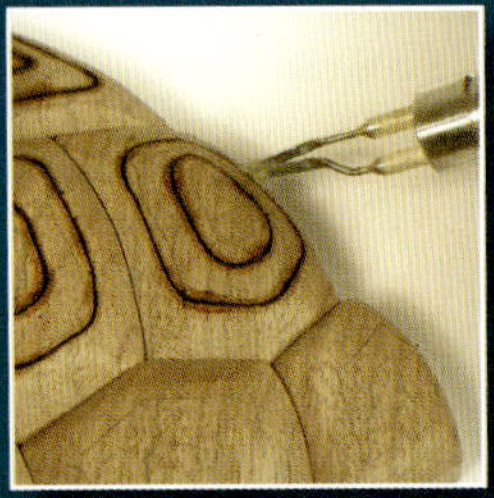
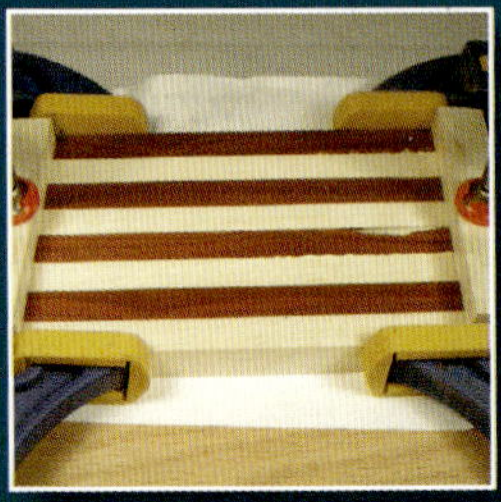
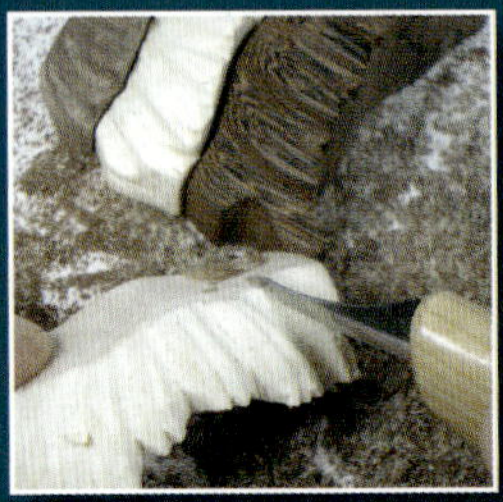

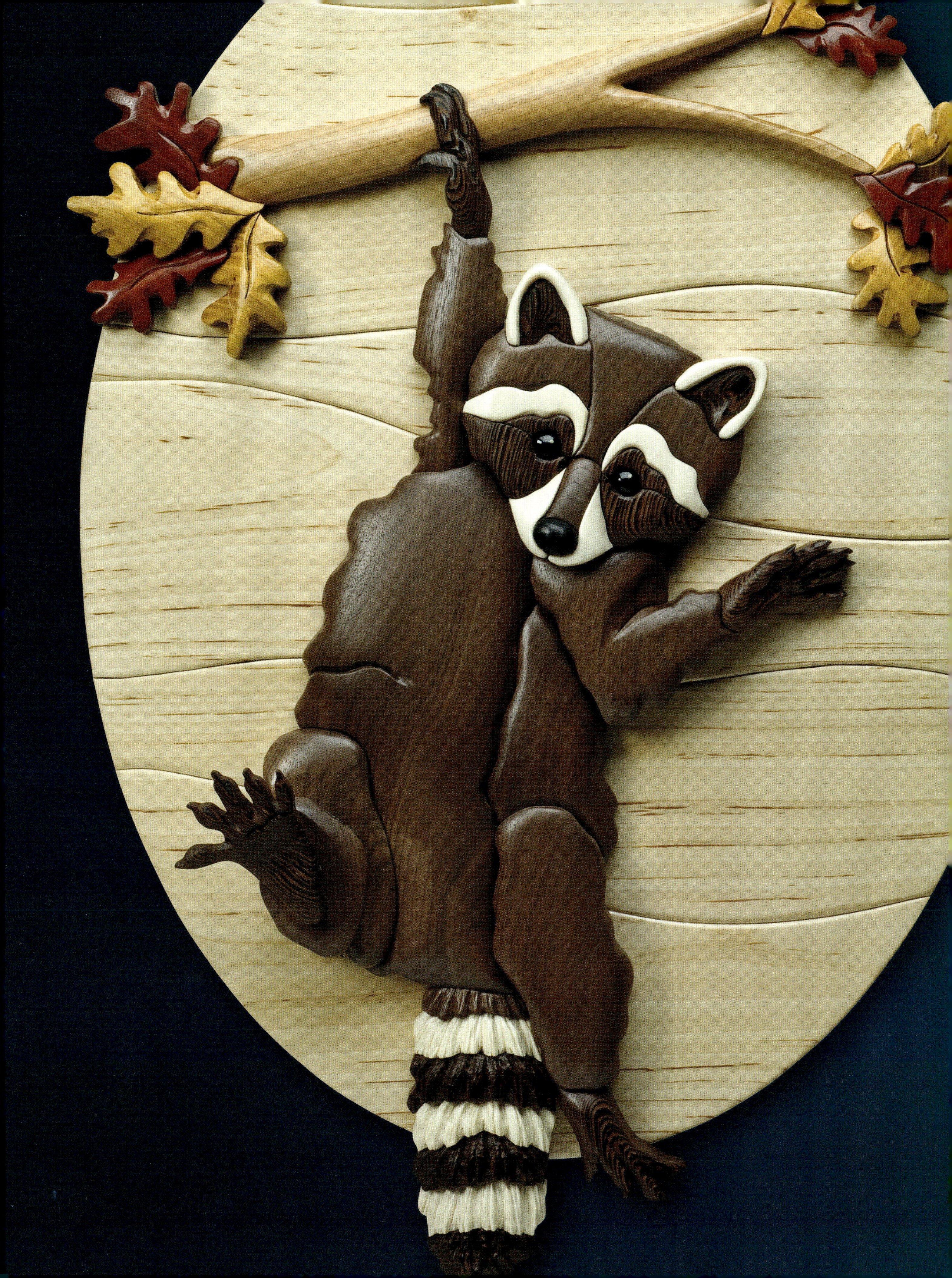

11. Übung

Beizen

Ich arbeite so viel wie möglich mit natürlichen Holzfarben – aber manche Farbtöne kann ich auf diese Weise nicht erzeugen. Hier helfen Beizen und Lasuren. Sie machen es auch möglich, mit heimischen statt mit exotischen Hölzern zu arbeiten, ohne auf interessante Farbeffekte zu verzichten. Einsteigern fällt es leichter, eine Intarsienarbeit aus einem Stück Holz anzufertigen und mit Beize zu behandeln, als verschiedenfarbige Teile zusammenzufügen. Und schließlich können manche natürliche Holztöne durch einen Anstrich erhalten werden – Gelbeize schützt weißes Holz vor dem Vergilben, durch Walnussöl behalten dunkle Hölzer ihre schöne Farbe.

Probestücke

Beizen und Lasuren sollten Sie immer zuerst an einem Stück Restholz testen. Manchmal trifft man nicht gleich den richtigen Farbton – und Sie wollen doch nicht Ihr Projekt ruinieren! Sägen Sie mehrere Streifen von dem Holz ab, das Sie für Ihr Projekt verwenden, und schleifen Sie sie ab, so wie Sie es bei den Teilen für das Projekt machen. Machen Sie von jeder neuen Beize oder Lasur ein Probestück. Notieren Sie das verwendete Produkt auf der Rückseite. Bald werden Sie eine ganze Sammlung von Probestücken haben, die beim Aussuchen der richtigen Farben für ein neues Projekt sehr nützlich ist und viel Zeit spart.

Lebensmittelfarben

Fügen Sie einer kleinen Menge Wasser ein paar Tropfen Lebensmittelfarbe hinzu. Je mehr Tropfen, desto intensiver wird die Farbe. Sie soll aber nicht zu intensiv sein, weil sonst die Holzmaserung gar nicht mehr zu sehen ist. Wenn sich die Holzfasern bei weichen Holzarten wie Pappel durch das Wasser aufstellen, schleifen Sie das Holz nach dem Trocknen mit ganz feinem Schleifpapier ab.

Acrylfarbe

Acrylfarbe wird am besten als Lasur eingesetzt – unverdünnt verdeckt sie die Holzmaserung. Vermischen Sie etwas Acrylfarbe gut mit einer kleinen Menge Wasser. Probieren Sie verschiedene Konzentrationen aus, bis Sie mit dem Ergebnis zufrieden sind.

Ölbeize

Ölbeize wirkt am schönsten, wenn sie mit Mineralspiritus verdünnt wird. Fügen Sie dem Mineralspiritus etwas Pigment hinzu, rühren Sie um, bemalen Sie ein Probeholz mit der Mischung und wischen Sie sie sofort ab. Bringen Sie an einem Ende des Probeholzes einen zweiten, eventuell auch einen dritten Überzug auf und vergleichen Sie den Effekt.

Beize aufbringen

Ordnen Sie die Einzelteile nach Farben. Tragen Sie die jeweilige Beize mit einem kleinen Pinsel auf, wischen Sie sie ab und lassen Sie sie über Nacht trocknen. Wenn sich die Fasern aufstellen und die Oberfläche sich rau anfühlt, schleifen Sie sie mit feinem Schleifpapier oder Stahlwolle leicht ab – ohne dabei die Beize abzuschleifen, es sei denn, Sie arbeiten auf einen Abnützungs-Effekt („Shabby Chic") hin!

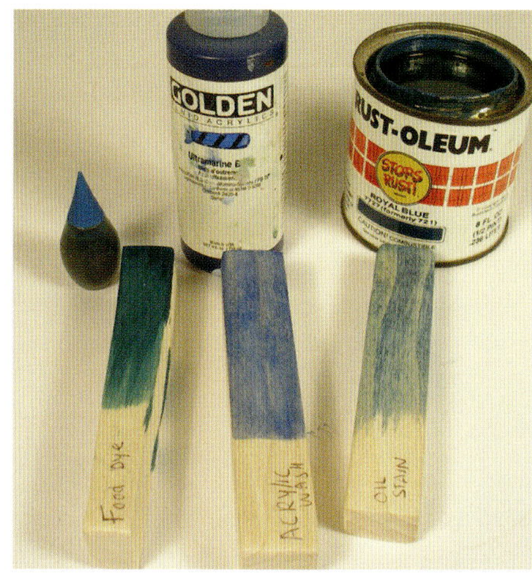

Auf der Suche nach dem richtigen blauen Farbton habe ich Lebensmittelfarbe (links), Acrylfarbe (Mitte) und Ölbeize (rechts) ausprobiert.

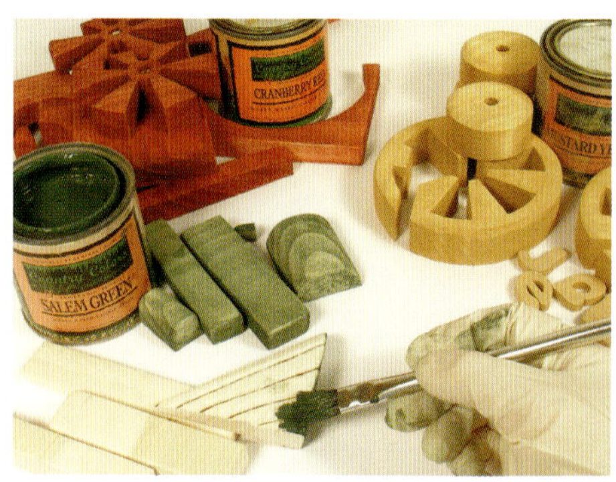

Für den Eisenbahn-Bilderrahmen auf S. 68 habe ich Wasserbeize verwendet.

12. ÜBUNG

Unterlegscheiben für 3-D-Effekte einsetzen

Bei dieser Technik wird eine dünne Unterlegscheibe aus Holz, meist aus Sperrholz, unter einen oder mehrere Teile gelegt, um diese stärker anzuheben als die benachbarten Teile. Die Scheibe hat dieselbe Form wie der angehobene Bereich, ist aber etwas kleiner. In dieser Übung erfahren Sie, wann und wie Sie mit Unterlegscheiben mehr Tiefenwirkung erzielen können. Auf den Vorlagen in diesem Buch werden Unterlegscheiben mit roten gestrichelten Linien angedeutet. Überlegen Sie jedoch bei jedem Projekt, ob sich noch andere Bereiche dafür eignen. Die Bereiche, die am höchsten liegen oder dem Betrachter am nächsten sind, bieten sich besonders dafür an. Sie müssen jedoch von anderen Teilen umgeben sein und dürfen nicht am Rand des Projekts liegen, da die Unterlegscheibe sonst sichtbar ist.

Die folgenden Fotos zeigen das Schildkröten-Projekt (S. 66), bei dem ein ganzer Bereich mit einer großen und ein Einzelteil mit einer kleinen Unterlegscheibe angehoben wird.

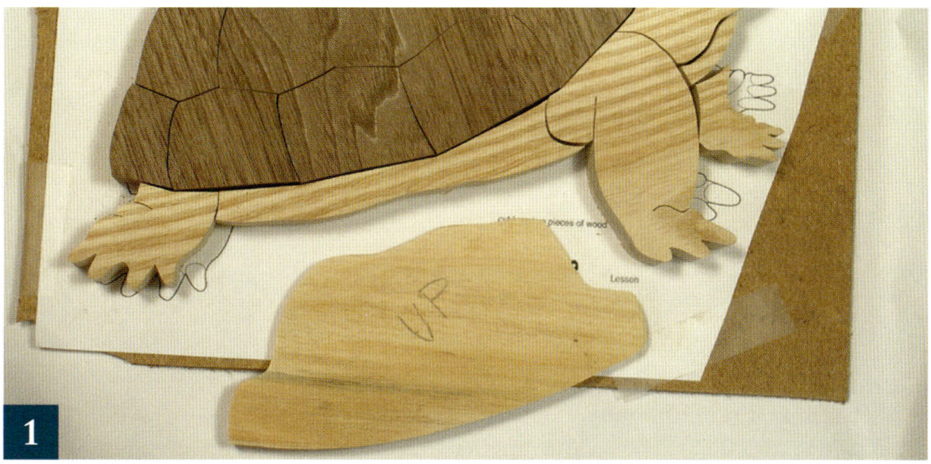

1

Wenn Sie alle Teile für die Intarsienarbeit fertig ausgesägt haben, sägen Sie die Unterlegscheiben aus 10 mm dickem Sperrholz oder aus Holzbrettresten aus. Schneiden Sie knapp innerhalb der rot gestrichelten Linie. Wichtig: Markieren Sie die Oberseite der fertig ausgeschnittenen Scheibe, damit Sie sie nicht verkehrt herum ankleben!

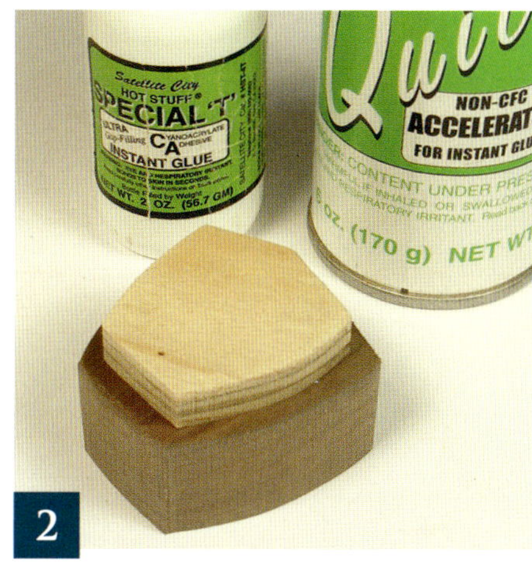

2

Um einen Teil des angehobenen Bereichs noch höher zu legen (hier: die mittlere Platte am Schildkrötenpanzer), wird nun eine zweite (kleinere) Unterlegscheibe mit CA-Kleber angeklebt. So erhält das Schildkröten-Projekt drei Ebenen: 1. die mittlere (höchste) Platte, 2. den Bereich, der mit der größeren Scheibe unterlegt ist, 3. die (niedrigsten) Teile rund um die größere Scheibe.

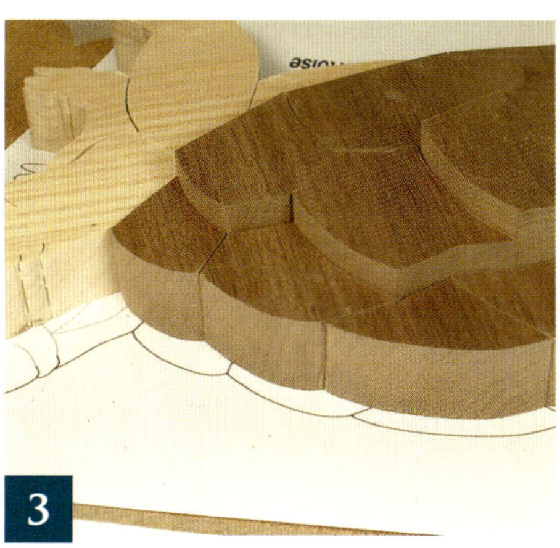

3

Stellen Sie alle Teile und Unterlegscheiben probeweise in der richtigen Anordnung zusammen.

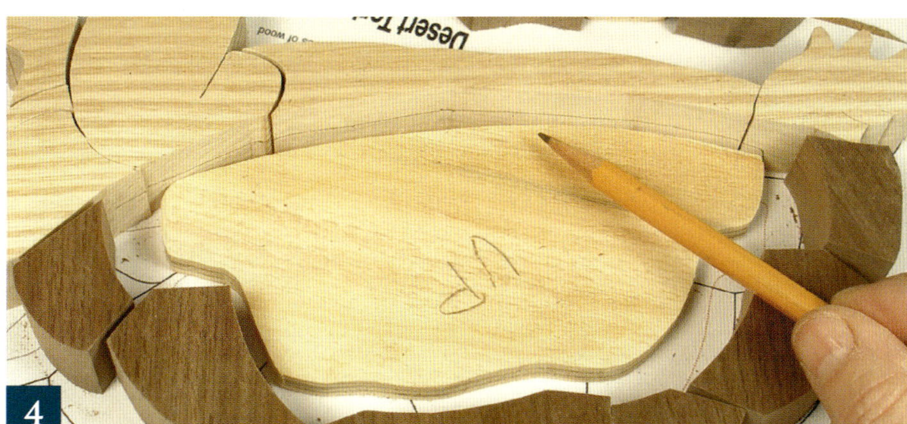

4

Nehmen Sie die Teile von der Unterlegscheibe ab. Bringen Sie an den daran angrenzenden Teilen eine Markierungslinie in Höhe der Oberkante der Scheibe an (siehe Foto). Beim Schleifen dieser Teile müssen Sie oberhalb der Markierungslinie bleiben, da sonst die Unterlegscheibe sichtbar wird.

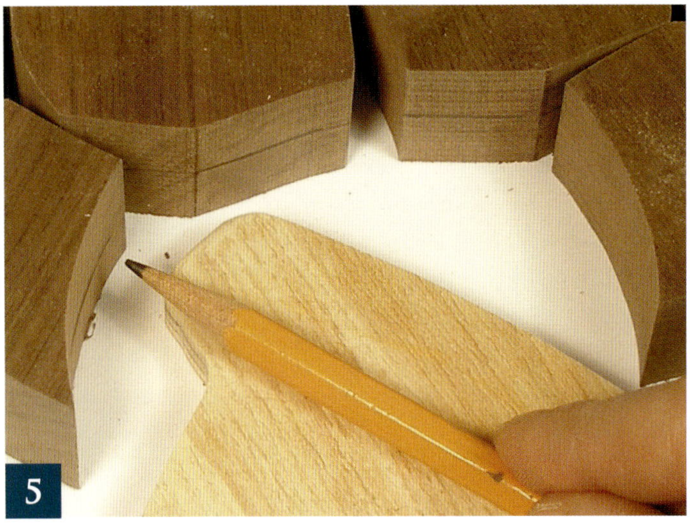

5

Wenn Sie zusätzliche (kleinere) Unterlegscheiben verwenden, markieren Sie auch hier die Höhe der Scheibe an den benachbarten Teilen, damit beim Abschleifen dieser Teile die Scheibe nicht freigelegt wird.

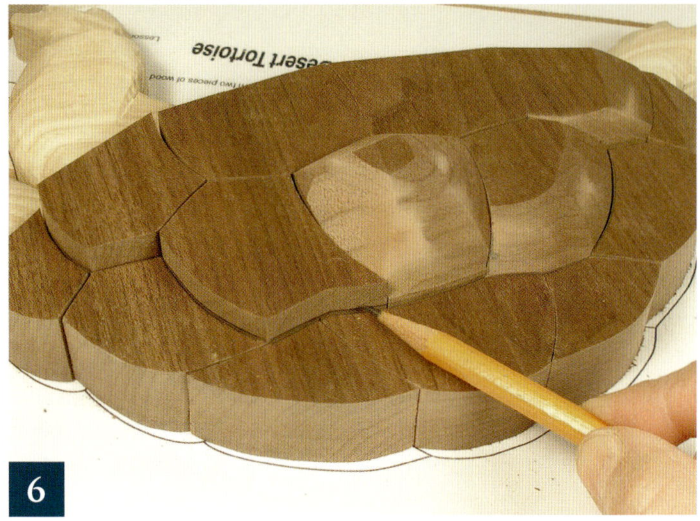

6

Legen Sie nun die Teile, die auf die Unterlegscheibe gehören, wieder darauf, markieren Sie den Rand dieser Teile und schleifen Sie sie bis zur Markierung ab, sodass ein harmonischer Übergang von den angehobenen zu den niedriger liegenden Teilen entsteht. Nehmen Sie bei den niedriger liegenden Teilen vorläufig kein Material weg.

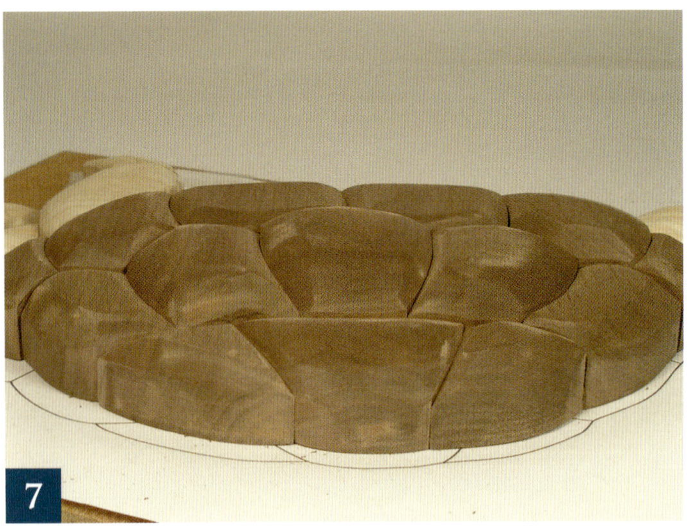

7

Schleifen Sie alle Teile auf der Unterlegscheibe und um die Scheibe herum ab. Wenn zwischen zwei Teilen kein fließender Übergang vorhanden ist, markieren Sie den höheren Teil mit Bleistift und schleifen Sie ihn vorsichtig bis zur Markierung ab. Wiederholen Sie den Vorgang (Markieren, Schleifen, Überprüfen), bis Sie mit dem Ergebnis zufrieden sind.

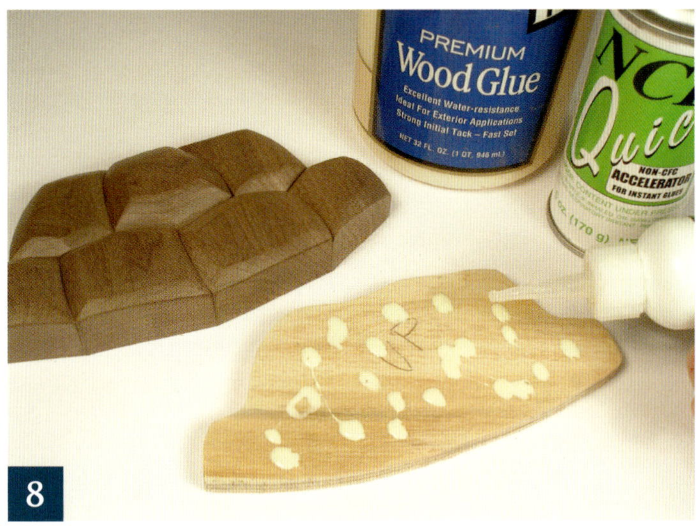

8

Kleben Sie die Teile, die auf die Unterlegscheibe gehören, mit CA-Kleber zusammen. Dann kleben Sie die Teile mit Holzleim, CA-Kleber und Kleberbeschleuniger auf der Unterlegscheibe fest. Achten Sie darauf, dass die Unterlegscheibe nirgends vorsteht. Stellen Sie das Projekt fertig.

Tipps

- Die Unterlegscheibe muss sauber, eben und glatt abgeschliffen sein.
- Wie stark soll die Scheibe sein? Probieren und vergleichen Sie!

13. ÜBUNG

Overlays

Overlays sind Teile, die auf andere Teile aufgeleimt werden. Oft kommen sie dann ins Spiel, wenn man keine Unterlegscheibe einsetzen kann. Beim Frosch (S. 82) und beim Waschbären (S. 102) habe ich mit Overlays gearbeitet, die dem ganzen Projekt eine eindrucksvolle „dritte Dimension" verleihen. Auch wenn Sie auf Ihrem Projekt eine erhabene Beschriftung anbringen, sind die Buchstaben nichts anderes als Overlays.

Tipps

- Sägen Sie die Buchstaben aus 3–6 mm starkem Holz aus. Bohren Sie zuerst alle Startlöcher, sägen Sie alle Innenschnitte und erst dann die Umrisse der Buchstaben, damit die Teile nicht zu klein zum Festhalten werden.
- Halten Sie die Buchstaben beim Schleifen und beim Aufkleben mit einer Nadelzange oder einer Pinzette.
- Ein Streifen Abdeckband dient als „Hilfslinie" für die Anordnung der Buchstaben (siehe Bild 2). Um sie richtig zu zentrieren, kleben Sie den mittleren Buchstaben zuerst auf.

Material

- rotes Holz (Rotholz), 200 x 130 x 10 mm
- helles Holz (Pappel), 75 x 200 x 3–6 mm

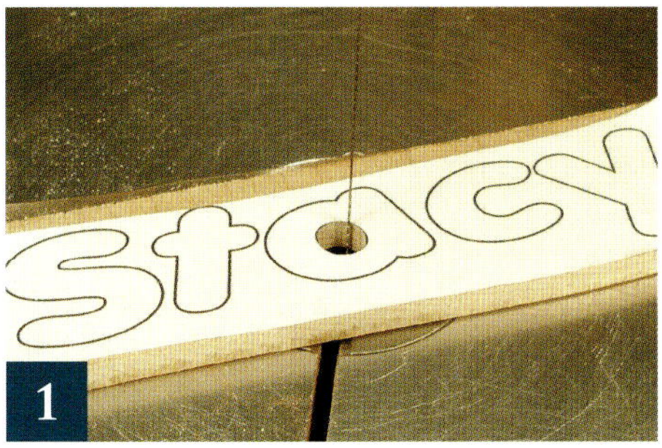

1

Sägen Sie zunächst alle anderen Teile des Projekts aus. Schleifen Sie Oberflächen und Kanten ab, sodass eine saubere, trockene, ebene Oberfläche zum Aufkleben der Overlays entsteht. Nun sägen Sie die Overlays aus und schleifen Sie sie ab.

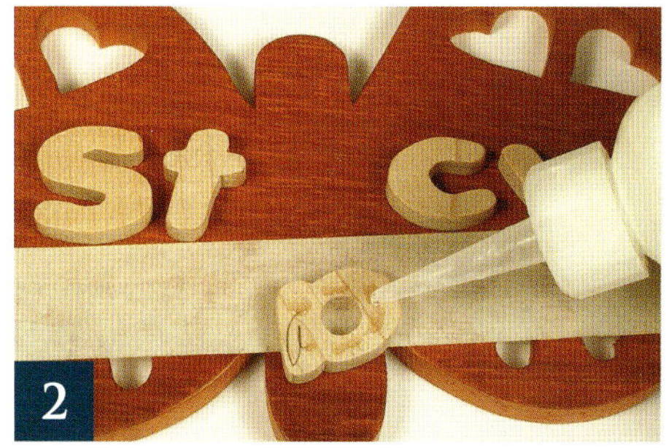

2

Ordnen Sie die einzelnen Overlays richtig an. Bringen Sie eine dünne Linie oder einzelne Tropfen CA-Kleber auf die Rückseite jedes aufzuklebenden Teils auf – nicht zu viel Kleber, sonst quillt er unschön an den Rändern hervor.

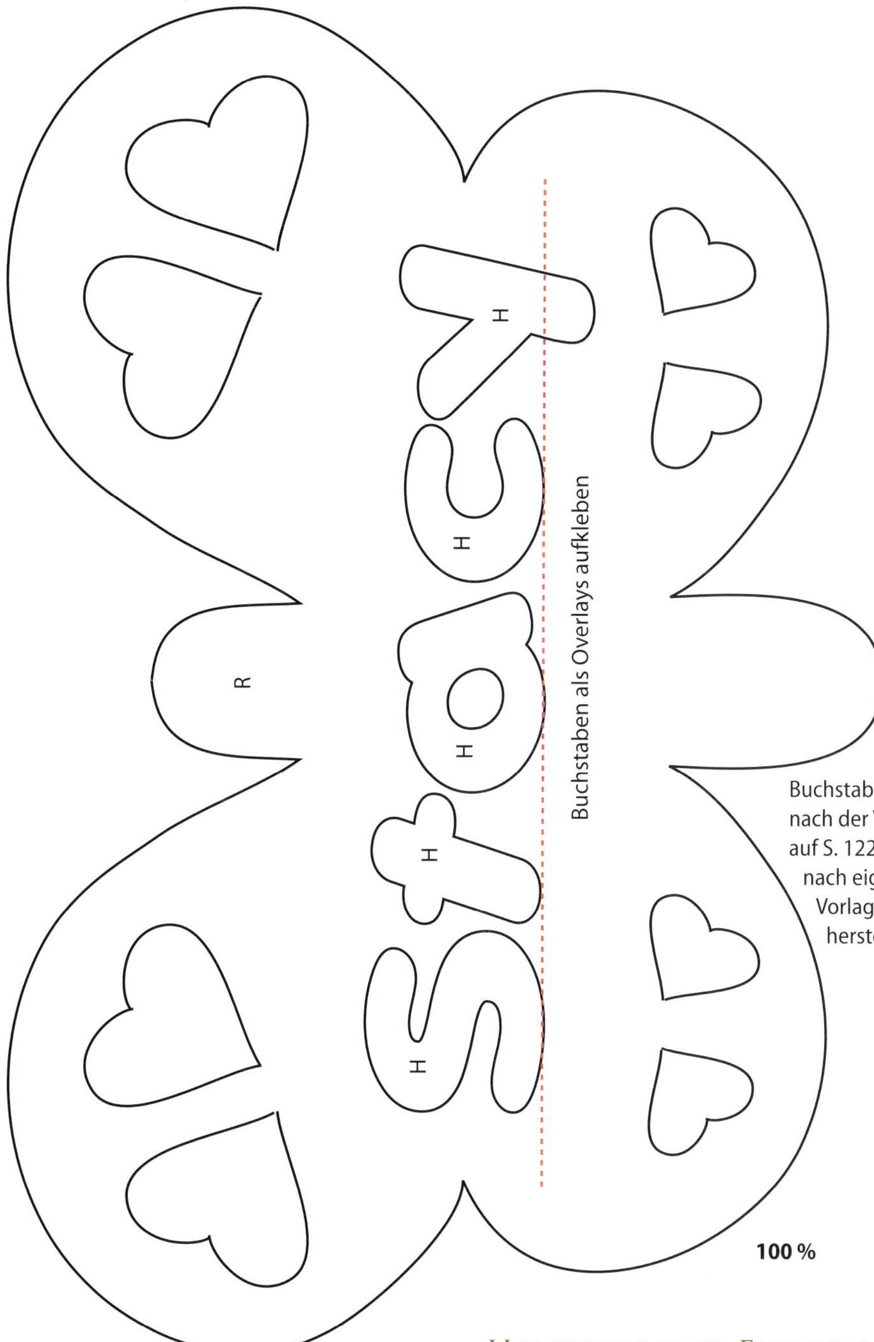

Buchstaben nach der Vorlage auf S. 122 oder nach eigener Vorlage herstellen

100 %

LEGENDE

- **R** rotes Holz
- **H** helles oder weißes Holz (nach Wunsch bemalt oder gebeizt)
- ----- Hilfslinie zum Anordnen der Buchstaben

14. Übung

Lamellieren

Beim Lamellieren werden mehrere Holzschichten zu einem Rohling zusammengeleimt, aus dem dann ein oder mehrere Teile ausgesägt werden. Das Detailfoto rechts zeigt das gestreifte Federkleid des Truthahns, bei dem ich die Lamelliertechnik eingesetzt habe. Auch bei Landschaftsbildern lassen sich durch das Lamellieren von verschiedenfarbigen Holzschichten interessante Effekte erzielen.

Bei manchen Projekten könnte man zwar die „Streifen" auch einzeln zuschneiden und schleifen. Der Zeit- und Arbeitsaufwand wäre allerdings viel größer als beim Lamellieren. Das untere Foto zeigt, wie ein lamellierter Rohling entsteht.

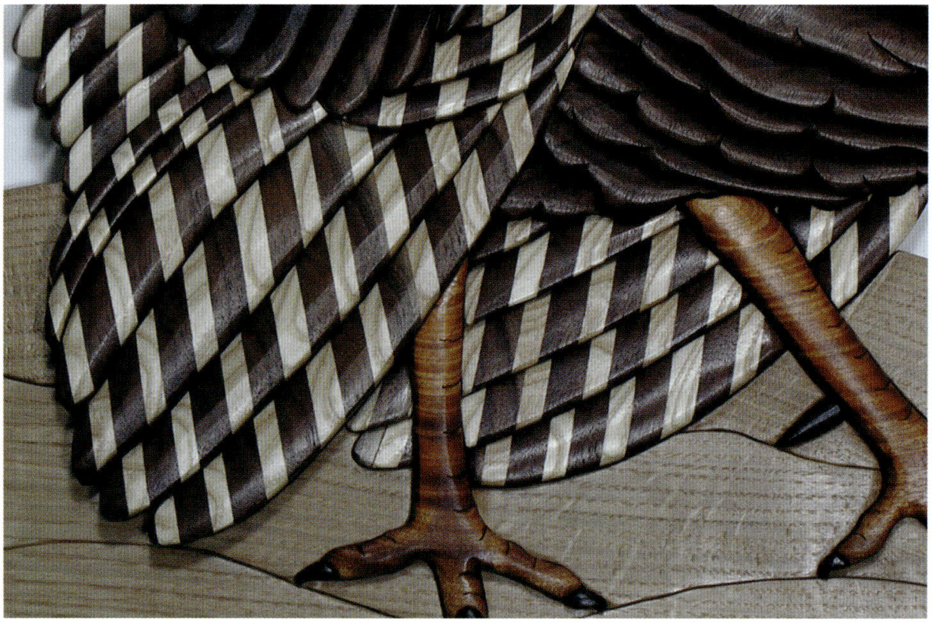

Für das gestreifte Federkleid des Truthahns habe ich die Lamelliertechnik eingesetzt.

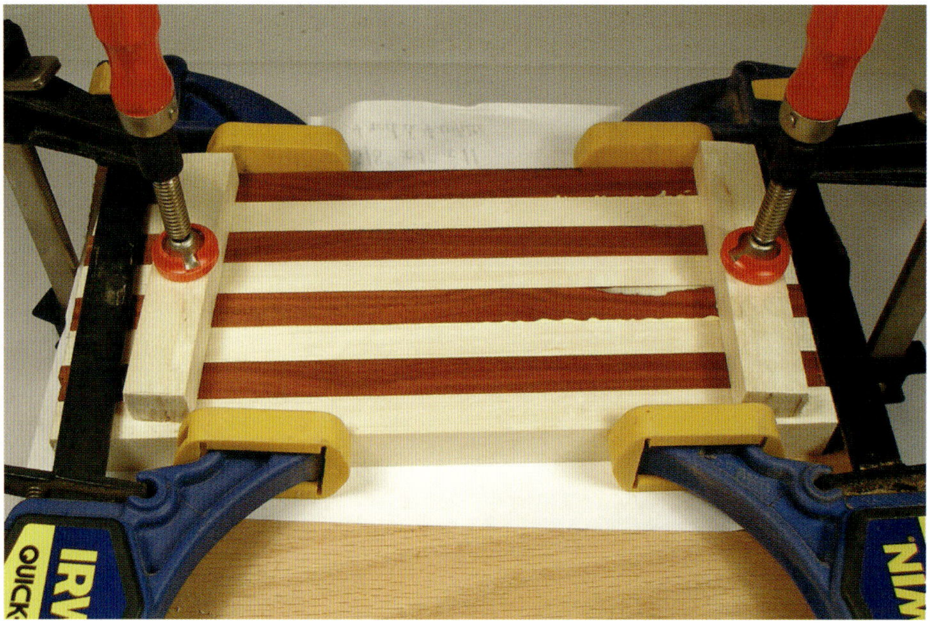

Legen Sie die verschiedenfarbigen Holzstreifen abwechselnd auf der Arbeitsfläche auf. Bringen Sie zwischen allen Schichten Holzleim auf und fixieren Sie sie mit Klemmen fest in dieser Position. Legen Sie die Anordnung auf einer Papierunterlage auf einem flachen Brett auf und klemmen Sie sie auch von oben fest, damit Sie einen ebenen Rohling erhalten. Lassen Sie das Ganze über Nacht trocknen.

15. ÜBUNG

Arbeiten mit dem Brandmalgerät

Mit einem Brandmalgerät können Sie Ihren Intarsienprojekten allerlei Details hinzufügen und eine interessante Oberflächenstruktur erzeugen. Besonders praktisch ist ein Gerät mit Temperaturregelung. So können Sie entscheiden, ob die Brandmalerei hauchzart und oberflächlich oder markant und kräftig sein soll.

Ob Sie feine Linien ziehen, eine Schattierung zeichnen, das Fell eines Tieres oder das Federkleid eines Vogels andeuten oder eine Beschriftung anbringen wollen – für all das und noch vieles mehr gibt es die richtige Brennspitze. Jede Brennspitze liefert bei der gleichen Einstellung ein anderes Ergebnis, und auch jede Holzart reagiert anders darauf. Üben Sie also immer auf einem Stück Restholz, bevor Sie Ihr Projekt mit dem Brandmalgerät bearbeiten. Wenn Sie eine niedrige Temperatur einstellen, vermeiden Sie angekohlte Ränder. Mit einer höheren Temperatur erhalten Sie eine tief eingebrannte Linie, die Sie mit dem Schleifmop abmildern können, wobei gleichzeitig die zu stark verbrannten Randbereiche abgeschliffen werden. Auf dunklem Hartholz wie Schwarznuss „verschmelzen" die stark verbrannten Stellen nach dem Lackieren optisch mit dem Hintergrund.

Die Fotos auf der nächsten Seite zeigen, wie ich das Brandmalgerät bei der Gestaltung der Schildkröte (S. 66) eingesetzt habe.

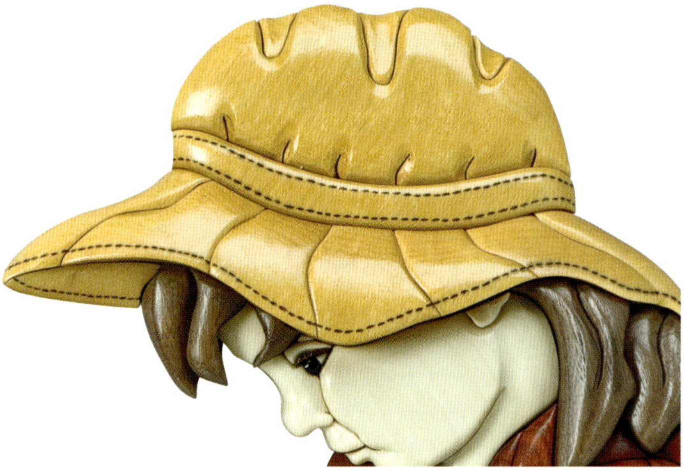

Für die Nähte an diesem Hut wurde eine ganz feine Brennspitze verwendet (siehe S. 90).

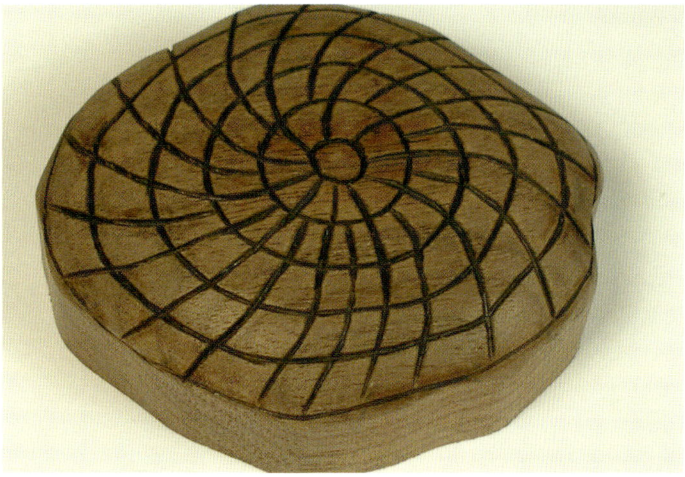

Auch die Mitte der Sonnenblume (S. 86) lässt sich mit der Brandmaltechnik effektvoll gestalten.

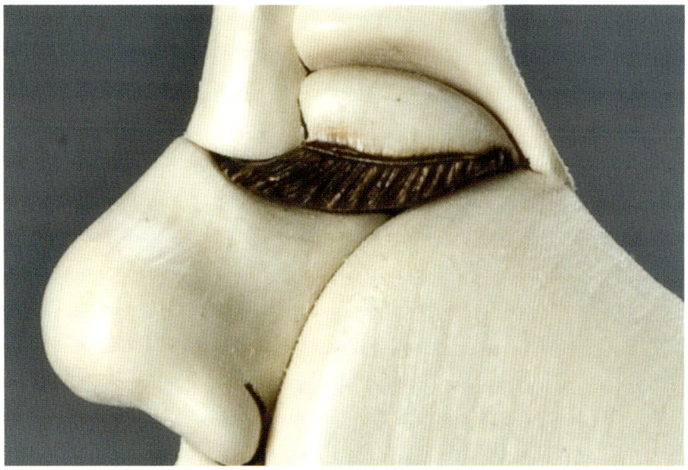

Die Wimpern am Auge des Kindes sind ebenfalls eingebrannt.

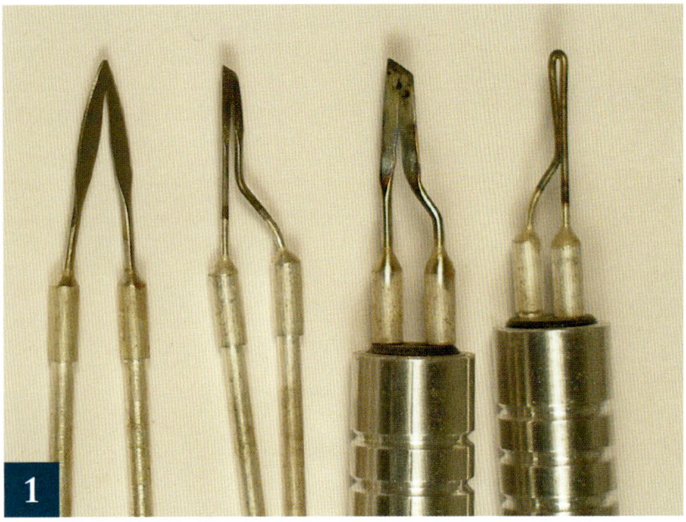

Nehmen Sie ein Reststück von dem Holz, das Sie für Ihr Projekt verwenden, als Probierstück. Experimentieren Sie mit verschiedenen Temperatureinstellungen und Brennspitzen. Kleine und große „Messerspitzen" sind vielfältig einsetzbar und für verschiedene Projekte gut geeignet.

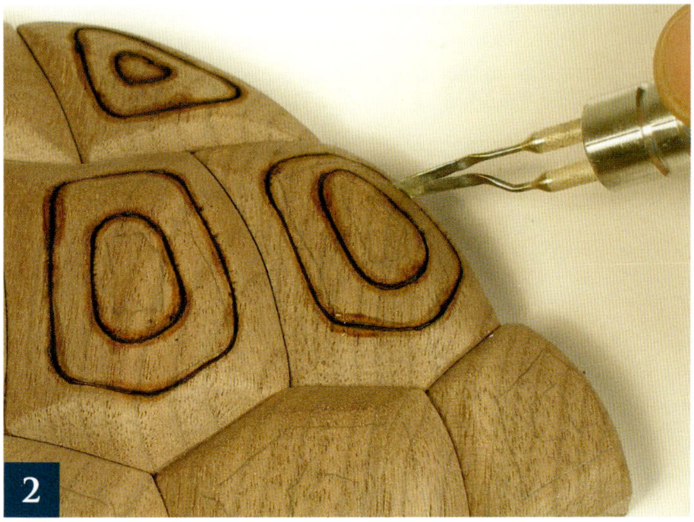

Bringen Sie zuerst dünne Bleistiftmarkierungen an und ziehen Sie sie dann mit dem Brandmalgerät nach. Brennen Sie alle gewünschten Details ein.

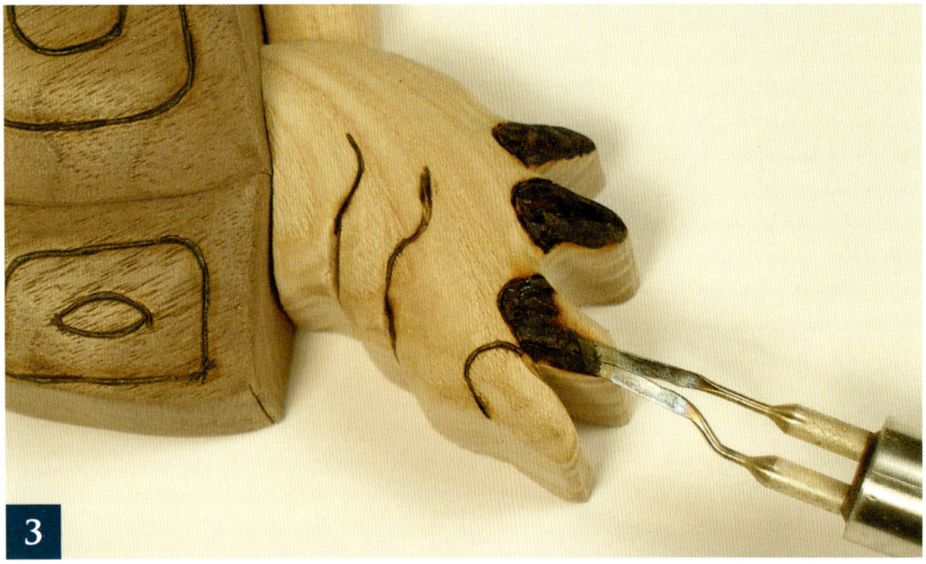

Kleine Bereiche wie die Krallen der Schildkröte können Sie mit einer flachen Brennspitze ausmalen und schattieren, statt die Teile aus dunklem Holz auszusägen und einzufügen. Stark verbrannte Ränder entfernen Sie mit dem Schleifmop.

16. ÜBUNG

Schnitzen und Fräsen

Auch durch Schnitzen – mit der Hand oder mit dem Motorschnitzgerät – und durch Fräsen mit dem Multifunktionswerkzeug können Sie die Oberfläche bearbeiten und gestalten. Üben Sie die Schnitte, die Sie ausführen wollen, an Reststücken der gewünschten Holzart und finden Sie heraus, welches Schnitzmesser, welcher Fräser für das gewählte Holz und die gewünschten Schnitzdetails am besten geeignet ist. Durch tiefe Schnitte und Furchen entstehen markante Schatten, die die Tiefenwirkung noch verstärken.

Der Waschbär (S. 102) ist ein Musterbeispiel für den Einsatz dieser Techniken. Die einzelnen Abschnitte des Schwanzes habe ich mit einem Multifunktionswerkzeug mit einem feinen Fräser bearbeitet (siehe S. 42). Für verschiedene plastische Effekte gibt es Fräsköpfe in Kegel-, Spitzkegel-, Kugel- und Zylinderform, in grober, mittlerer und feiner Ausführung, mit Schaftdurchmessern von 2–13 mm zu kaufen. Manche erzeugen eine glatte Oberfläche, andere nehmen in kurzer Zeit große Mengen an Holz weg, wieder andere dienen zum Schneiden und Schleifen. Legen Sie sich eine Auswahl an Fräsköpfen in verschiedenen Formen und Größen zu. Nach dem Fräsen können Sie die rauen Bereiche mit einer Schleifhülse der Körnung 120 oder 220 (passend zu einem Schleifdorn mit 6 oder 13 mm Ø) oder einem feinkörnigen Schleifstein glätten. Ein Mini-Schleifmop ergänzt Ihre Ausrüstung und erspart Ihnen das mühsame Schleifen von Hand.

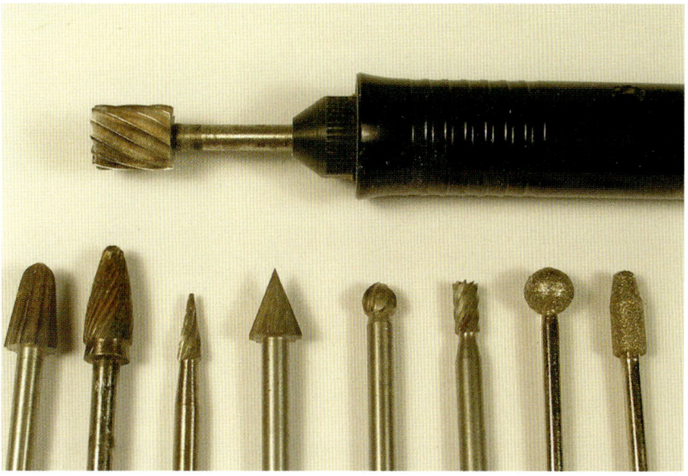

Karbidfräser sind sehr beliebt, weil sie in kurzer Zeit viel Holz wegnehmen und eine glatte Oberfläche erzeugen.

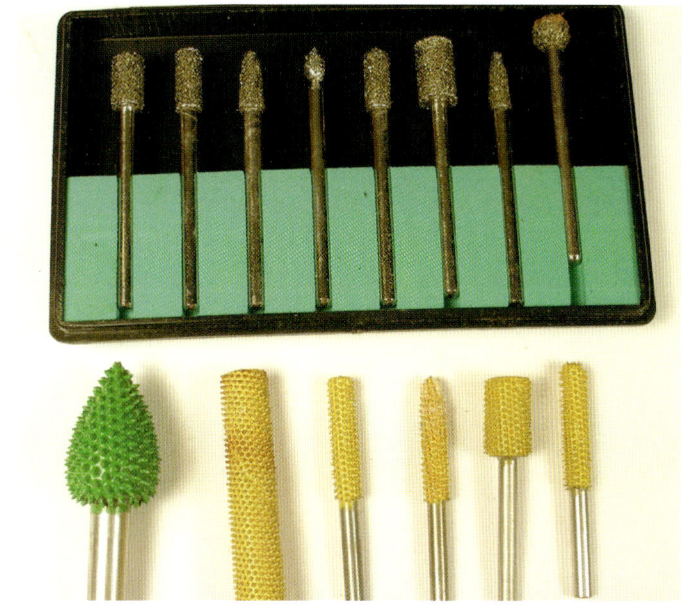

Mit den Karbidfräsköpfen von Saburr Tooth lassen sich in kurzer Zeit größere Mengen an Holz wegnehmen.

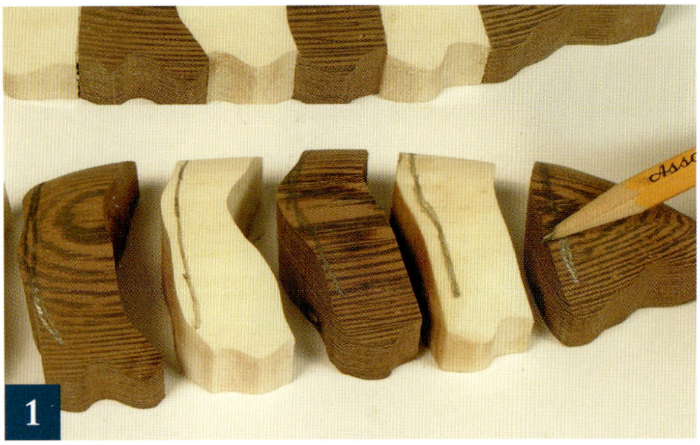

Kleben Sie die Teile mit CA-Kleber provisorisch zusammen und runden Sie den gesamten Bereich mit dem Schleifgerät ab. Lösen Sie die Einzelteile wieder voneinander und schleifen Sie jeden Teil so weit ab, dass er tiefer liegt als der benachbarte Teil.

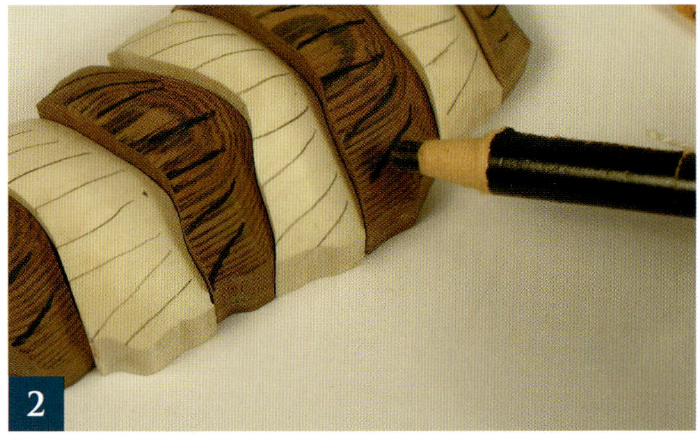

Markieren Sie auf allen Teilen mit Kohlestift den Verlauf und die Richtung der Furchen, die Sie einfräsen wollen.

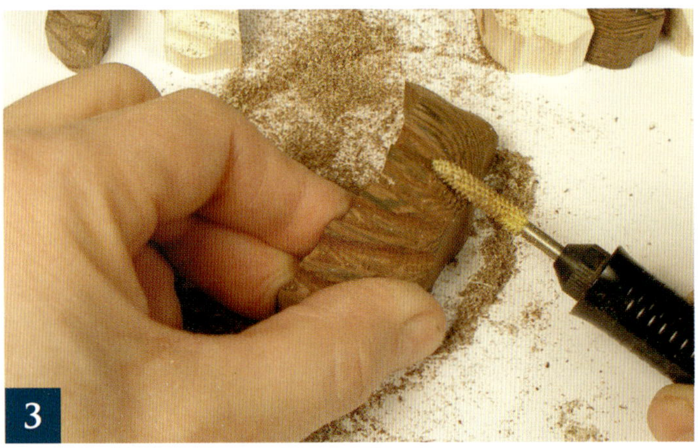

Nehmen Sie für die Fräsarbeiten ein Multifunktionswerkzeug Ihrer Wahl. Als Fräskopf habe ich einen 3-mm-Spitzkegel verwendet. Halten Sie das Werkstück auf einer harten, ebenen Unterlage gut fest. Beim Fräsen tiefer Furchen arbeiten Sie von oben nach unten.

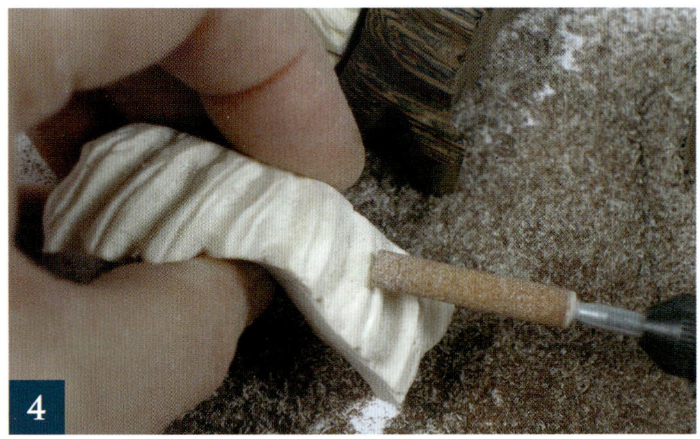

Schleifen Sie die gefrästen Teile mit dem Schleifmop ab, um scharfe Kanten zu entfernen. Versäubern Sie die Furchen mit einer Schleifhülse oder einem scharfkantigen Schleifstein. Auf dem Foto ziehe ich gerade mit der Oberkante eines zylindrischen Schleifsteins dünne Linien innerhalb der einzelnen Furchen.

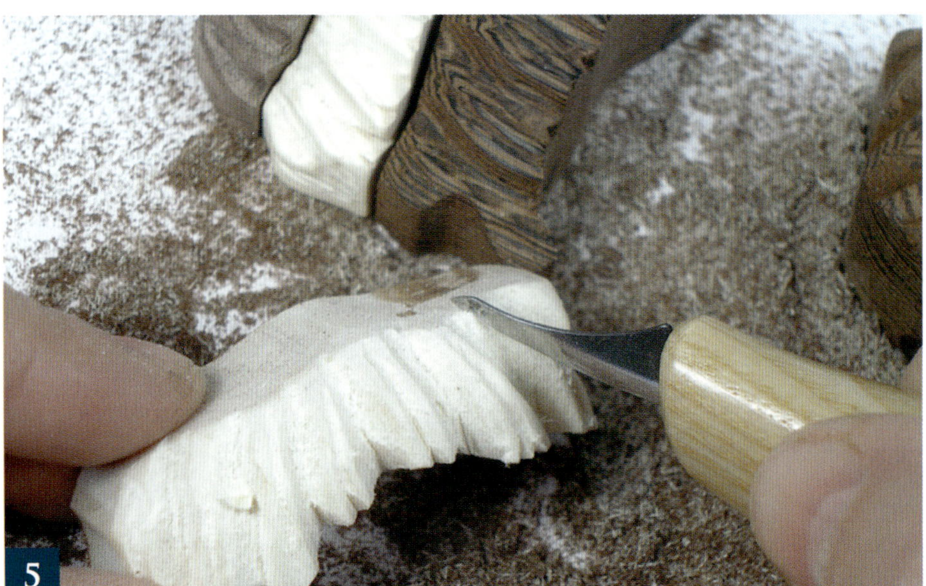

Machen Sie mit dem Schnitzmesser noch zusätzliche tiefe Schnitte. Schleifen Sie die Teile ein letztes Mal kurz mit dem Schleifmop ab. Nun können Sie sie zusammenkleben und am restlichen Projekt befestigen.

17. ÜBUNG

Arbeiten mit CA-Kleber

Mit Cyanacrylatkleber (CA-Kleber, auch „Sekundenkleber" oder „Superkleber" genannt) können Sie sehr viel Zeit sparen. Es gibt viele solche Kleber in dünnflüssigen, mittleren und zähflüssigen Varianten für verschiedene Einsatzmöglichkeiten. Die Trocknungszeit kann zwischen 3 und 30 Sekunden betragen. Geruchloser CA-Kleber ist teurer als herkömmlicher, ist aber sein Geld durchaus wert.
Oft hält der CA-Kleber so gut, dass eher das Holz bricht als die Klebenaht, vor allem, wenn Sie zu viel davon erwischen. Ich verwende CA-Kleber auf verschiedene Weise: zum provisorischen Fixieren der Teile beim Schleifen, zum Füllen von Lücken, zum endgültigen Zusammenkleben der Teile und zum Anbringen der Trägerplatte an der fertigen Arbeit. Mit Kleberbeschleuniger geht es noch schneller. Halten Sie CA-Kleberentferner bereit, um den Kleber von den Fingern zu entfernen oder falsch zusammengeklebte Teile auseinanderzunehmen.

Vorsicht! CA-Kleber kann allergische Hautreaktionen hervorrufen und reizt Augen und Atemwege. Auf ausreichende Belüftung achten!

CA-Kleber zum Schleifen

Um mehrere Teile zum gemeinsamen Abschleifen provisorisch zu fixieren, nehme ich fast immer CA-Kleber – schneller und praktischer geht es nicht! Tragen Sie 2–3 kleine Tropfen dickflüssigen CA-Kleber nahe der Unterkante der einen Klebefläche auf. Besprühen Sie nach Wunsch die andere Klebefläche mit Kleberbeschleuniger, um die Trocknungszeit abzukürzen. Ohne Beschleuniger braucht der Kleber etwa eine Minute zum Anziehen – mit dem Beschleuniger müssen Sie die Teile in 5–10 Sekunden richtig zusammenstellen! Mit zunehmender Übung werden Sie auch den Beschleuniger öfter einsetzen. Drücken Sie die Teile auf einer völlig ebenen, mit Papier abgedeckten Arbeitsfläche fest aneinander. Da der Kleber sich nahe an der Unterseite der Teile befindet, quillt er manchmal hervor und klebt an der Arbeitsfläche an – daher das Papier, das sich von der Unterseite der Teile leicht abschleifen lässt. Noch besser eignet sich Wachspapier.
Während Sie die Teile aneinanderdrücken, drehen Sie sie leicht auf der Arbeitsfläche, damit sie nicht am Papier ankleben. Wenn der abzuschleifende Bereich aus weiteren Teilen besteht, kleben Sie immer nur einen Teil auf einmal an. Nach dem Zusammenkleben lassen sich die Teile problemlos gemeinsam abschleifen. Wenn sich beim Schleifen ein Teil löst, haben Sie vielleicht zu wenig Kleber verwendet oder an einer Stelle geklebt, an der die Teile nicht eng genug aneinanderstoßen. Kleben Sie den Teil wieder an und tragen Sie dabei den Kleber an einer anderen Stelle auf. Schlagen Sie die fertig geschliffenen Teile kurz auf einer harten Oberfläche auf, um sie voneinander zu lösen (zuerst mit Restholz üben!). Wenn sich die Teile nicht ohne Weiteres trennen lassen, haben Sie zu viel Kleber verwendet. Bringen Sie in diesem Fall CA-Kleberentferner in die Fugen ein. Wenn das nicht hilft, schneiden Sie die Fugen nach, um die Teile zu trennen. Kleberreste in den Fugen entfernen Sie mit einem X-Acto-Messer. Wenn Sie diese Methode einmal beherrschen, brauchen Sie nie mehr eine Unterlegscheibe zum Schleifen anzufertigen. Für kleine, empfindliche oder zerbrechliche Teile eignet sie sich jedoch nicht.

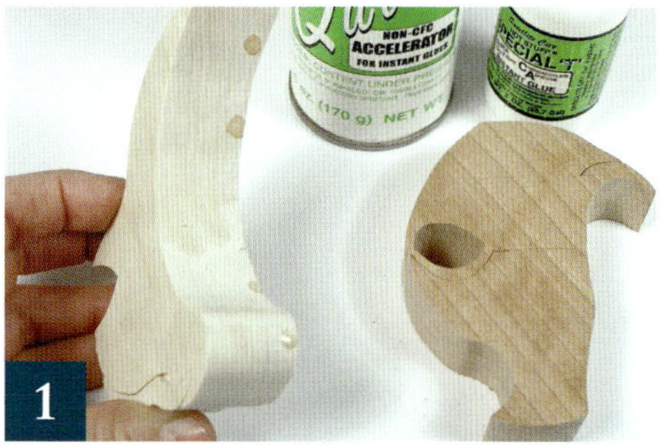

1 Kleben Sie die Teile, die Sie gemeinsam abschleifen wollen, provisorisch mit CA-Kleber zusammen.

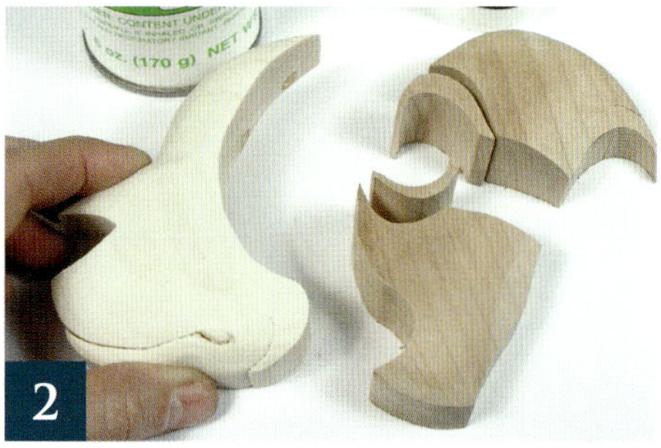

2 Nach dem Abschleifen schlagen Sie die Teile kurz auf einer harten Oberfläche auf, um sie wieder voneinander zu lösen.

4. TEIL

PROJEKTE

Geben Sie Ihrer Kreativität die Sporen! Ein putziger kleiner Hund (S. 64), eine Sonnenblume (S. 86), ein munterer Waschbär (S. 102) und noch viele andere schöne Projekte warten auf Sie!

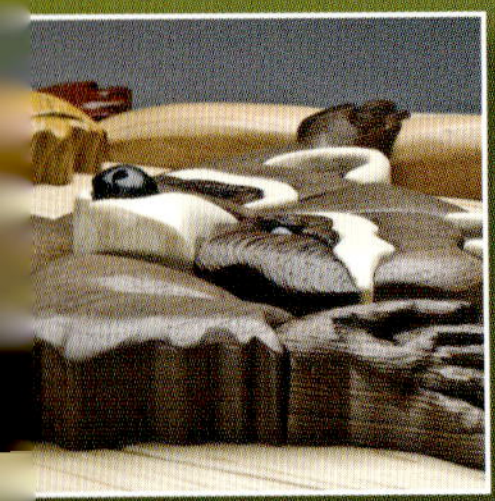
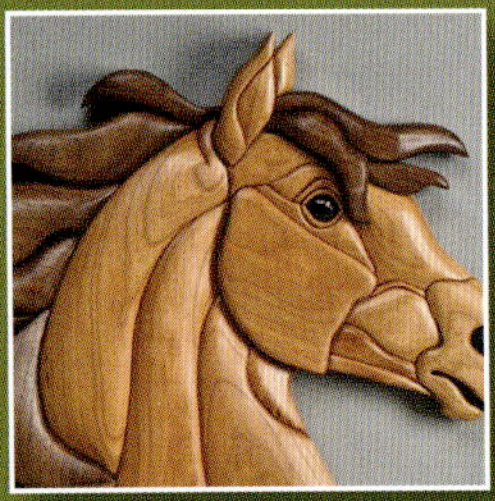
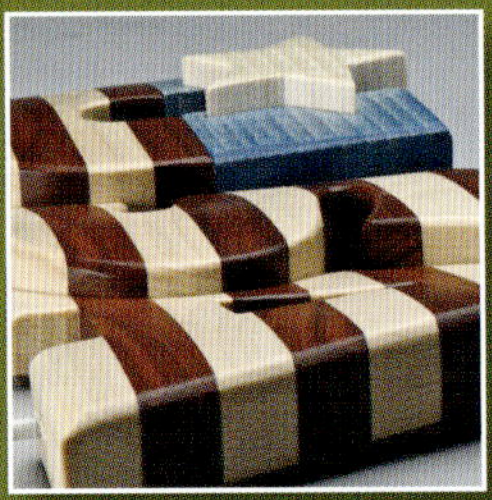
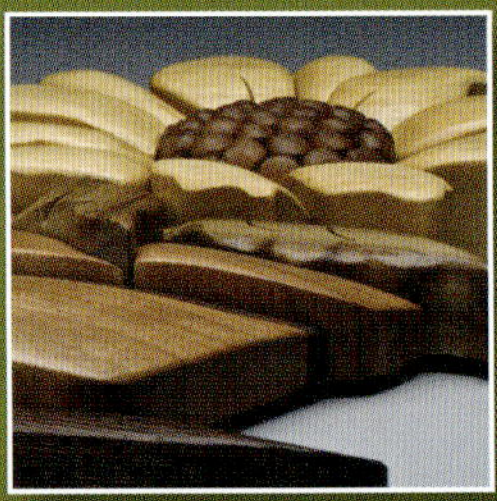
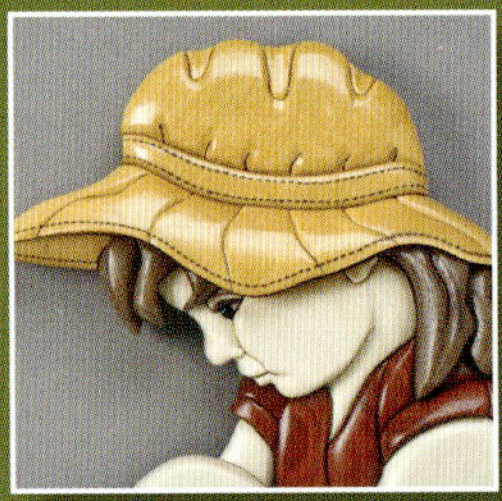

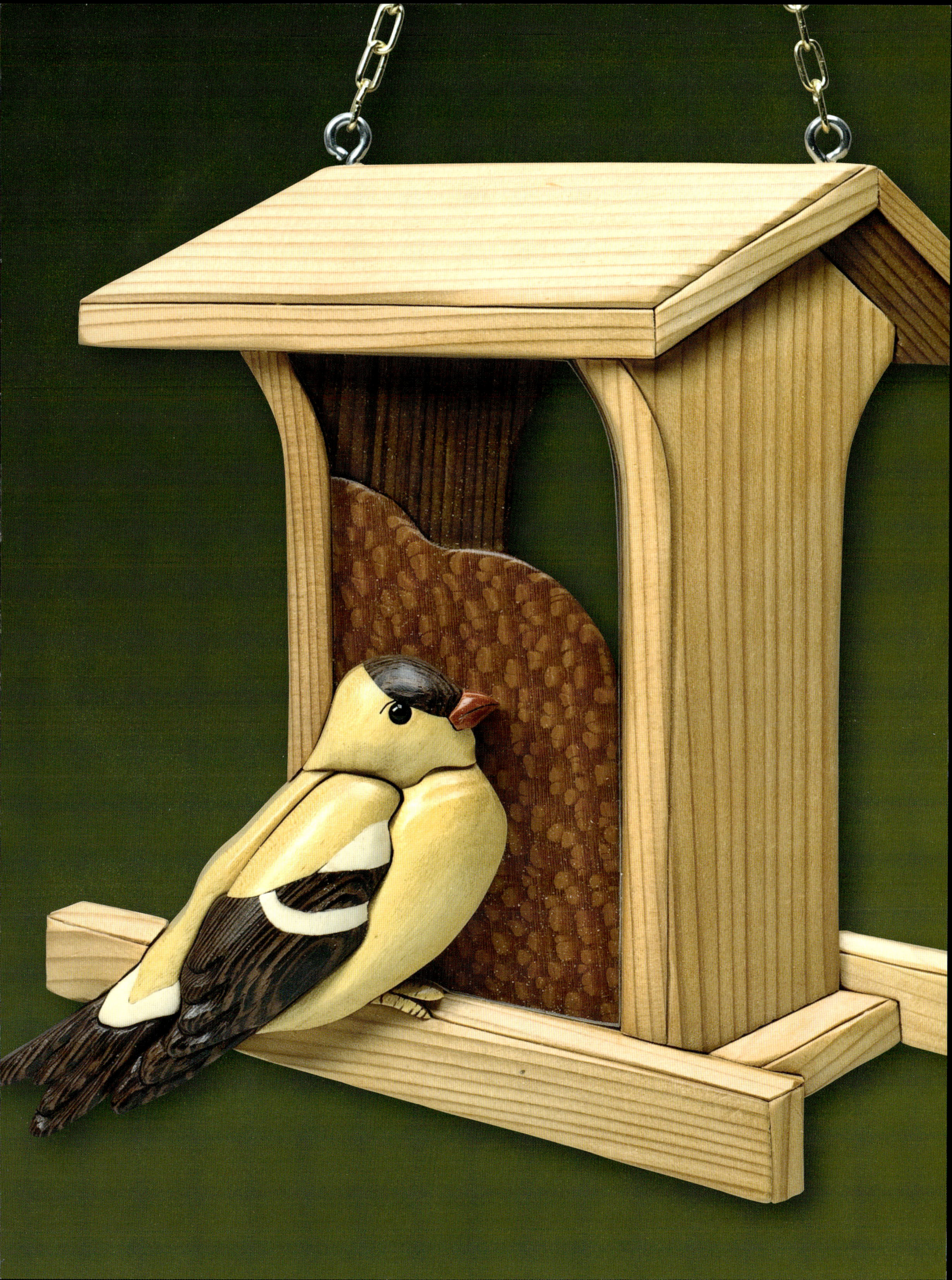

1. ABSCHNITT: SCHRITT-FÜR-SCHRITT-ANLEITUNG

Schwertlilie

Diese edle Blume wird aus einem hellen und einem dunklen Holzrohling mit je 16 mm Stärke im sogenannten Stapelschnitt hergestellt. Dabei werden die beiden Holzschichten übereinandergestapelt, aneinander fixiert und zusammen ausgesägt. So entstehen in einem Arbeitsgang zwei Blumen und die verschiedenfarbigen Teile passen auf jeden Fall zusammen, auch wenn Sie ein wenig von der Vorlagelinie abgekommen sind. Ich habe Schwarznuss und Vogelaugenahorn verwendet, Einsteigern empfehle ich jedoch weichere Hölzer wie Zeder oder Pappel.

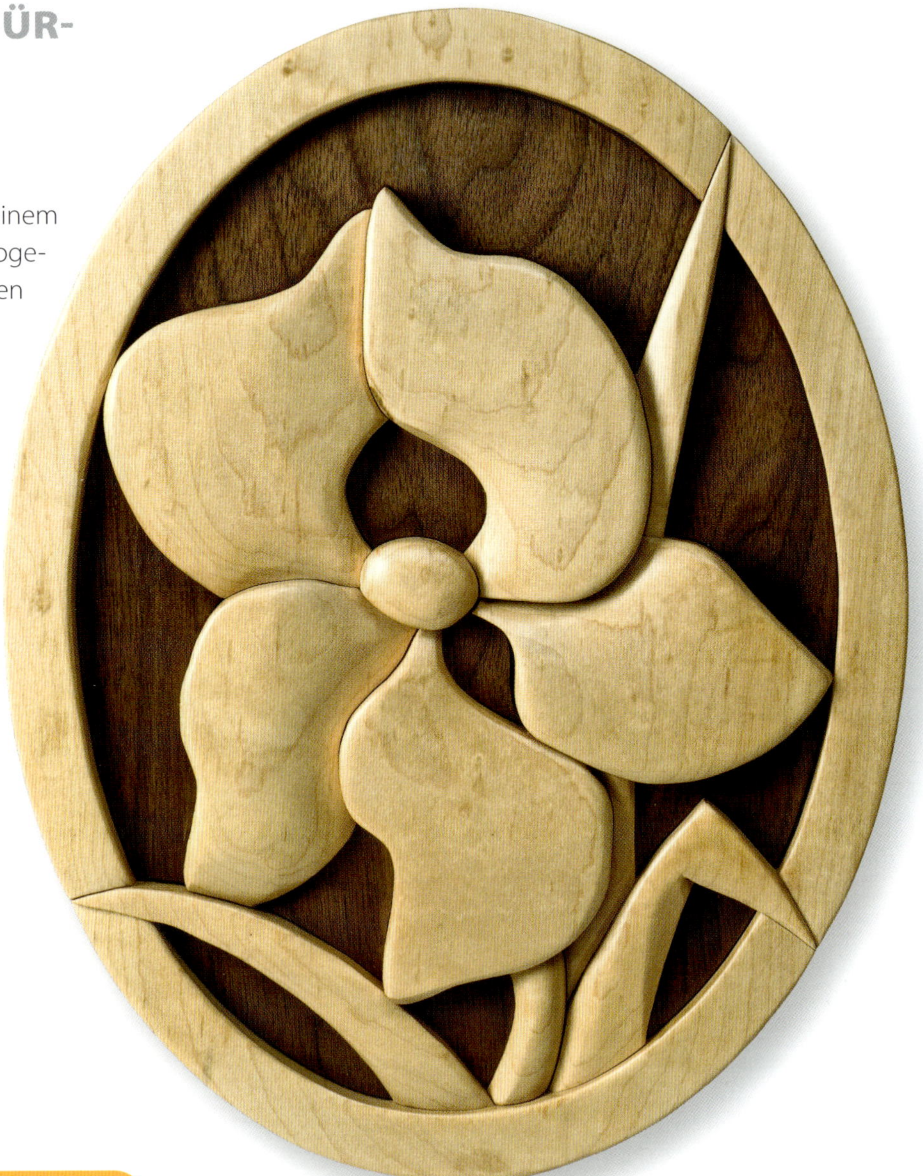

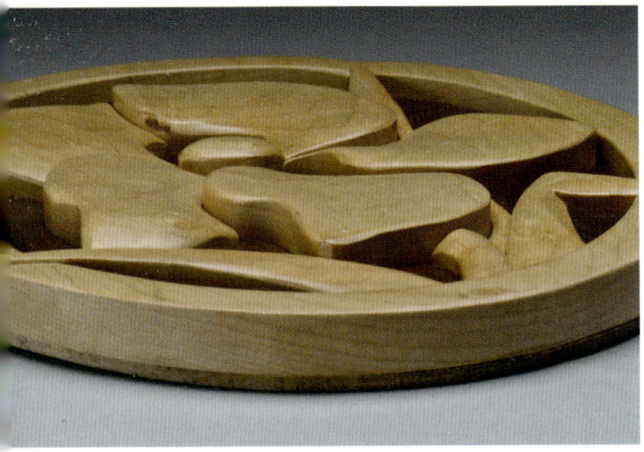

Material

- helles oder mittelhelles Holz (Vogelaugenahorn, Pappel), 205 x 285 x 16 mm (wahlweise 19 mm)
- kontrastierendes dunkles Holz (Schwarznuss, Zeder), 205 x 255 x 16 mm (wahlweise 19 mm)
- 2 Trägerplatten, 6 mm stark
- 2 Stücke Sperrholz, 205 x 205 x 2 mm

Anmerkung: Bei den weiteren Projekten wird das Material für die Trägerplatte nicht gesondert angegeben. Verwenden Sie nach Belieben Birkensperrholz oder Masonit mit einer Stärke von 3–6 mm.

Tipps

- Sie können beide Holzschichten so ausrichten, dass die Faserrichtung parallel verläuft, oder einen Rohling um 90° drehen, um den Effekt zu variieren.
- Stellen Sie zuerst aus zwei Schichten von dem Holz, das Sie verwenden wollen, ein Probestück her. Wenn es zu schwer zu schneiden ist, nehmen Sie dünnere Rohlinge. Diese sind leichter zu schneiden, Sie können beim Abschleifen aber keine starke Tiefenwirkung erzeugen.
- Lassen Sie das Sägeblatt mit der eingestellten Geschwindigkeit die Arbeit machen. Drücken Sie nicht zu stark auf das Holz, sonst verbiegt sich das Sägeblatt und die Teile passen nicht richtig zusammen.
- Wenn Sie von der Linie abkommen, fahren Sie nicht zurück, sondern führen Sie das Sägeblatt allmählich auf die Linie zurück.
- Wenn Sie nur ein Blumenmotiv herstellen wollen, nehmen Sie einen 16 mm starken Rohling und einen 6 mm starken Rohling aus kontrastierendem Holz für den Hintergrund. Der Stapelschnitt spart auch hier Zeit, da Sie die Hintergrund-Teile nicht auf die richtige Höhe abschleifen müssen.

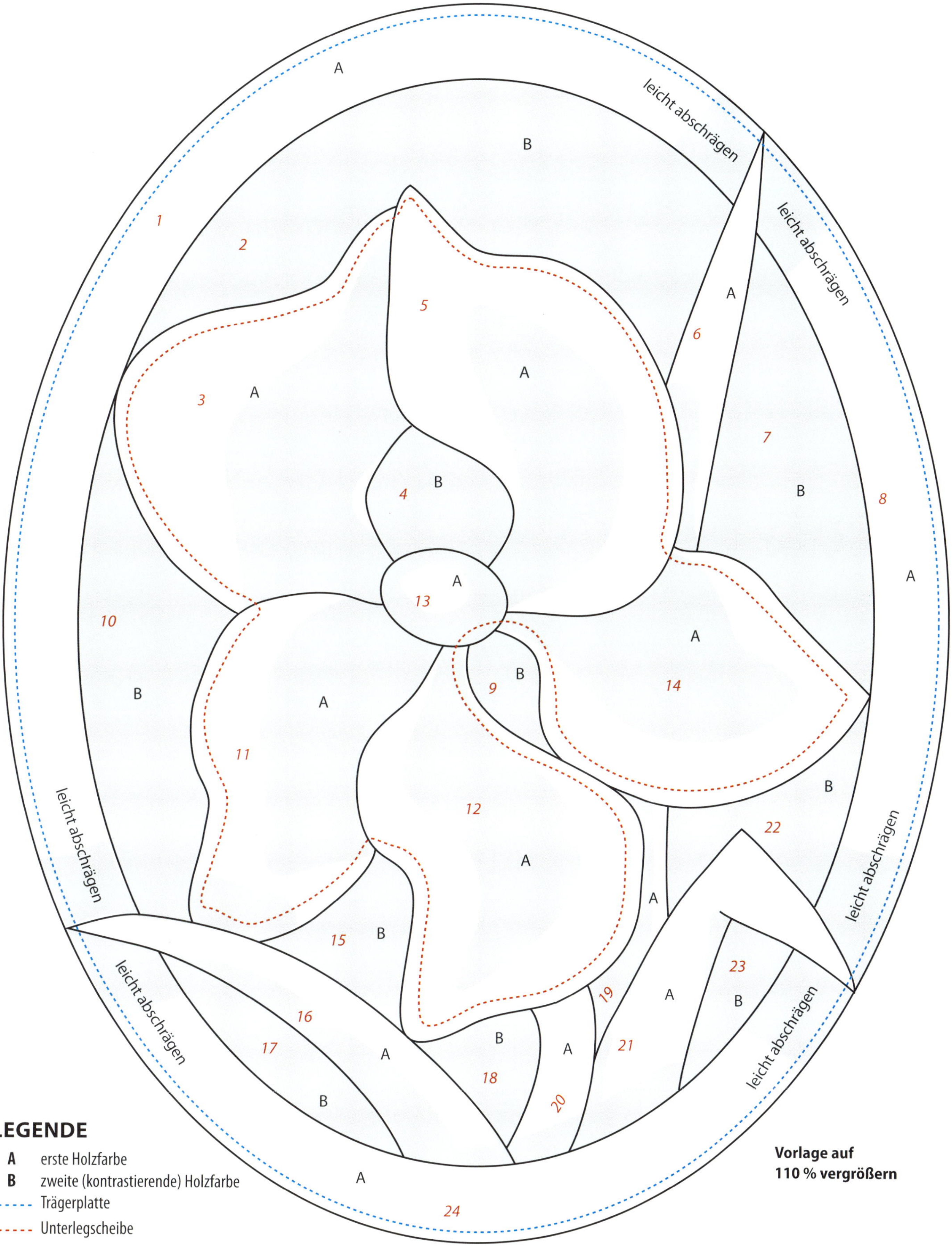

LEGENDE

A erste Holzfarbe
B zweite (kontrastierende) Holzfarbe
- - - - Trägerplatte
- - - - Unterlegscheibe

Vorlage auf 110 % vergrößern

1. ABSCHNITT: SCHRITT-FÜR-SCHRITT-ANLEITUNG – SCHWERTLILIE

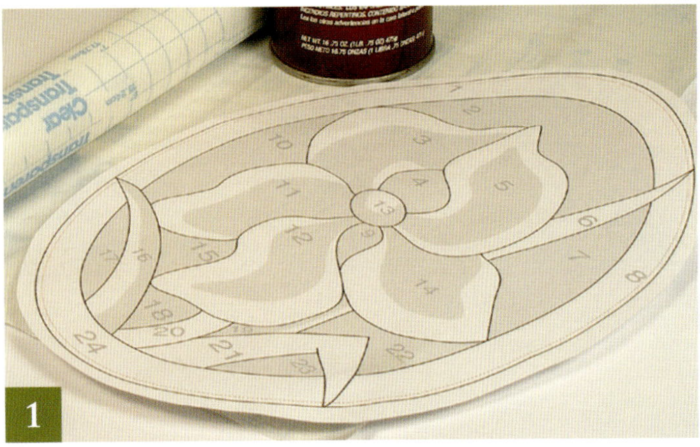

1

Machen Sie zwei Kopien von der Vorlage, eine für die Trägerplatte und eine für den Stapelschnitt. Tragen Sie Sprühkleber auf die Rückseite der Vorlagen auf und kleben Sie sie auf die glänzende Seite der Klebefolie.

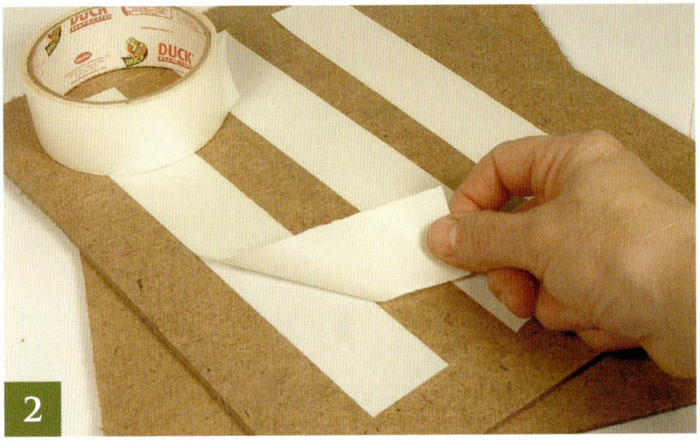

2

Wählen Sie zwei Stücke Masonit für die Trägerplatten aus. Kleben Sie sie mit der rauen Seite nach oben mit doppelseitigem Teppichklebeband aufeinander. Wenn nötig, kleben Sie noch die Kanten mit normalem Klebeband zusammen. Ziehen Sie von einer Vorlage das Haftpapier ab und kleben Sie sie auf den Trägerplatten-Stapel.

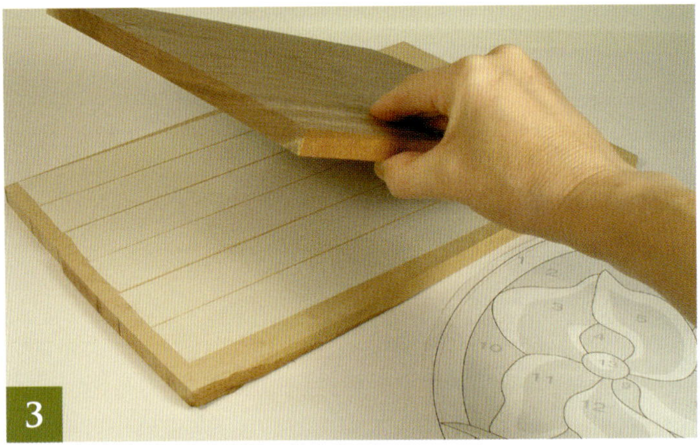

3

Wählen Sie zwei 16 mm starke kontrastfarbige Weichholzrohlinge aus. Sie sollten eine möglichst interessante Farbe und Maserung haben und müssen unbedingt gleich stark und völlig eben sein. Hobeln Sie sie wenn nötig ab und kleben Sie sie mit doppelseitigem Teppichklebeband aufeinander.

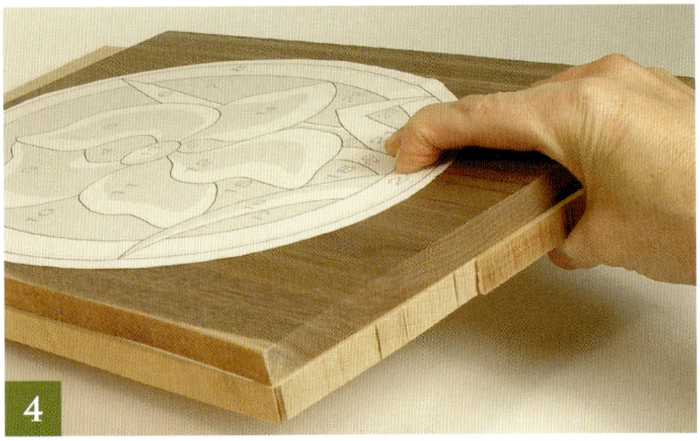

4

Überprüfen Sie, ob die Holzteile sauber und staubfrei sind. Wenn sie nicht ganz dicht aufeinanderliegen, kleben Sie die Kanten mit normalem Klebeband zusammen. Ziehen Sie von der zweiten Vorlage das Haftpapier ab und kleben Sie sie auf den Stapel.

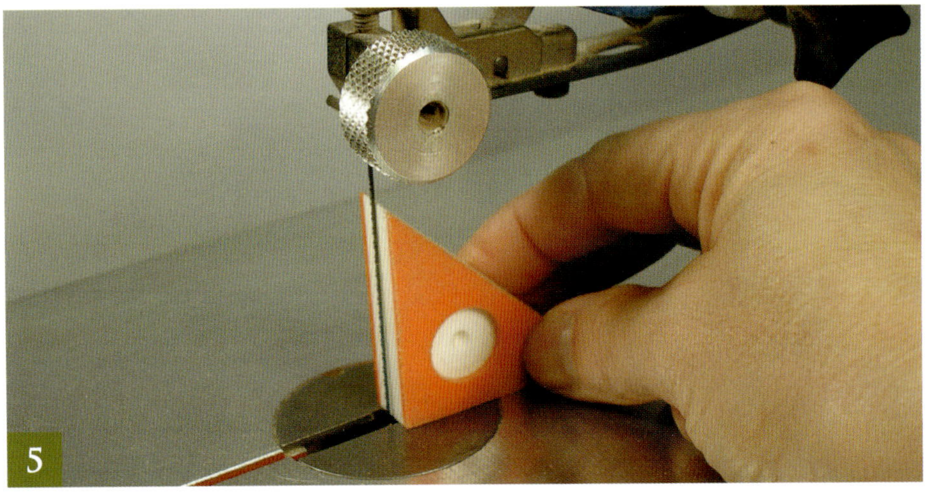

5

Überprüfen Sie, ob das Sägeblatt senkrecht zum Tisch steht. Ich verwende ein normales weitgezahntes Sägeblatt, weil es für dickes Holz gut geeignet ist. Schleifen Sie nach jedem Schnitt die Grate auf der Rückseite ab.

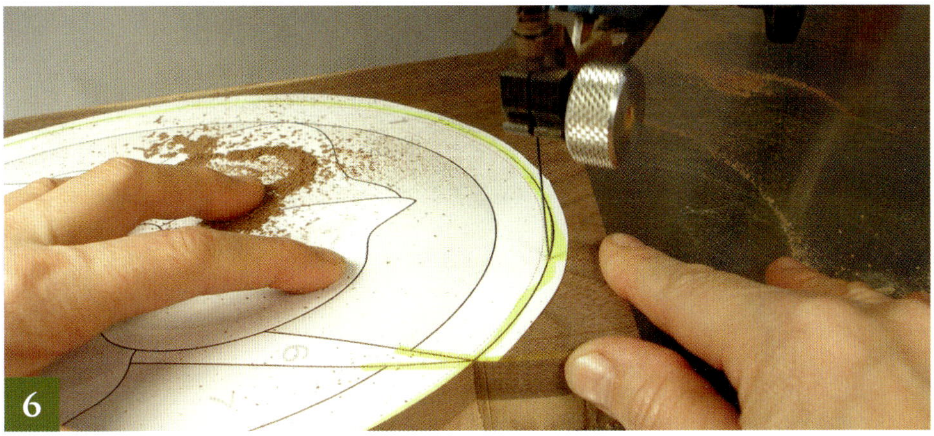

6

Schneiden Sie am äußeren Oval entlang. Machen Sie oben an der Spitze des Laubblattes (Nr. 6) zwei Einschnitte und fahren Sie beide Male wieder zurück, sodass Teil Nr. 1 und Nr. 8 herausgelöst werden, wenn Sie am inneren Oval entlangschneiden. Überprüfen Sie, ob das Klebeband fest sitzt – wenn die Teile verrutschen, wirkt sich dies auf die Passgenauigkeit aus.

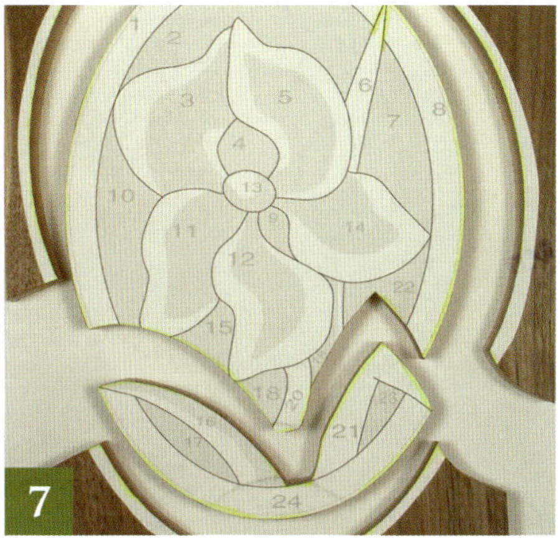

7

Schneiden Sie an der Oberkante der unteren Laubblätter (Nr. 16 und 21) entlang.

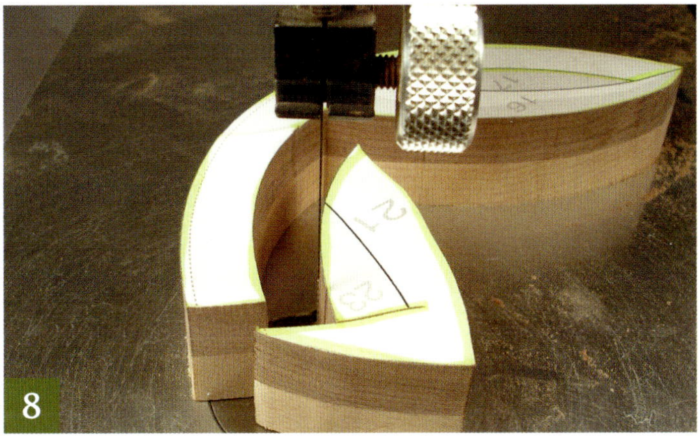

8

Schneiden Sie am inneren Oval entlang. Machen Sie beim Laubblatt (Nr. 21) einen Einschnitt, fahren Sie zurück und schneiden Sie an der Kante von Teil Nr. 24 entlang. Schneiden Sie langsam, wenn Sie zur Blattspitze kommen, um nicht von der Seite in das Blatt hineinzuschneiden.

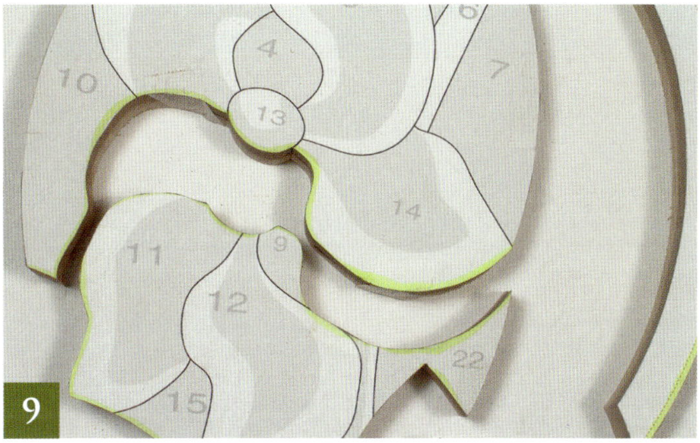

9

Führen Sie einen Schnitt quer durch die Blüte. Beginnen Sie am linken unteren Ende von Teil 11, sägen Sie an der Unterkante der Blütenmitte (Nr. 13) und an der Unterkante des rechten Blütenblattes (Nr. 14) entlang.

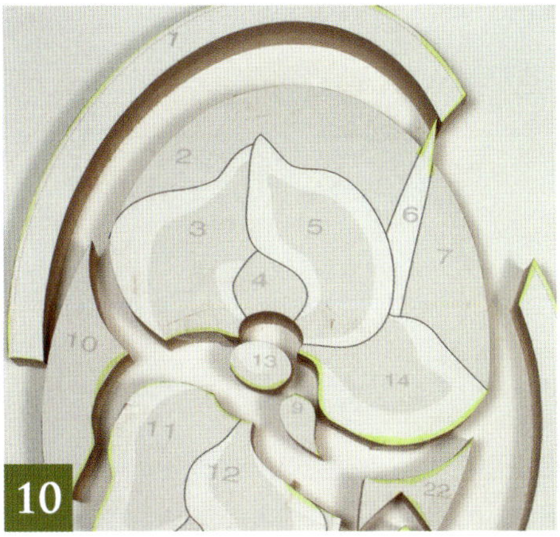

10

Nun sägen Sie die Teile Nr. 9, 10, 13, 17, 22 und 23 aus.

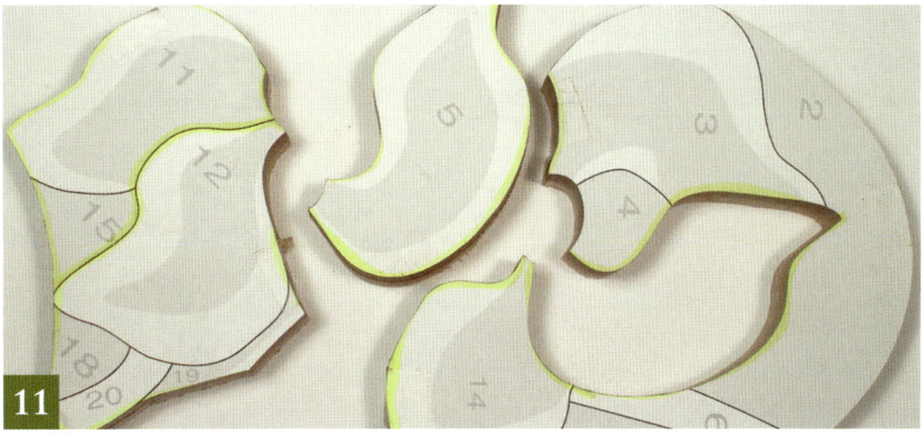

11

Sägen Sie Teil 5 aus – Vorsicht bei der scharfen Wendung an der Spitze dieses Blütenblattes. Schneiden Sie an der Linie zwischen Teil 11 und 12 entlang.

1. ABSCHNITT: SCHRITT-FÜR-SCHRITT-ANLEITUNG – SCHWERTLILIE

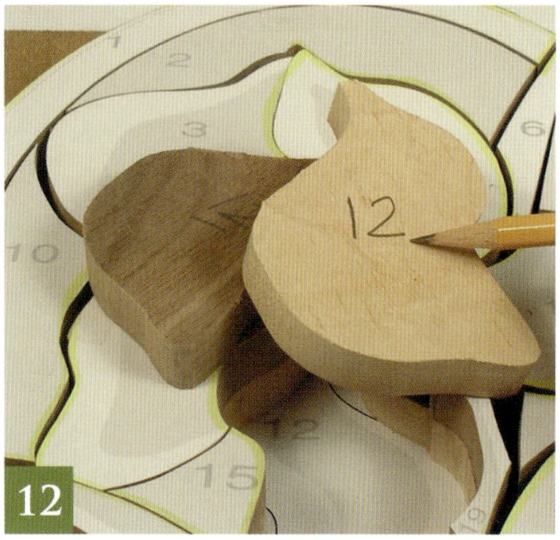

12

Legen Sie die ausgeschnittenen Teile auf der Vorlage auf dem Trägerplattenstapel auf. Nehmen Sie die im Stapelschnitt ausgesägten Teile auseinander und nummerieren Sie jeden Teil mit Bleistift auf der Rückseite.

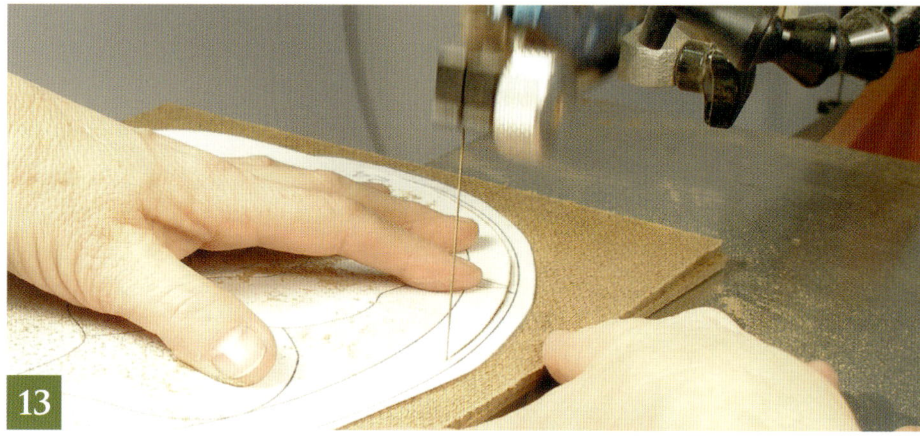

13

Zum Aussägen der Trägerplatten schneiden Sie an der blauen gestrichelten Linie entlang. Ich empfehle dazu ein Sägeblatt mit Gegenzähnen, das sich für dünnes Holz gut eignet und an der Rückseite keine Grate erzeugt. Entfernen Sie Vorlagepapier und Klebeband. Schleifen Sie die Kanten ab und beizen Sie sie nach Wunsch. Markieren Sie die raue Seite als Oberseite.

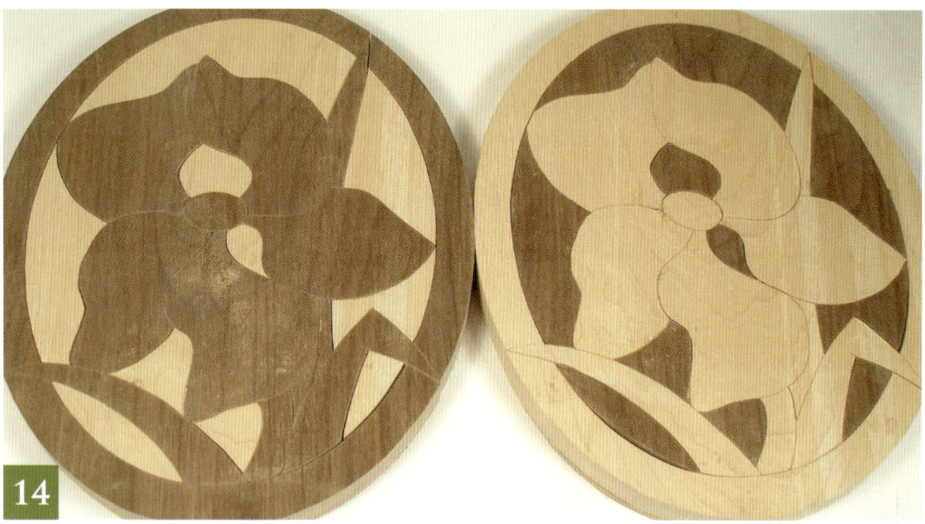

14

Stellen Sie jedes Blumenmotiv auf einer Trägerplatte zusammen. Tauschen Sie die Hintergrund-Teile (= Nr. 2, 4, 7, 9, 10, 15, 17, 18, 22, 23) aus. Stellen Sie zunächst eines der beiden Motive fertig und gehen Sie dann zum anderen Motiv über.

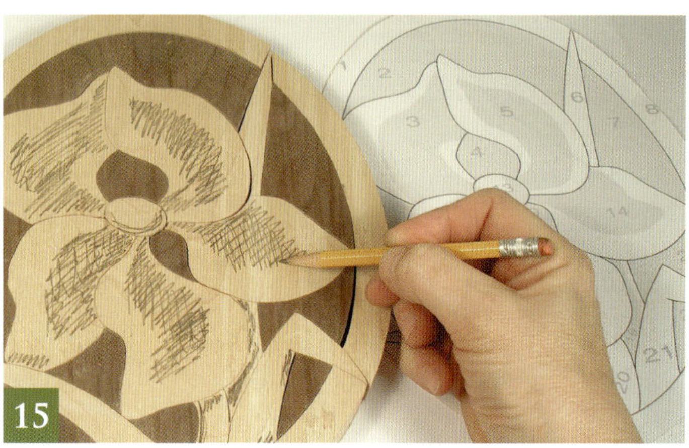

15

Markieren Sie die Bereiche, die durch Schleifen abgesenkt werden sollen. Orientieren Sie sich an den grauen Schattierungen auf der Vorlage.

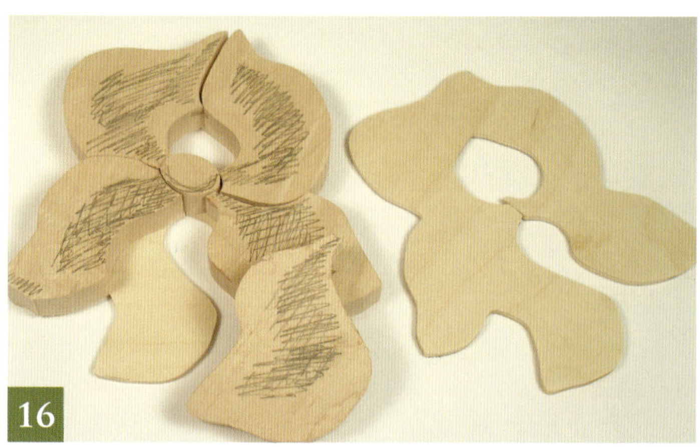

16

Stellen Sie für die Blüten (Nr. 3, 5, 11–14) aus den zwei Sperrholzstücken im Stapelschnitt zwei Unterlegscheiben her. Schleifen Sie Kanten und Seitenflächen sauber ab. Gleichen Sie die Höhe der Scheiben mit einem Hintergrund-Teil ab und unterlegen Sie die Blüten.

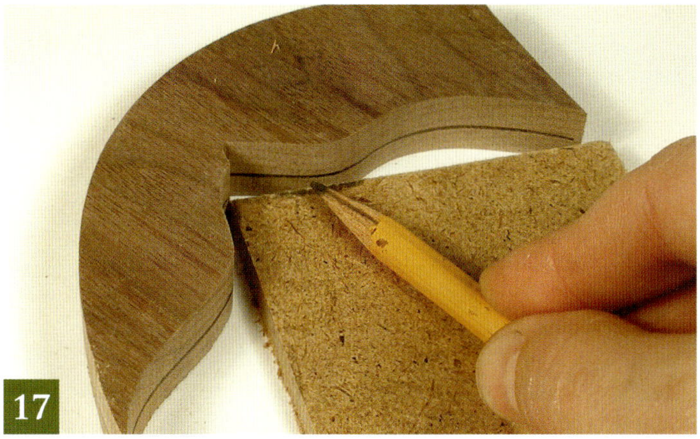

17

Markieren Sie die Hintergrund-Teile an allen Seiten mithilfe eines 5 mm starken Restholzstücks. (Der Hintergrund ist der niedrigste Teil des Motivs.)

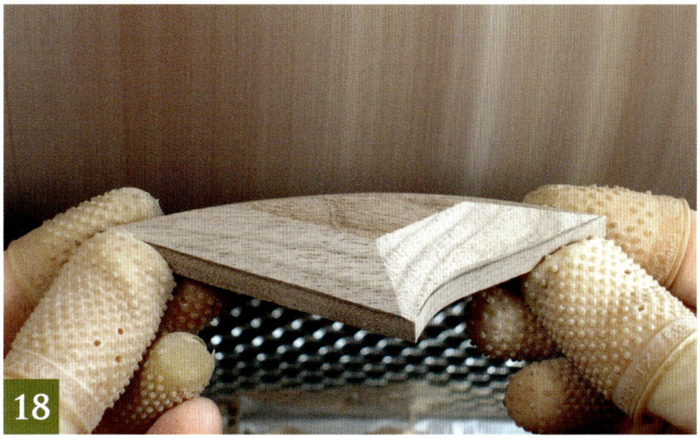

18

Schleifen Sie die Hintergrund-Teile. Schrägen Sie sie zuerst an allen Kanten bis zu den Markierungslinien ab.

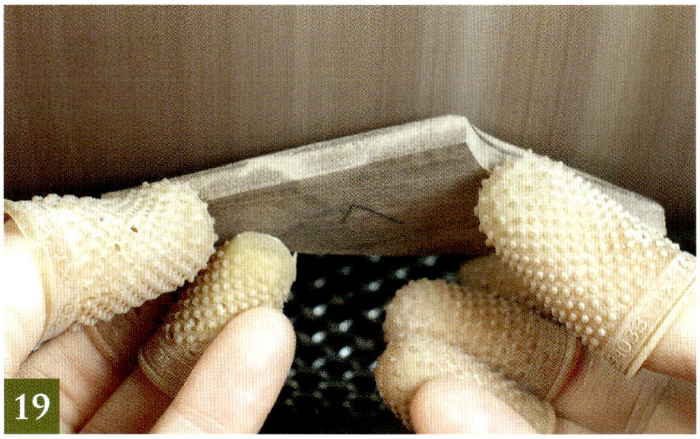

19

Senken Sie auch die Mitte der Hintergrund-Teile ab. Achten Sie auf eine ebene Oberfläche. Stellen Sie alle Teile auf der Trägerplatte zusammen, überprüfen Sie die Höhe der Hintergrund-Teile und nehmen Sie allfällige Korrekturen vor.

Schleifen

Ich verwende am liebsten einen pneumatischen Trommelschleifer. Sie können jedoch ein anderes Schleifgerät wählen, z. B. ein Multifunktionswerkzeug mit einem Schleifband oder einem Schleiffräser, eine Spindelschleifmaschine oder einen Bandschleifer. Halten Sie den Teil mit leichtem Druck an die Schleiftrommel, um wenig Material wegzunehmen, und mit stärkerem Druck, wenn Sie mehr Material wegnehmen wollen. Ich beginne mit einer 203-mm-Schleiftrommel mit der Körnung 100 und gehe dann für den Feinschliff zu einer 51-mm-Schleiftrommel mit der Körnung 180 über. Verwenden Sie Fingerschützer aus Gummi. Zum Festhalten kleiner Teile nehmen Sie eine Pinzette oder Nadelzange.

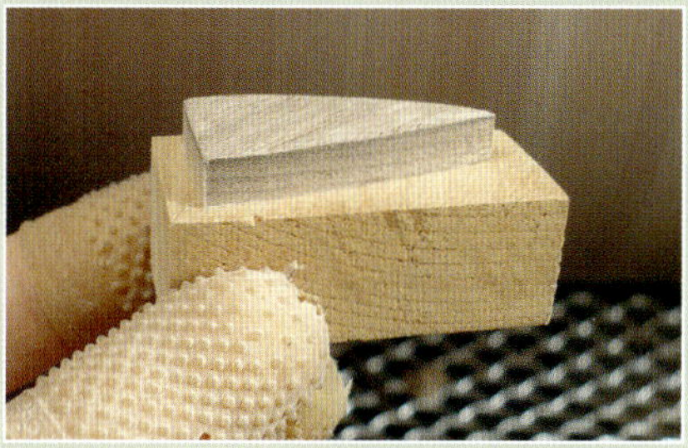

Wenn Sie Probleme beim Festhalten eines kleinen Teils haben, kleben Sie ihn mit doppelseitigem Teppichklebeband auf ein größeres Stück (staubfreies) Restholz, das Sie leichter festhalten können. Sie können zur provisorischen Befestigung auch ein paar Tropfen CA-Kleber und Kleberbeschleuniger nehmen – nicht zu viel Kleber, sonst bricht das Holz, wenn Sie es wieder abnehmen! Wenn es sich nicht ohne Weiteres abnehmen lässt, bringen Sie CA-Kleberentferner in die Klebenaht ein.

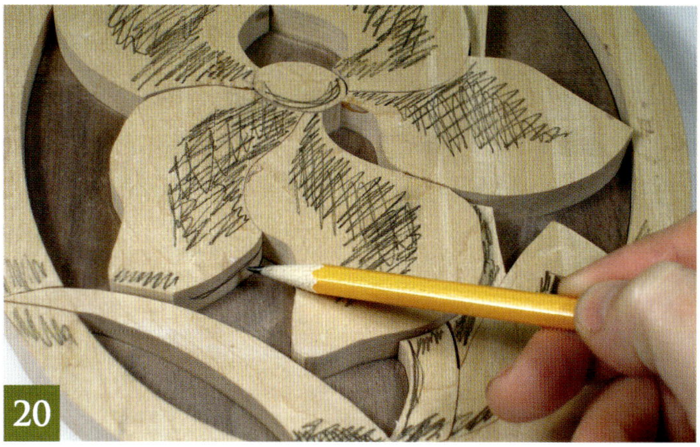

20

Markieren Sie die Kante des linken Blütenblattes (Nr. 11). Schleifen Sie es bis zur Markierung (aber nicht tiefer) ab (dabei immer wieder zur Überprüfung auf die Vorlage legen). Runden Sie die Blütenmitte am Rand leicht ab. Nehmen Sie den unteren Teil des ovalen Rahmens (Nr. 24) ab. Markieren Sie die gewünschte Höhe der Laubblätter.

1. ABSCHNITT: SCHRITT-FÜR-SCHRITT-ANLEITUNG – SCHWERTLILIE

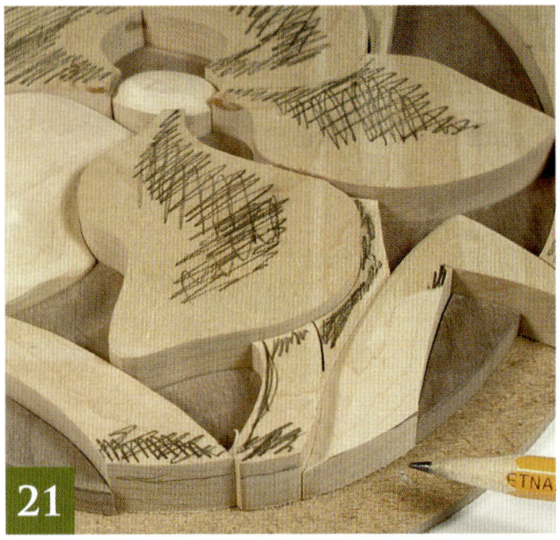

21

Schleifen Sie die Laubblätter und Stängel fertig ab (nicht tiefer als die Unterlegscheibe!). Legen Sie die Teile während des Schleifens öfter auf die Vorlage, überprüfen Sie die Höhe und bringen Sie eventuell neue Markierungen an.

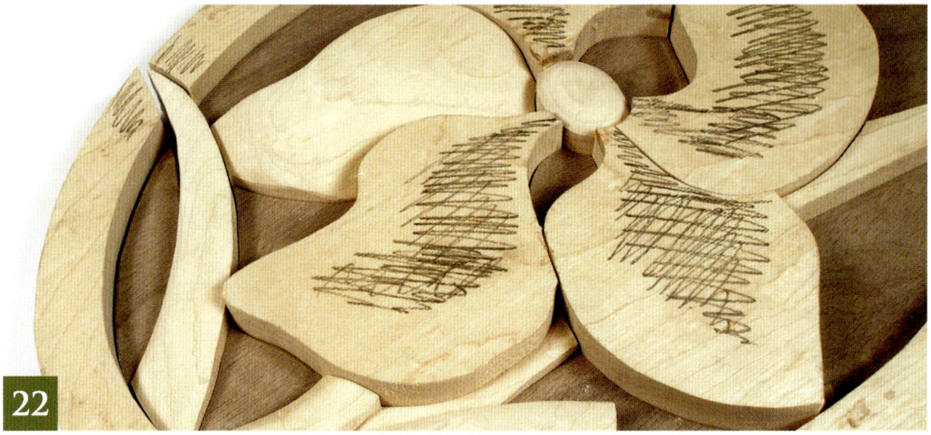

22

Schleifen Sie die Blütenblätter ab. Mit der 51-mm-Schleiftrommel können Sie einen fließenden Übergang zu der konkaven Mulde in der Mitte jedes Blütenblattes erzeugen. Stellen Sie die Teile zusammen und überprüfen Sie, ob Sie mit der Tiefenwirkung zufrieden sind.

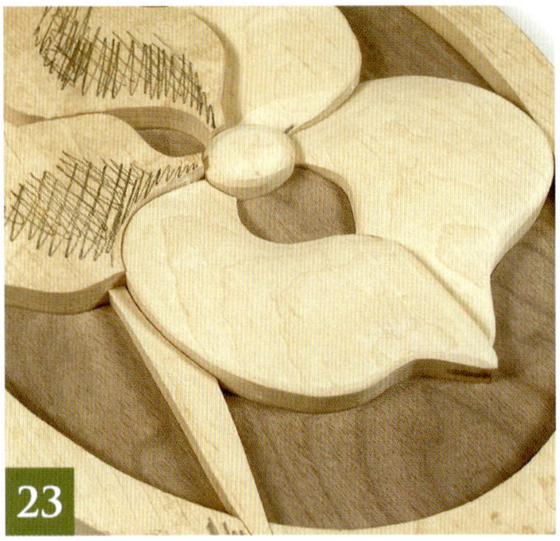

23

Markieren und schleifen Sie Teil Nr. 5 und 6. Während Sie das Laubblatt schleifen, behalten Sie die Unterlegscheibe im Auge! Immer nur wenig auf einmal abschleifen – was weg ist, ist weg!

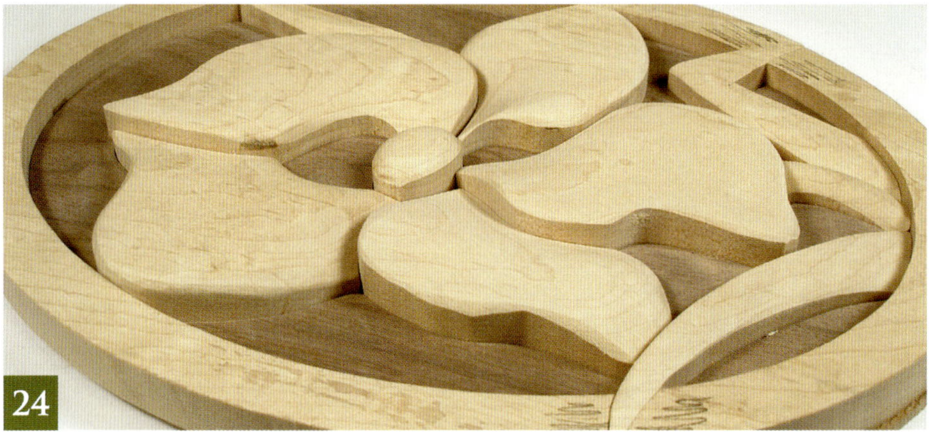

24

Stellen Sie die Teile nochmals zusammen. Schleifen Sie den Rahmen im Bereich der überstehenden Laubblätter und runden Sie die Kanten leicht ab. Nehmen Sie für die Innenrundung die kleinere Schleiftrommel (51 mm) oder ein Multifunktionswerkzeug. Überprüfen Sie, ob Sie mit der Tiefenwirkung und dem Gesamteindruck zufrieden sind.

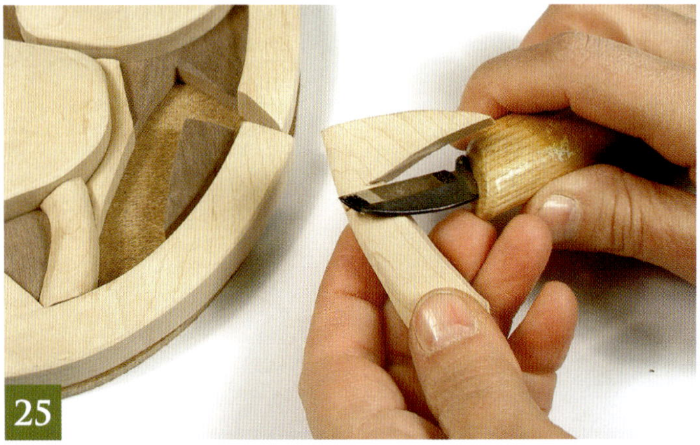

25

Bearbeiten Sie den Bereich unter dem Knick des Laubblattes (Nr. 21) mit einem Multifunktionswerkzeug oder einem Schnitzmesser.

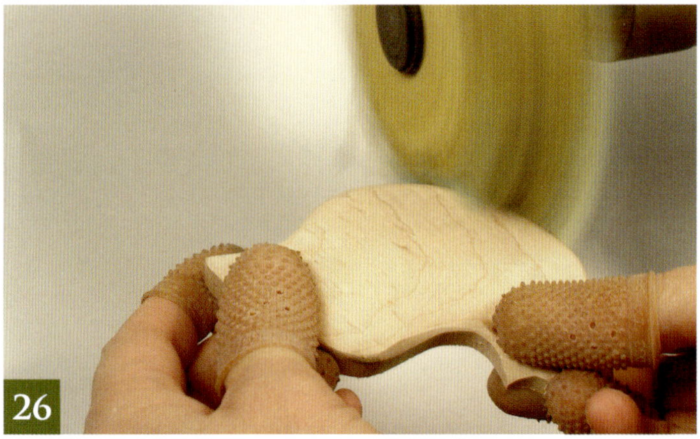

26

Der Schleifmop spart Zeit und Arbeit und erzeugt im Nu eine schöne Oberfläche. Ich schleife zuerst mit 150er-, dann mit 220er-Körnung. Bei weichen Hölzern achten Sie auf eine niedrige Drehzahl, um Brandspuren zu vermeiden.

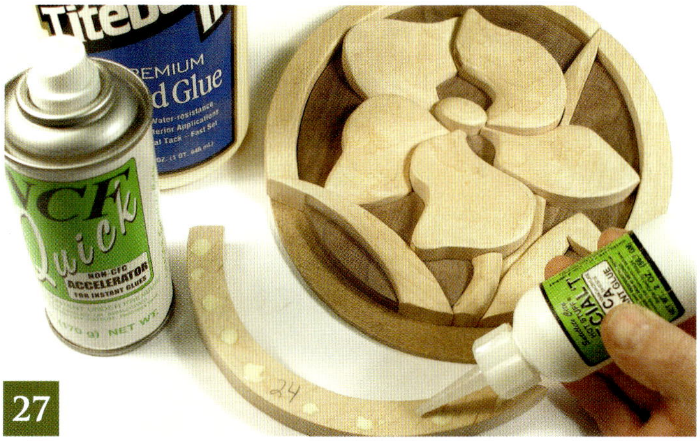

27

Legen Sie die Teile auf der Trägerplatte auf. Bringen Sie einzelne Tropfen Holzleim und CA-Kleber auf die Rückseite von Teil Nr. 24 auf. Besprühen Sie die Trägerplatte mit Kleberbeschleuniger, setzen Sie Teil Nr. 24 vorsichtig wieder auf und drücken Sie ihn einige Sekunden lang fest an. Bringen Sie die übrigen Rahmenteile (Nr. 1 und 8) an.

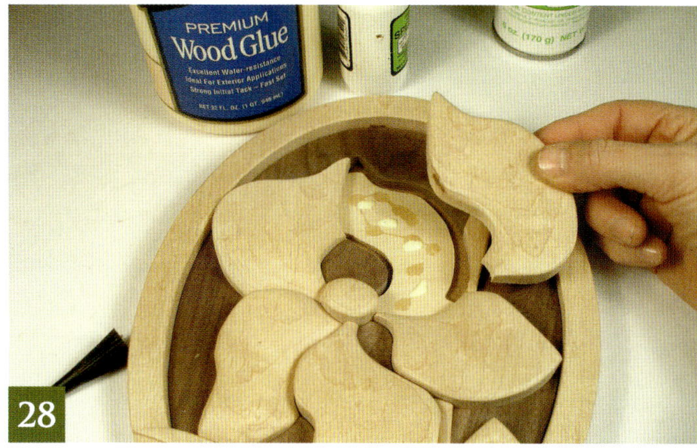

28

Kleben Sie ein Blütenblatt nach dem anderen sowie die Blütenmitte (Nr. 3, 5, 11–14) mit Holzleim- und CA-Kleber-Tropfen an der Unterlegscheibe an (nicht zu viel Kleber verwenden, sonst quillt er heraus). Lassen Sie die anderen Teile – noch ungeklebt – an ihrem Platz auf der Trägerplatte liegen.

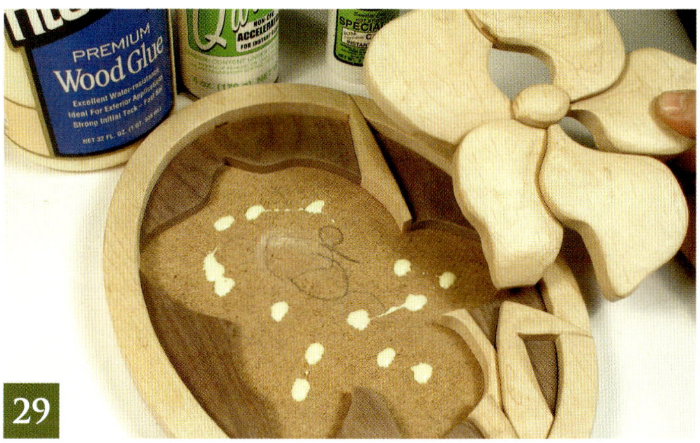

29

Heben Sie die Blüte samt Unterlegscheibe an und kleben Sie sie mit Holzleim- und CA-Kleber-Tropfen an der Trägerplatte an (nur die Blüte, nicht die inneren Hintergrundteile Nr. 4 und 9). Platzieren Sie gegebenenfalls die Blüte genau in der Mitte, um Lücken gleichmäßig zu „verteilen“.

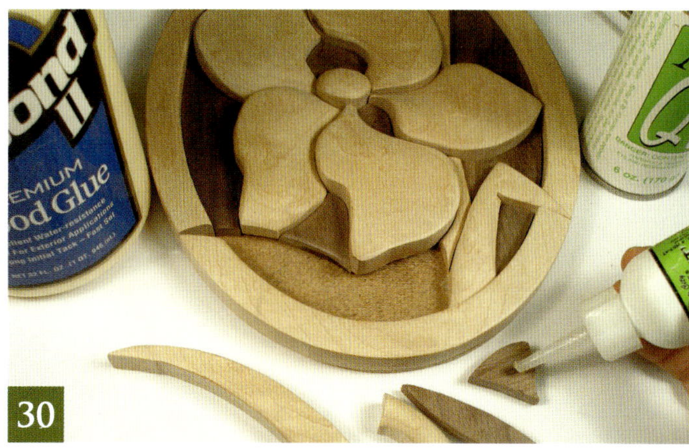

30

Kleben Sie die Hintergrundteile (Nr. 2, 4, 7, 9, 10, 15, 17, 18, 22, 23) und die unteren Laubblätter (Nr. 16, 20, 21) einzeln fest (nicht zu viel Kleber verwenden, sonst quillt er durch die Fugen heraus).

Wenn nötig, schleifen Sie überstehende Kanten der Trägerplatte ab und begradigen Sie die äußeren Kanten des Rahmens. Überziehen Sie die Arbeit mehrmals mit Sprühlack. Zuletzt bringen Sie einen Bilderhaken an. Geschafft!

31

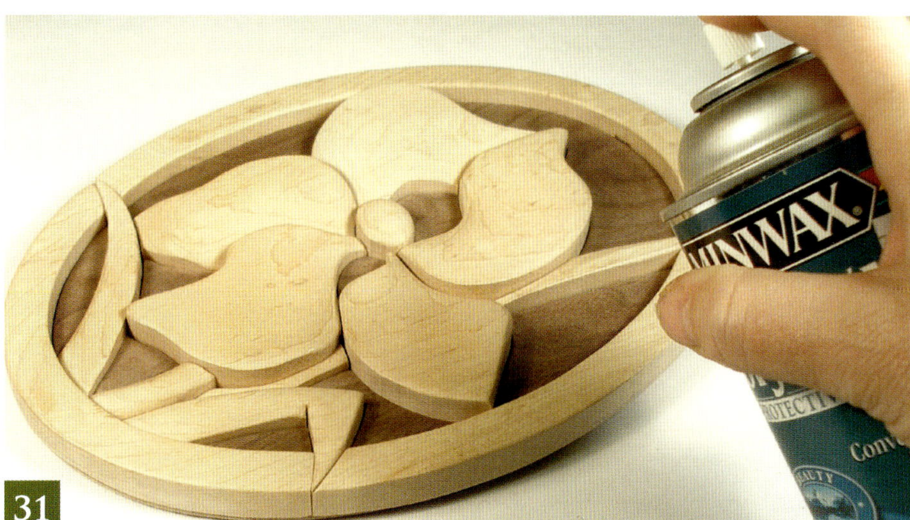

Pinguin mit Küken

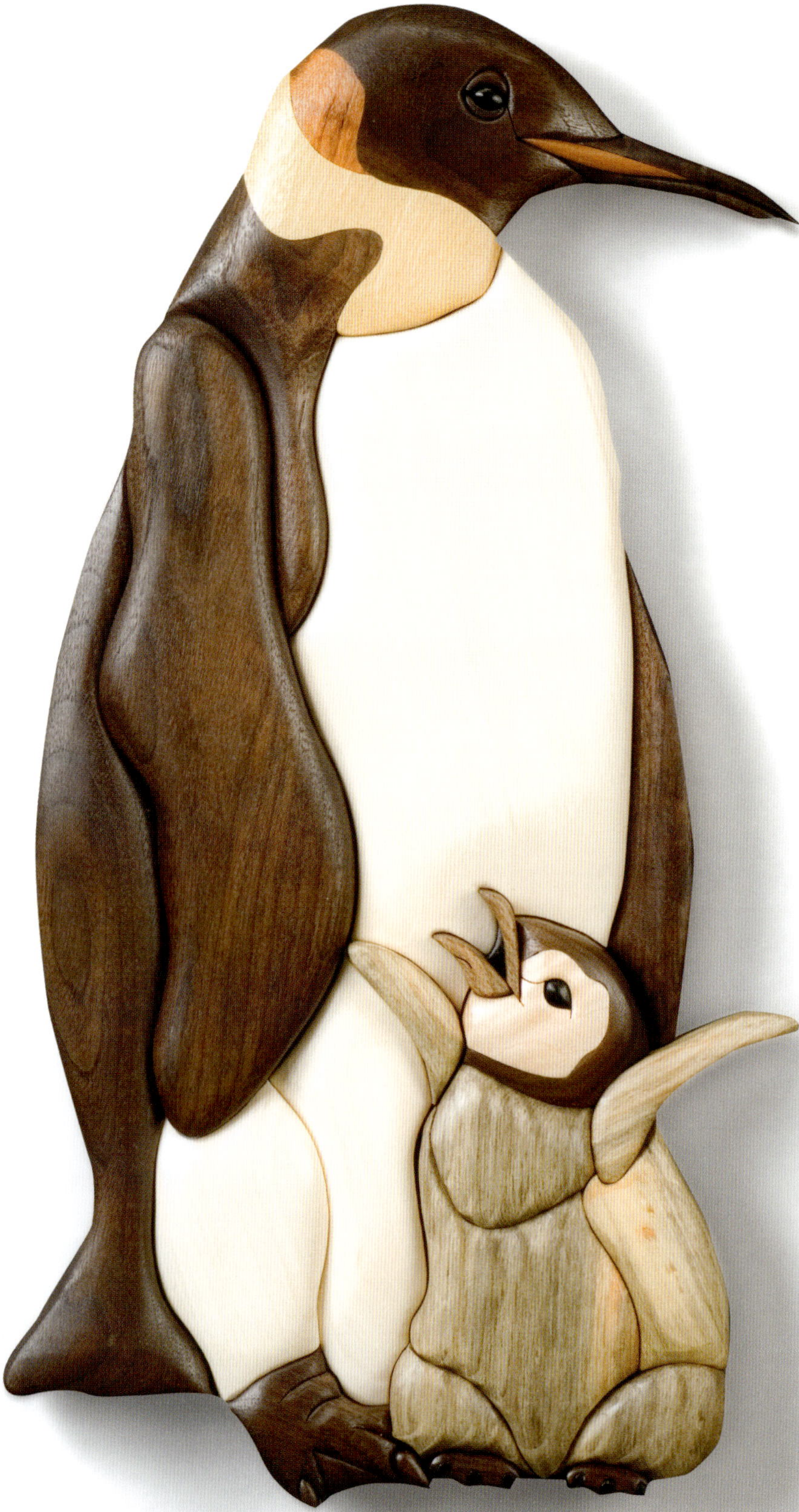

Material

- mittelhelles Holz (grau gestreiftes Gelbkiefernholz), 150 x 150 x 19 mm (Küken)
- gelbes Holz (Gelbholz), 100 x 100 x 19 mm (gelber Fleck)
- orangefarbenes Holz (Zebraholz, Cocobolo oder australische Zypresse), 50 x 100 x 19 mm (orangefarbener Fleck, Schnabel)
- dunkles Holz (Schwarznuss, Ebenholz), 225 x 450 x 19 mm (Körper)
- weißes Holz (Pappel, Espe, Stechpalme), 250 x 350 x 19 mm (Körper)
- schwarzes Holz (Ebenholz oder mit Beize/Brandmalgerät behandeltes Holz nach Wahl), 50 x 25 x 13 mm (Augen)
- helles Holz (Ahorn), 75 x 75 x 19 mm (Kopf des Kükens)

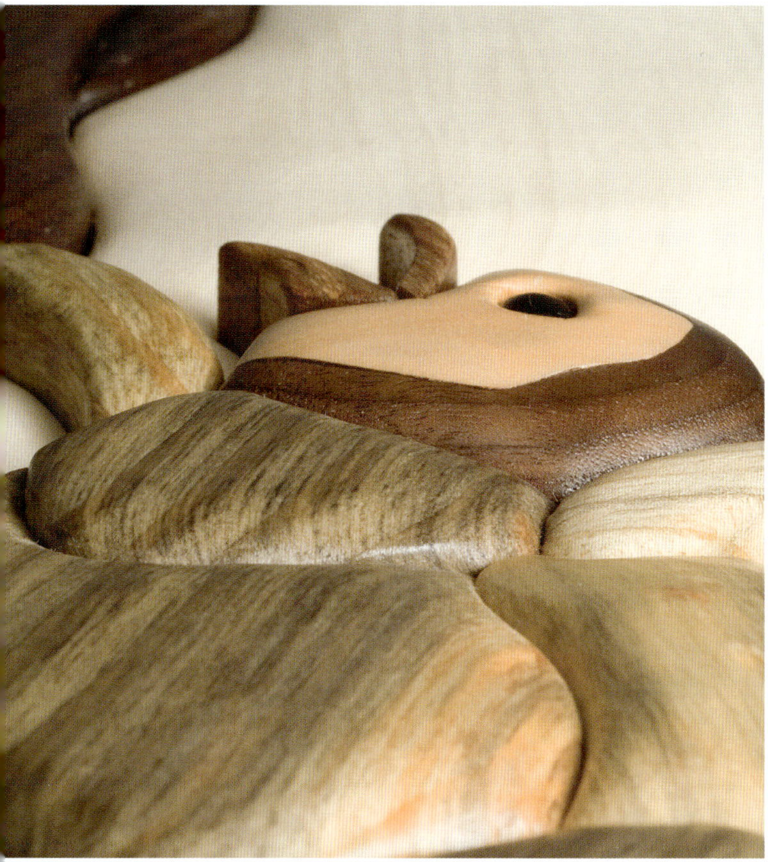

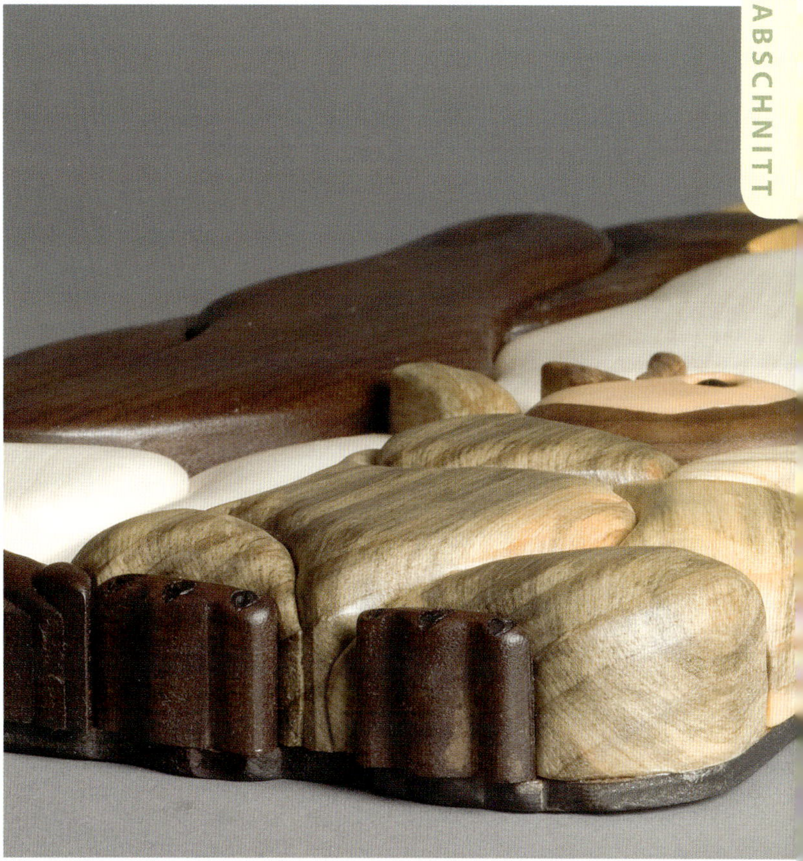

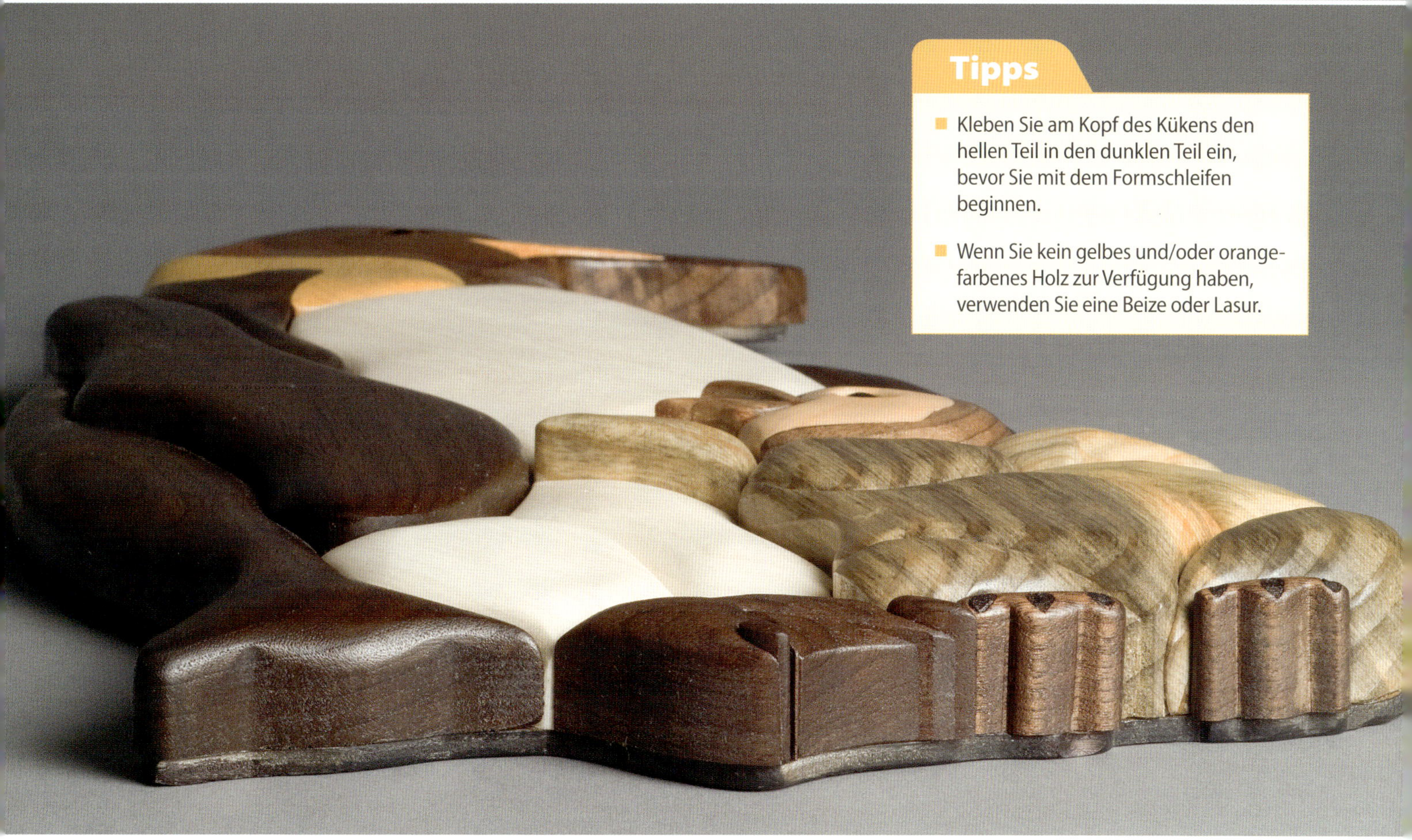

Tipps

- Kleben Sie am Kopf des Kükens den hellen Teil in den dunklen Teil ein, bevor Sie mit dem Formschleifen beginnen.
- Wenn Sie kein gelbes und/oder orangefarbenes Holz zur Verfügung haben, verwenden Sie eine Beize oder Lasur.

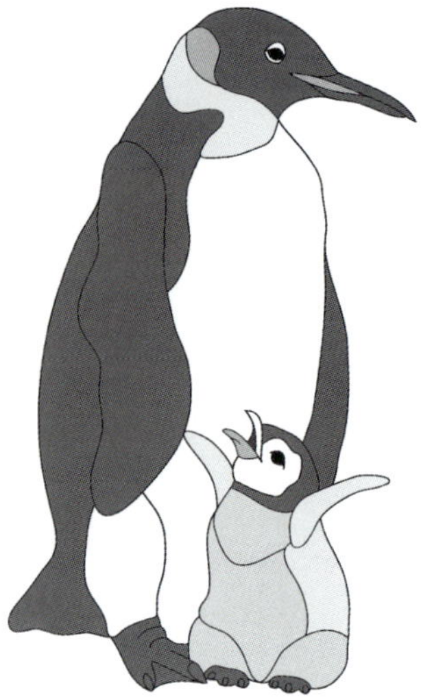

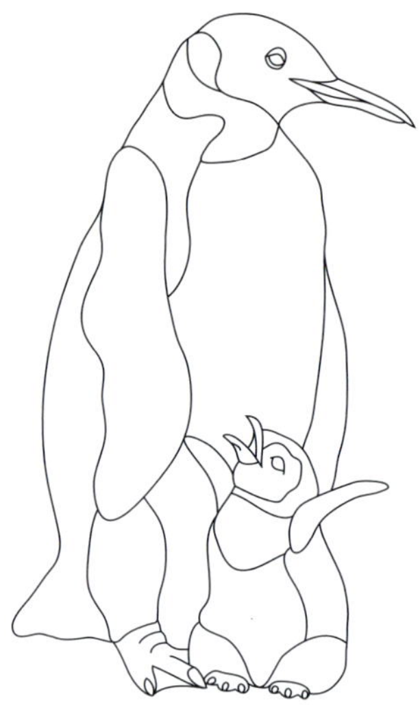

LEGENDE

→	Faserrichtung
S	schwarzes (sehr dunkles) Holz
D	dunkles Holz
G	gelbes Holz
Or	orangefarbenes Holz
MH	mittelhelles Holz
H	helles Holz
W	beliebiges weißes Holz
+6 mm	um 6 mm stärkeres Holz verwenden

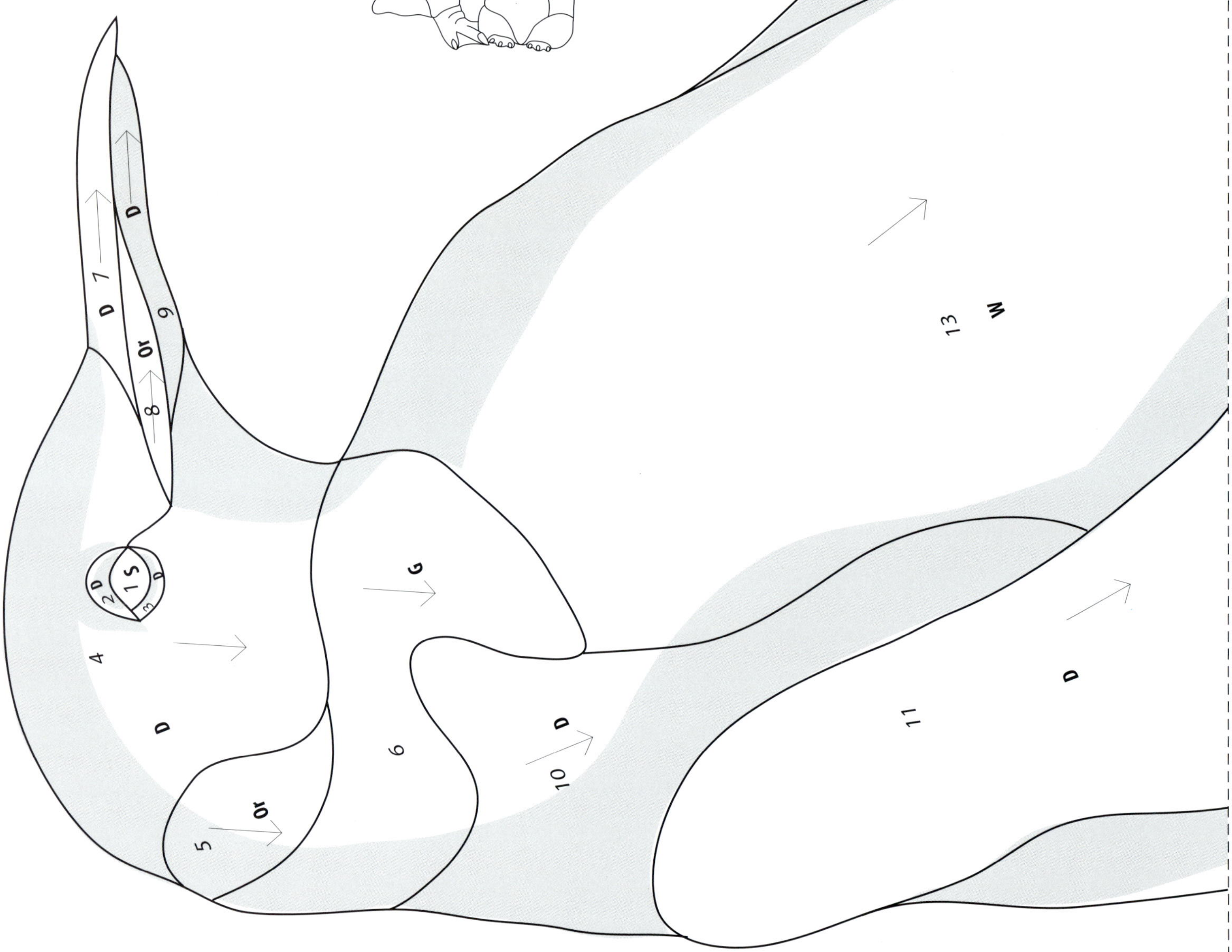

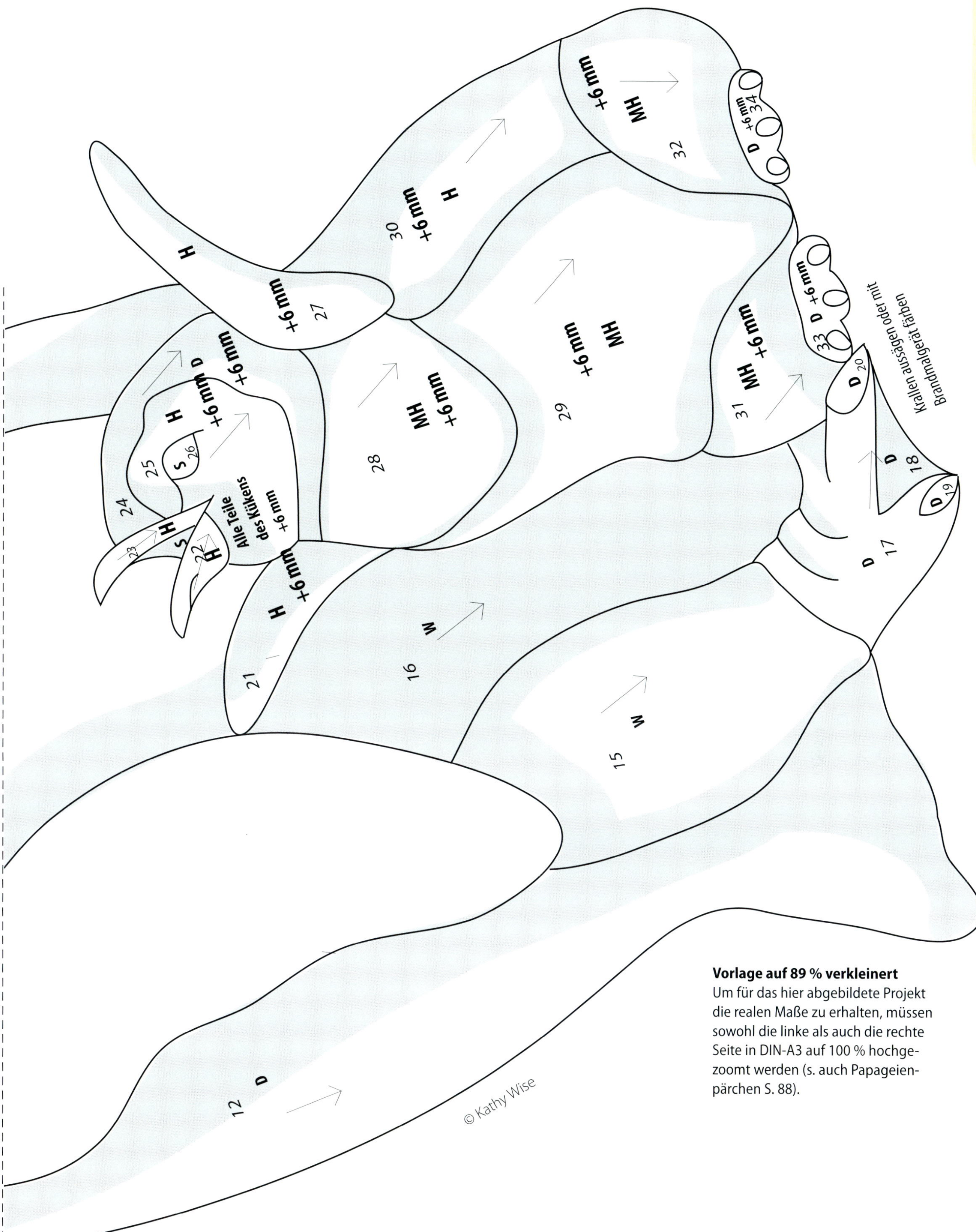

Vorlage auf 89 % verkleinert
Um für das hier abgebildete Projekt die realen Maße zu erhalten, müssen sowohl die linke als auch die rechte Seite in DIN-A3 auf 100 % hochgezoomt werden (s. auch Papageienpärchen S. 88).

Engel

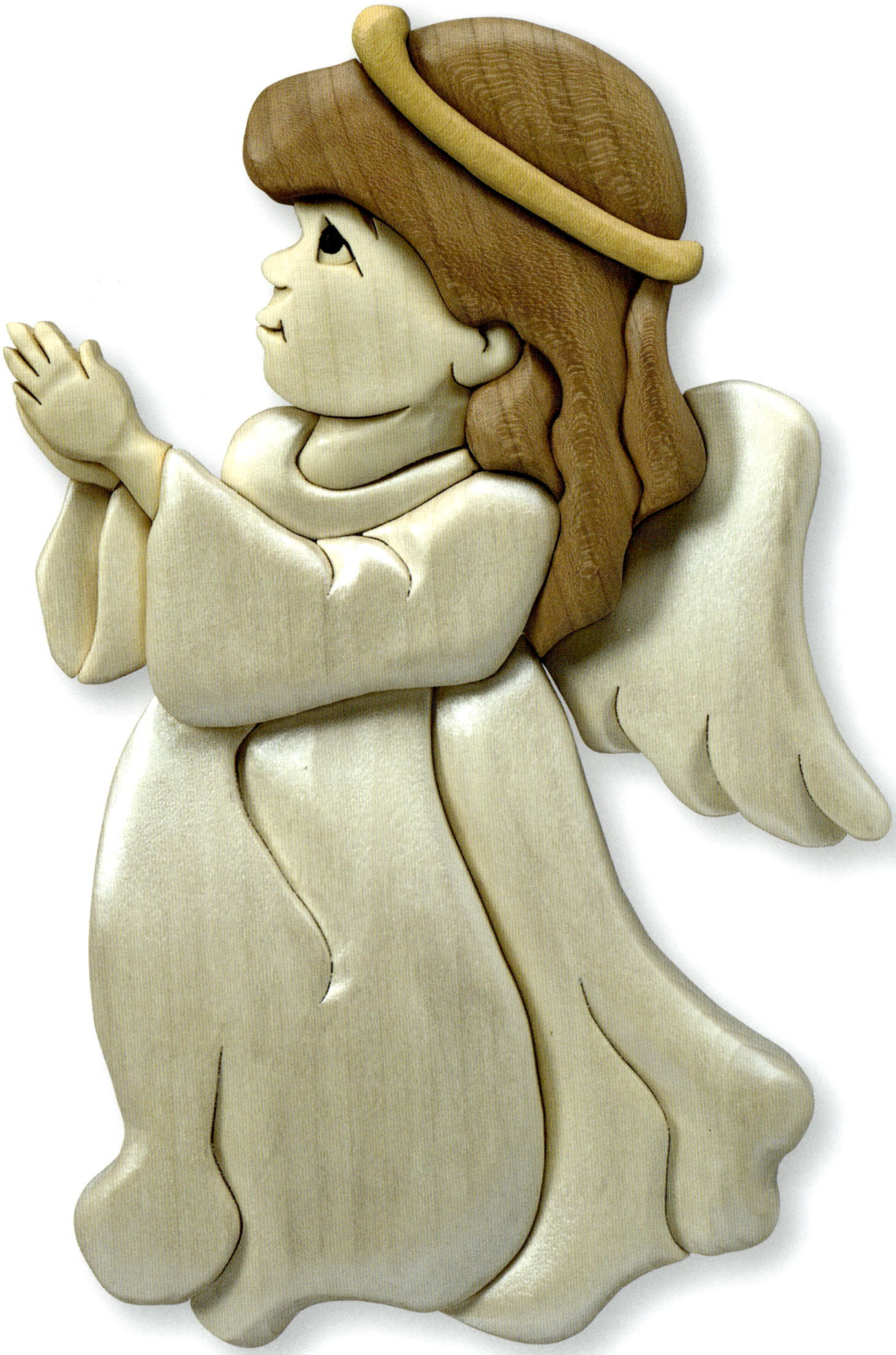

Material

- mittelbraunes oder rotbraunes Holz (Kirsche), 150 x 150 x 25 mm
- helles Holz (Pappel), 250 x 200 x 25 mm
- gelbes Holz (Gelbholz), 120 x 25 x 25 mm

Tipps

- Für die Details am Gesicht, am Kleid, an den Händen und am Flügel eignet sich ein Multifunktionswerkzeug, aber auch ein scharfes X-Acto-Messer oder ein Schnitzmesser. Zum Schutz der Finger ist ein Schnitzhandschuh zu empfehlen.
- Für das Auge nehmen Sie ein Brandmalgerät.
- Mit weißer Gelbeize können Sie dem Kleid und dem Flügel eine Farbnuance geben, die sich von Gesicht und Händen etwas abhebt.
- Nach dem Beizen habe ich das Kleid und den Flügel noch mit irisierender Acrylfarbe (Perlweiß) bemalt. Nach Wunsch können Sie Glitter auf den Flügel aufbringen.

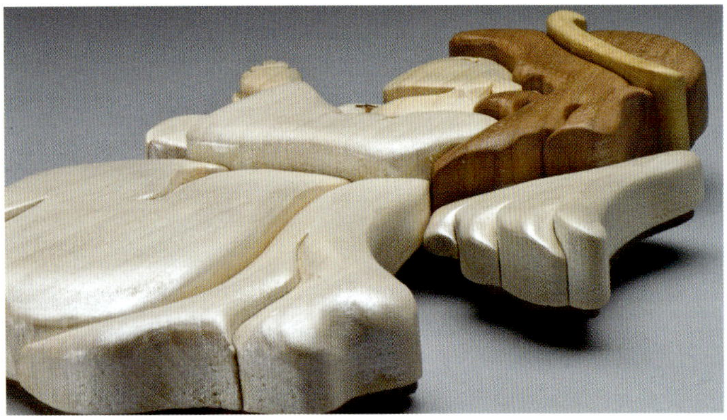

LEGENDE

- → Faserrichtung
- **S** schwarz gefärbt mit dem Brandmalgerät
- **M** mittelbraunes Holz
- **H** helles Holz
- **W** weiß gebeiztes Holz
- **G** gelbes Holz

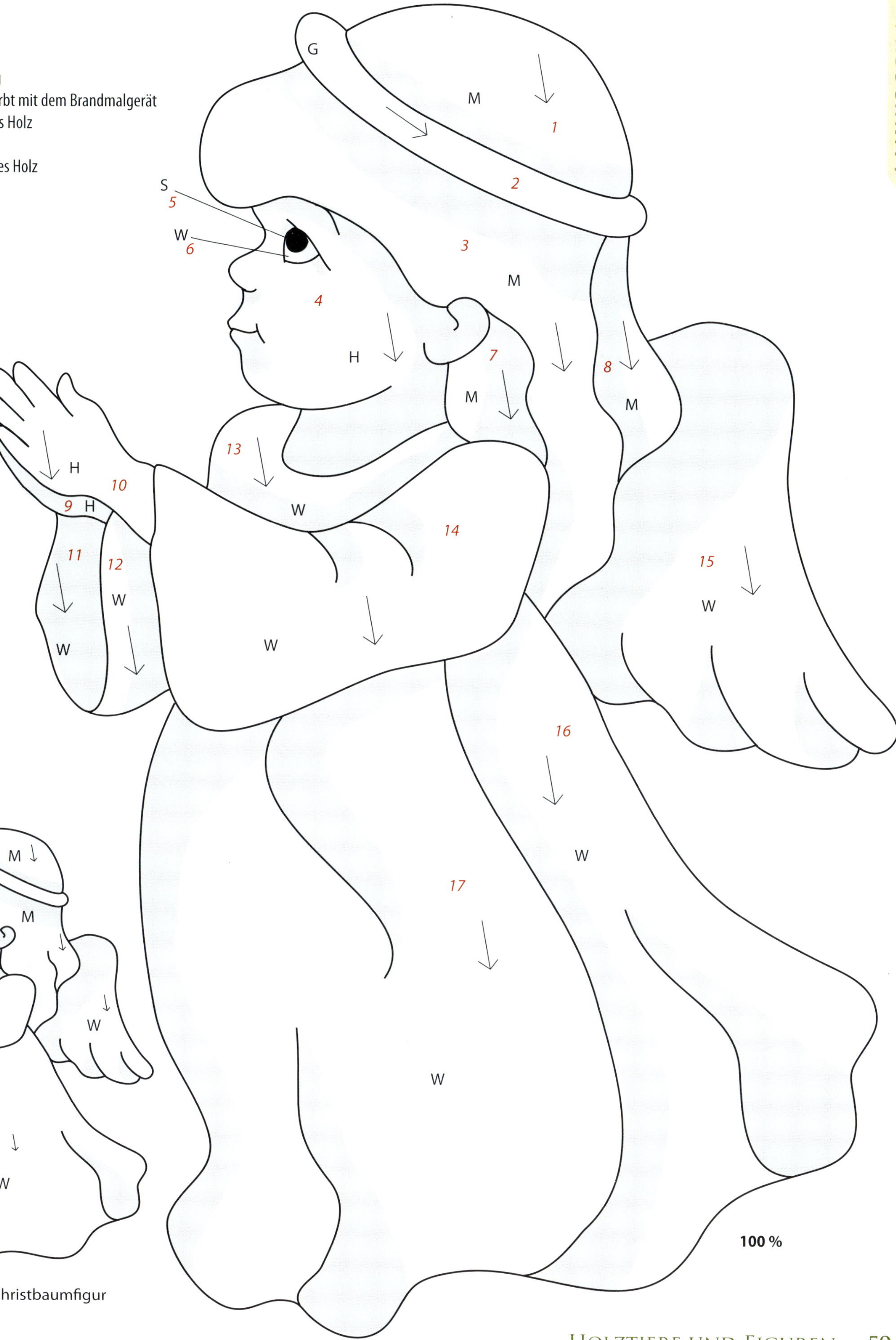

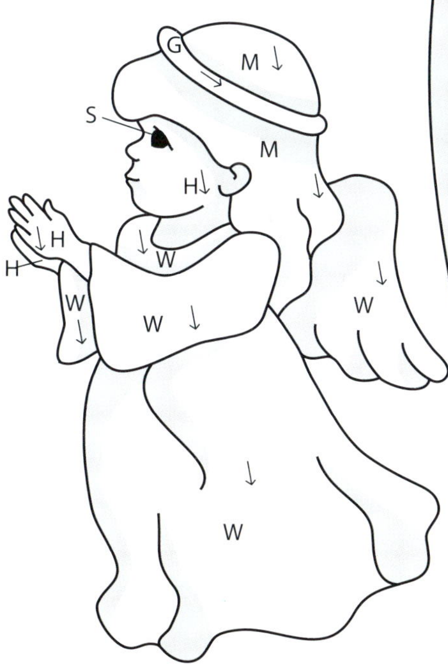

Engel als Christbaumfigur

Mäuse beim Festmahl

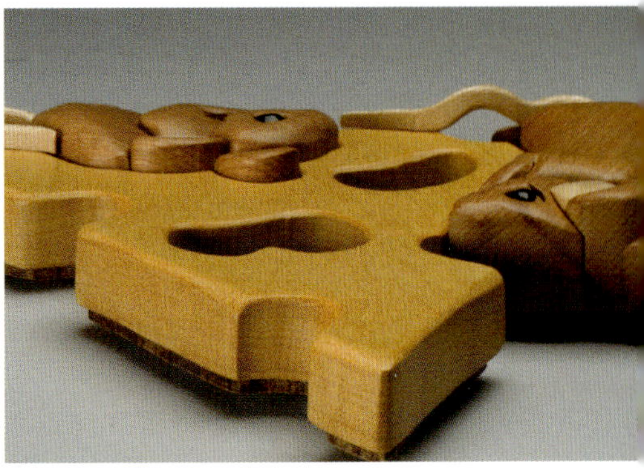

Material

- mittelbraunes Holz (Buche), 180 x 150 x 25 mm
- helles Holz (Platane), 130 x 70 x 13 mm (Schwänze)
- helles Holz (Platane), 50 x 25 x 25 mm (Ohren)
- gelbes Holz (Gelbholz), 230 x 170 x 19 mm
- schwarzes Holz (Ebenholz), 50 x 25 x 6 mm (Augen)

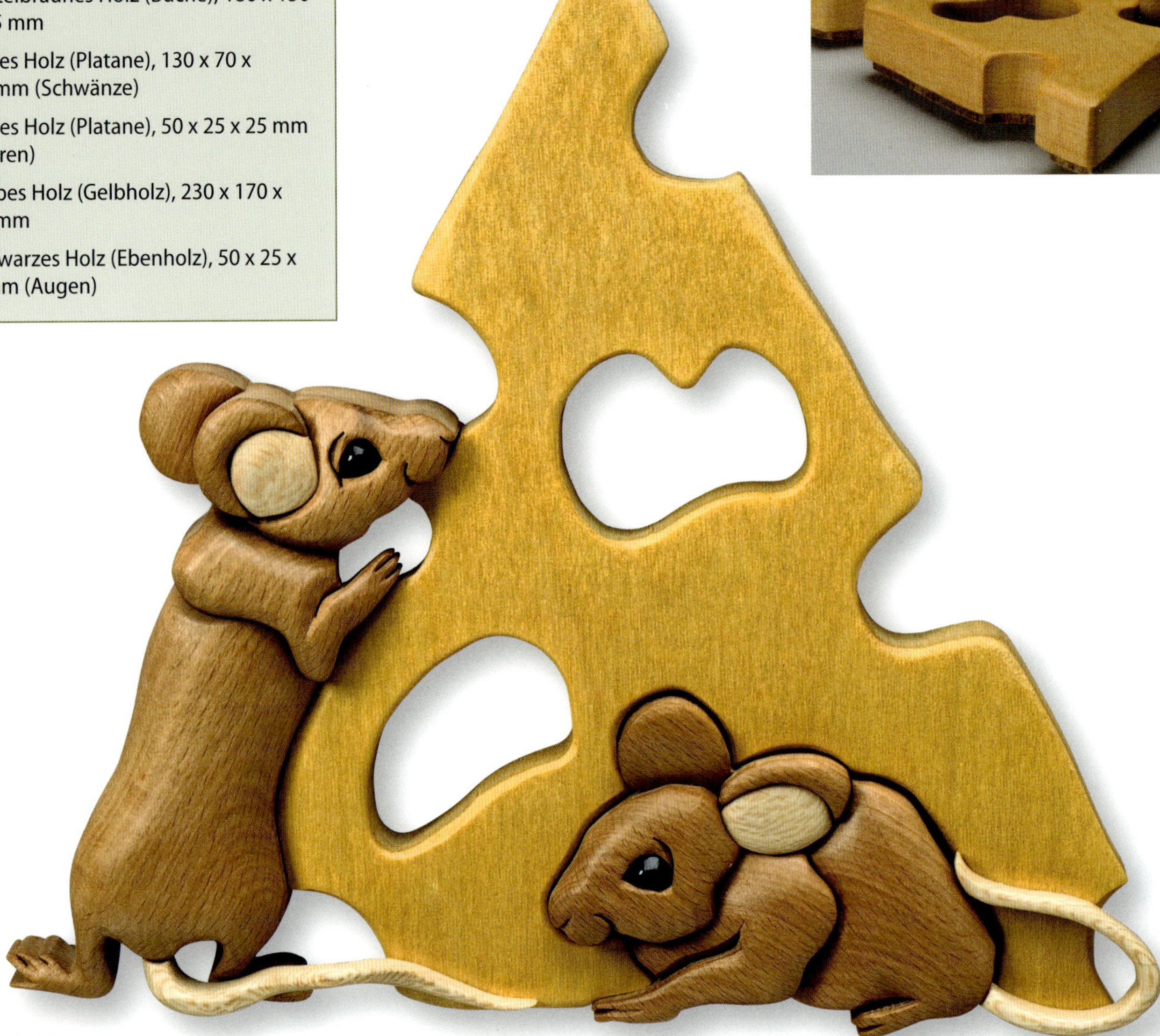

Tipps

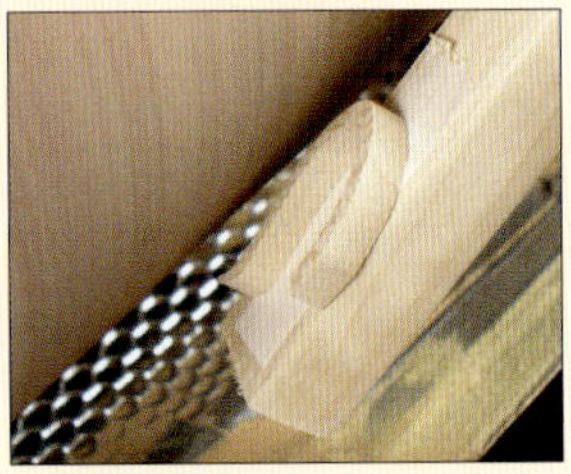

Dünne Teile an einer Unterlegscheibe befestigen und abwärtsgerichtet an den Trommelschleifer halten.

- Wenn sich die rechte Maus nicht ohne Weiteres einpassen lässt, schneiden Sie an der roten gestrichelten Linie entlang, um die Öffnung zu vergrößern.
- Nehmen Sie für die Schwänze ein hartes Holz (z. B. Platane, Ahorn).
- Überprüfen Sie, ob der Schwanz sich in einer Ebene über der Pfote und dem Käse platzieren lässt, und machen Sie eventuell Korrekturen.
- Schleifen Sie die Schwänze mit einer Spindelschleifmaschine in Form. Vorsicht: Nur ganz wenig Druck ausüben, wenn die Teile schon dünn abgeschliffen sind!
- Damit die dünnen Teile nicht brechen, können Sie einen Holzhärter verwenden.
- Die Schwänze können Sie auch aus Leder oder aus Draht herstellen.
- Sie können die Augen aus Ebenholz ausschneiden, Startlöcher bohren und das Augenloch aussägen – oder einfach ein Brandmalgerät verwenden.

LEGENDE

→	Faserrichtung
S	schwarzes (dunkles) Holz
M	mittelbraunes Holz
H	helles Holz
G	gelbes Holz

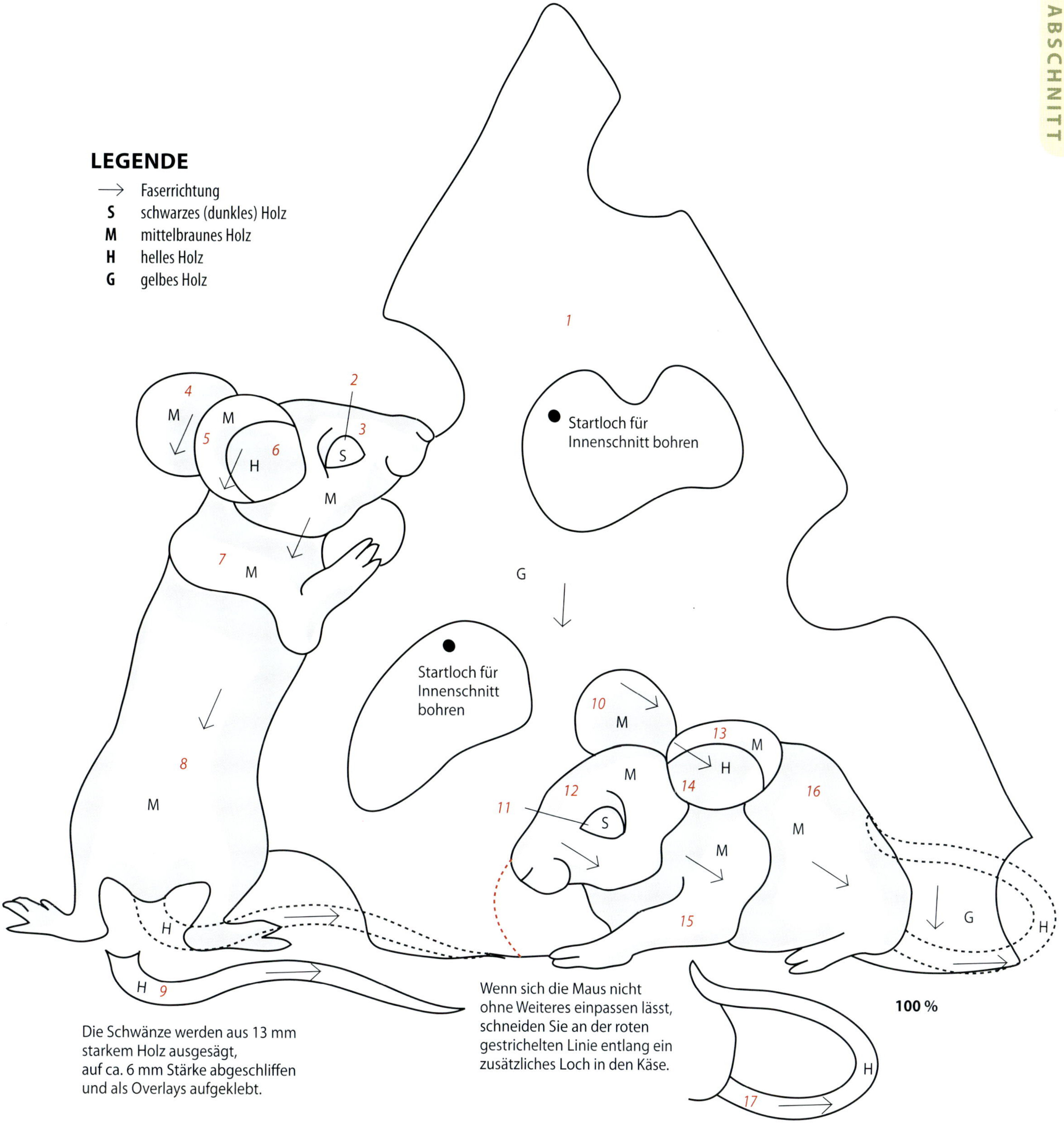

Katze

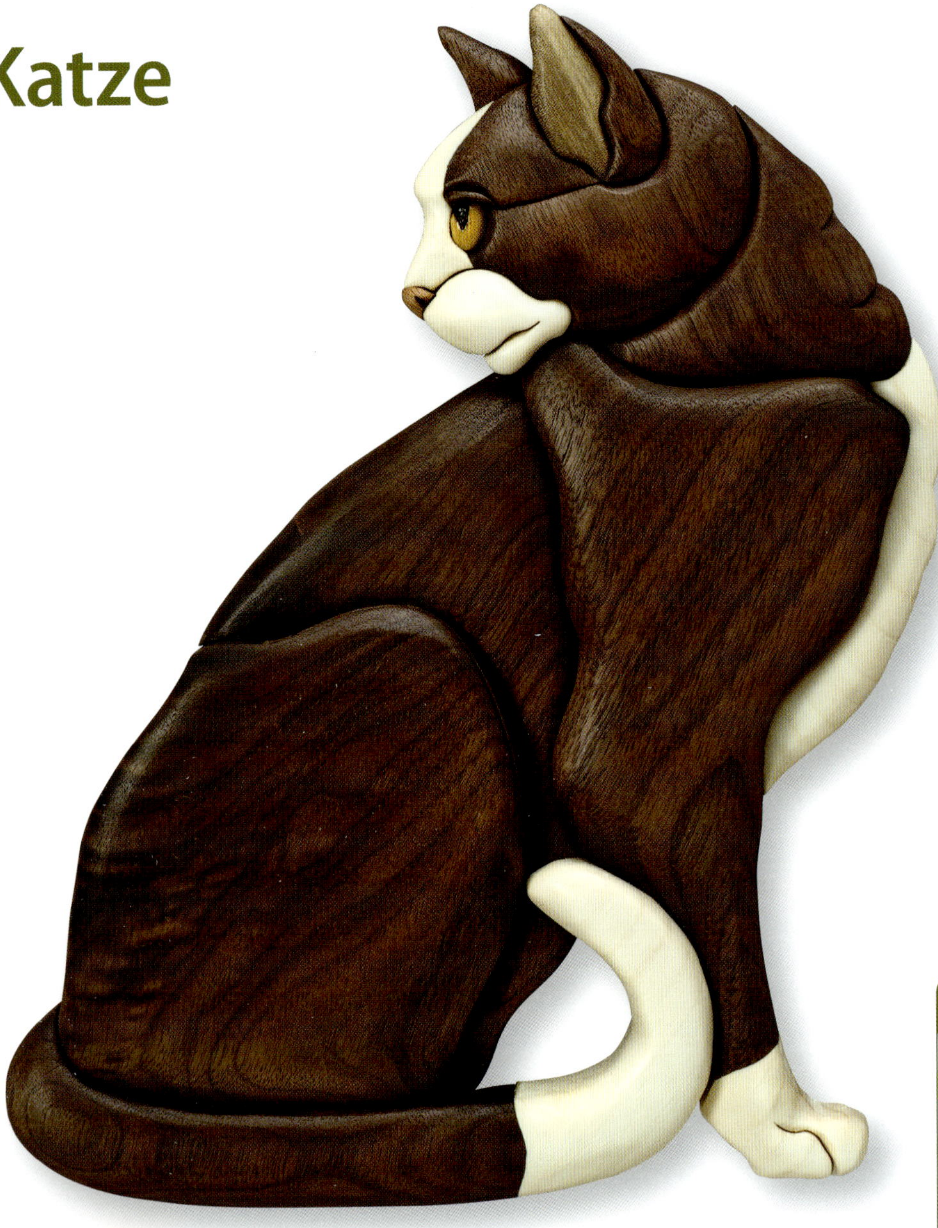

Material

- schwarzes oder dunkles Holz (Schwarznuss), 280 x 200 x 25 mm
- braunes Holz (helle Walnuss, Buche), 50 x 50 x 25 mm
- mittelbraunes Holz (Buche), 40 x 25 x 25 mm (Nase)
- weißes Holz (Pappel), 130 x 130 x 13 mm
- gelbes Holz (Gelbholz), 25 x 25 x 25 mm (Auge)

Tipps

- Vorsicht bei den nahtlosen Farbübergängen: Schneiden Sie möglichst genau an den roten Linien entlang, damit sich die Teile leicht zusammenfügen lassen.
- Runden Sie die Innenkante des Schwanzes mit einem Multifunktionswerkzeug leicht ab. Verjüngen Sie den Schwanz am Ansatz, sodass er optisch hinter dem Katzenkörper zu „verschwinden" scheint.
- Damit der Schwanz höher erscheint, senken Sie den unmittelbar benachbarten Bereich ab.
- Schleifen Sie die Teile Nr. 16 und 13 so ab, dass sie tiefer liegen als die benachbarten Teile.
- Um den kleinen Augenbrauen-Teil in Form zu schleifen, halten Sie ihn mit einer Pinzette oder einer Zange fest und nehmen Sie eventuell statt dem Trommelschleifer ein Multifunktionswerkzeug oder eine Spindelschleifmaschine.

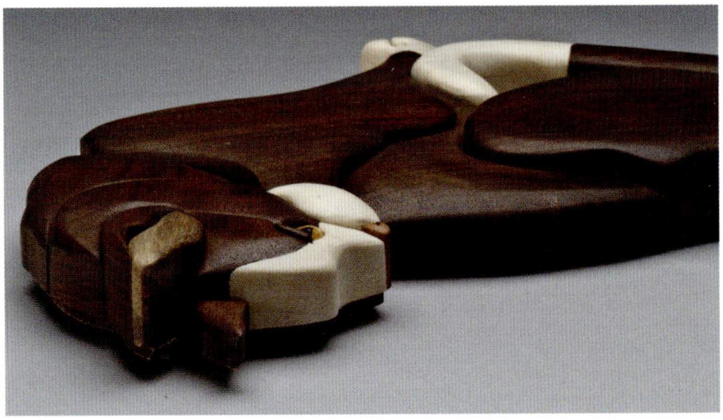

LEGENDE

→	Faserrichtung
D	dunkles Holz
B	braunes Holz
M	mittelbraunes Holz
W	weißes Holz
G	gelbes Holz
–6 mm	um 6 mm abschleifen oder dünneres Holz nehmen
——	nahtloser Farbübergang

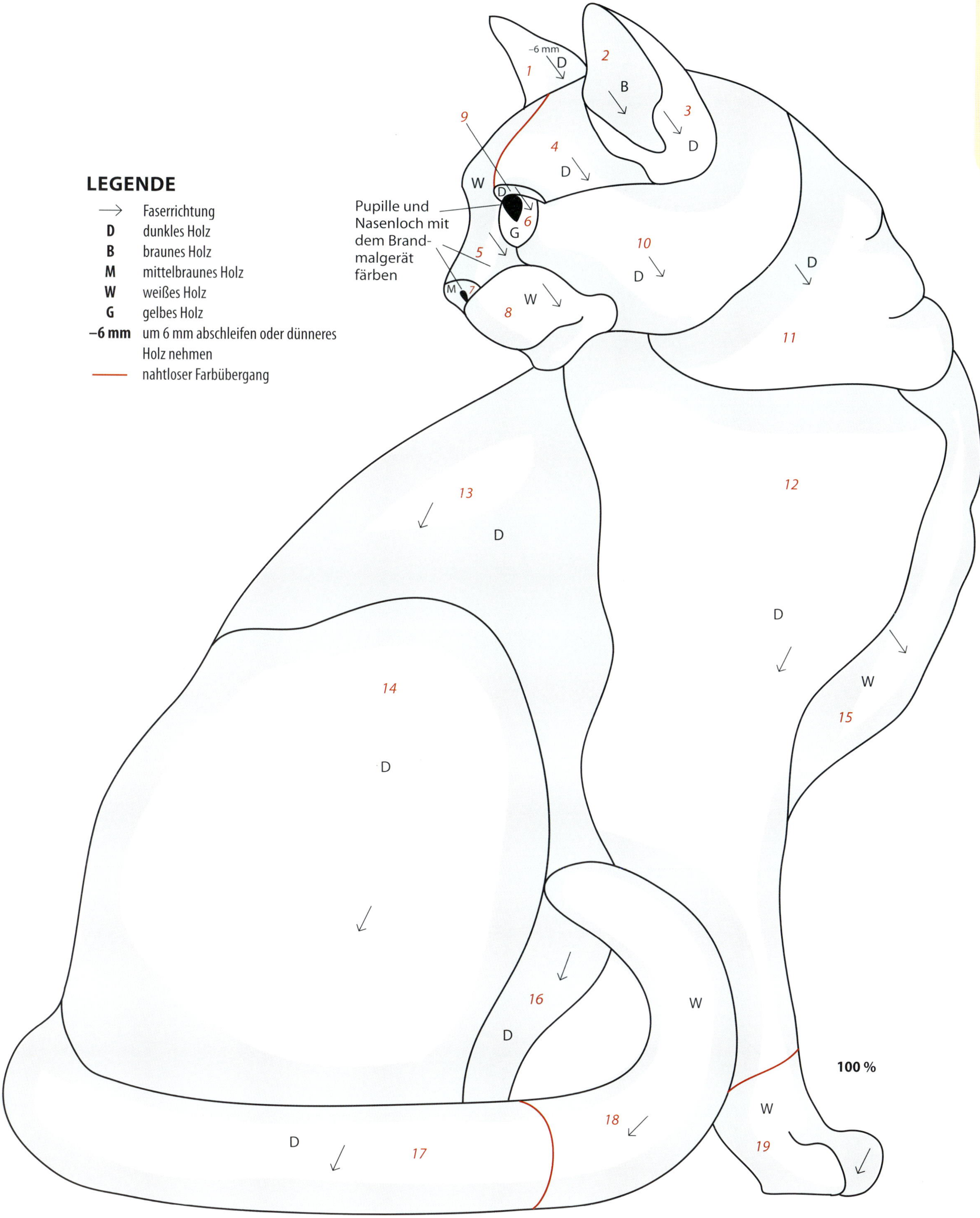

Junger Hund

Tipps

- Vorsicht bei den nahtlosen Farbübergängen: Schneiden Sie möglichst genau an den roten Linien entlang, damit sich die Teile leicht zusammenfügen lassen.
- Verjüngen Sie die dem Betrachter zugewandte Schulter, damit sie optisch hinter das Ohr zurücktritt.
- Runden Sie den Bauch ab und senken Sie ihn an der rechten und linken Seite ab, wo er die Beine berührt.
- Um den Kopf in Form zu schleifen, fixieren Sie die Teile provisorisch mit einigen Tropfen CA-Kleber aneinander. Runden Sie den Kopf an den Kanten ab. Senken Sie den Bereich ab, der an das Ohr grenzt. Schleifen Sie in der Nähe des Auges, wo die Schnauze an den Oberkopf angrenzt, eine konkave Mulde. Wenn sich beim Schleifen ein Teil löst, haben Sie zu wenig Kleber verwendet oder ihn an einer Stelle aufgetragen, an der die Teile nicht eng genug aneinanderstoßen. Kleben Sie den Teil wieder an; tragen Sie dabei den Kleber an einer anderen Stelle auf. Um die Teile wieder voneinander zu lösen, schlagen Sie sie kurz auf einer harten Oberfläche auf. Wenn dies nicht funktioniert, haben Sie zu viel Kleber verwendet. Bringen Sie CA-Kleberentferner in die Fugen ein. Wenn auch das nicht hilft, schneiden Sie die Fugen nach. Kleberreste in den Fugen entfernen Sie mit einem X-Acto-Messer. Näheres zu dieser Methode auf S. 43.
- Schrägen Sie die Ränder der Teile rund um das Auge leicht ab. So gerät das Hundegesicht besonders ausdrucksvoll.
- Tragen Sie mit einem kleinen Pinsel vorsichtig etwas weiße Beize auf das helle Holz (bis zum Farbübergang) auf. Wischen Sie sie nach einigen Minuten mit einem sauberen Lappen ab (vom dunklen Holz weg und auf das helle Holz zu, damit die Beize nicht auf das dunkle Holz kommt). Lassen Sie das Werkstück über Nacht trocknen.
- Tragen Sie glänzenden Klarlack auf das Auge auf, um ihm ein naturnahes Aussehen zu geben.

Material

- schwarzes Holz (Ebenholz), 55 x 50 x 25 mm
- dunkles Holz (Wenge, Schwarznuss), 150 x 150 x 25 mm
- mittel-/rötlich-braunes Holz (Kirsche), 200 x 260 x 25 mm
- weißes Holz (Pappel), 270 x 200 x 25 mm
- rotes Holz (Cocobolo), 75 x 75 x 25 mm

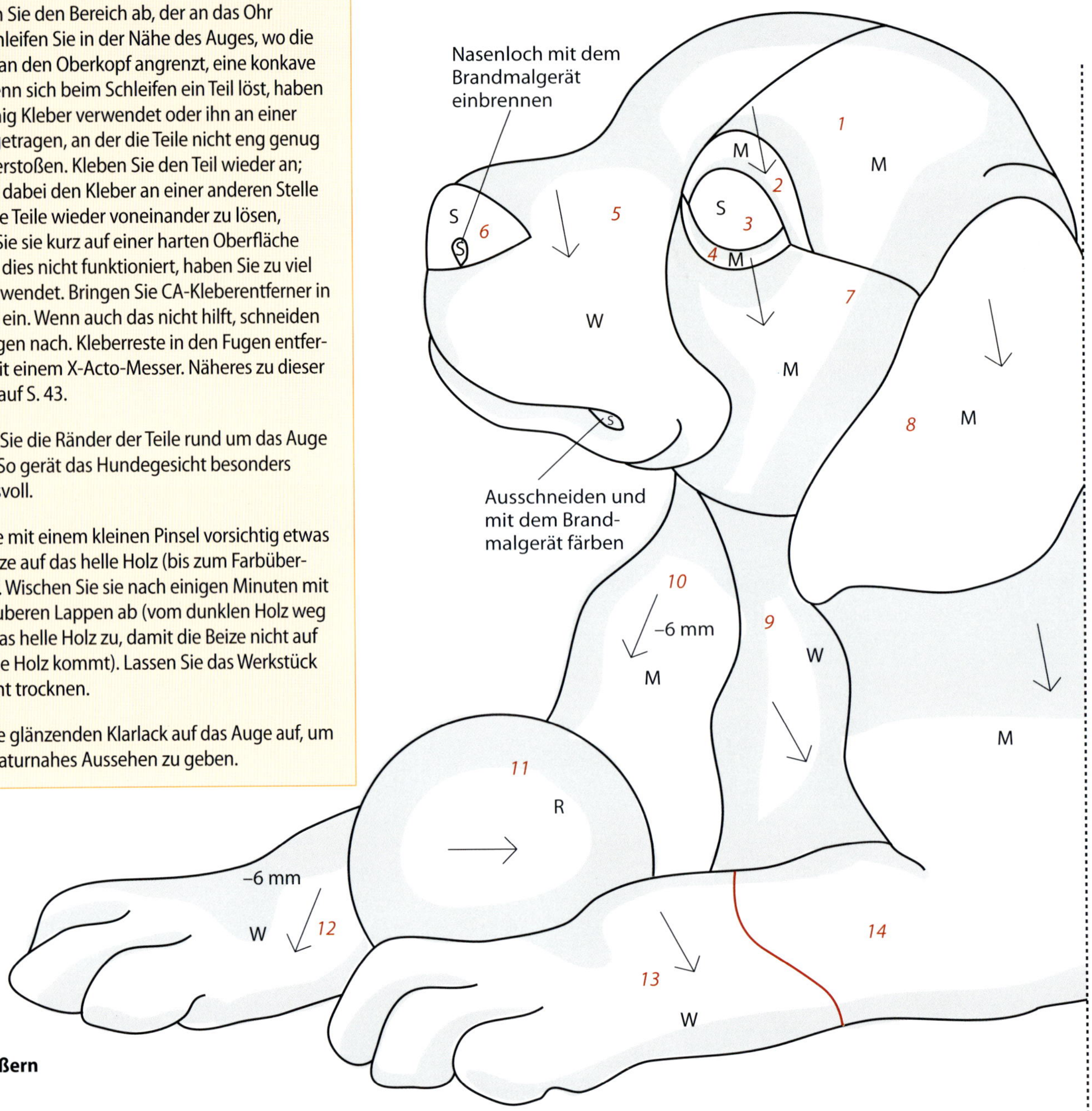

Vorlage auf 125 % vergrößern

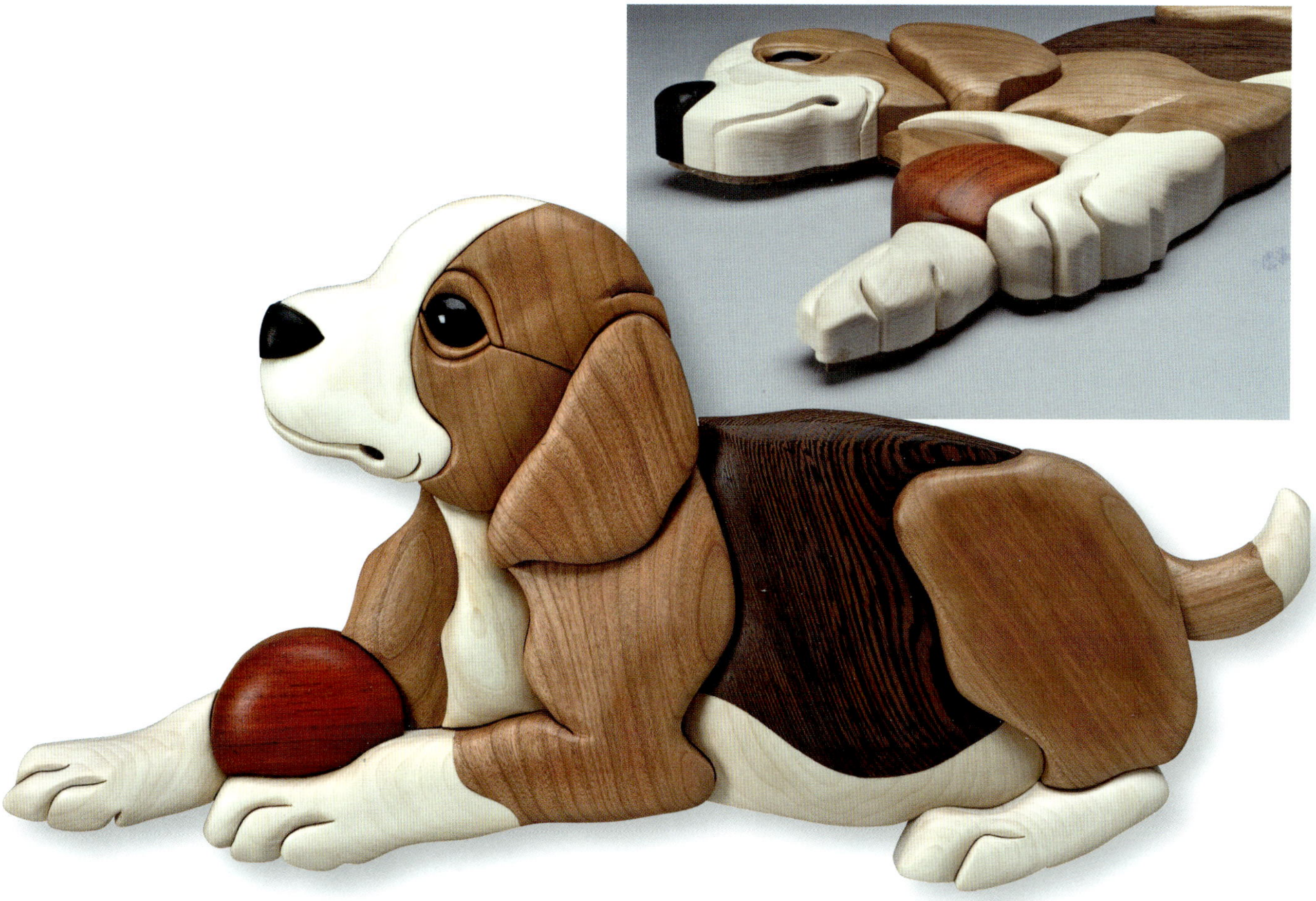

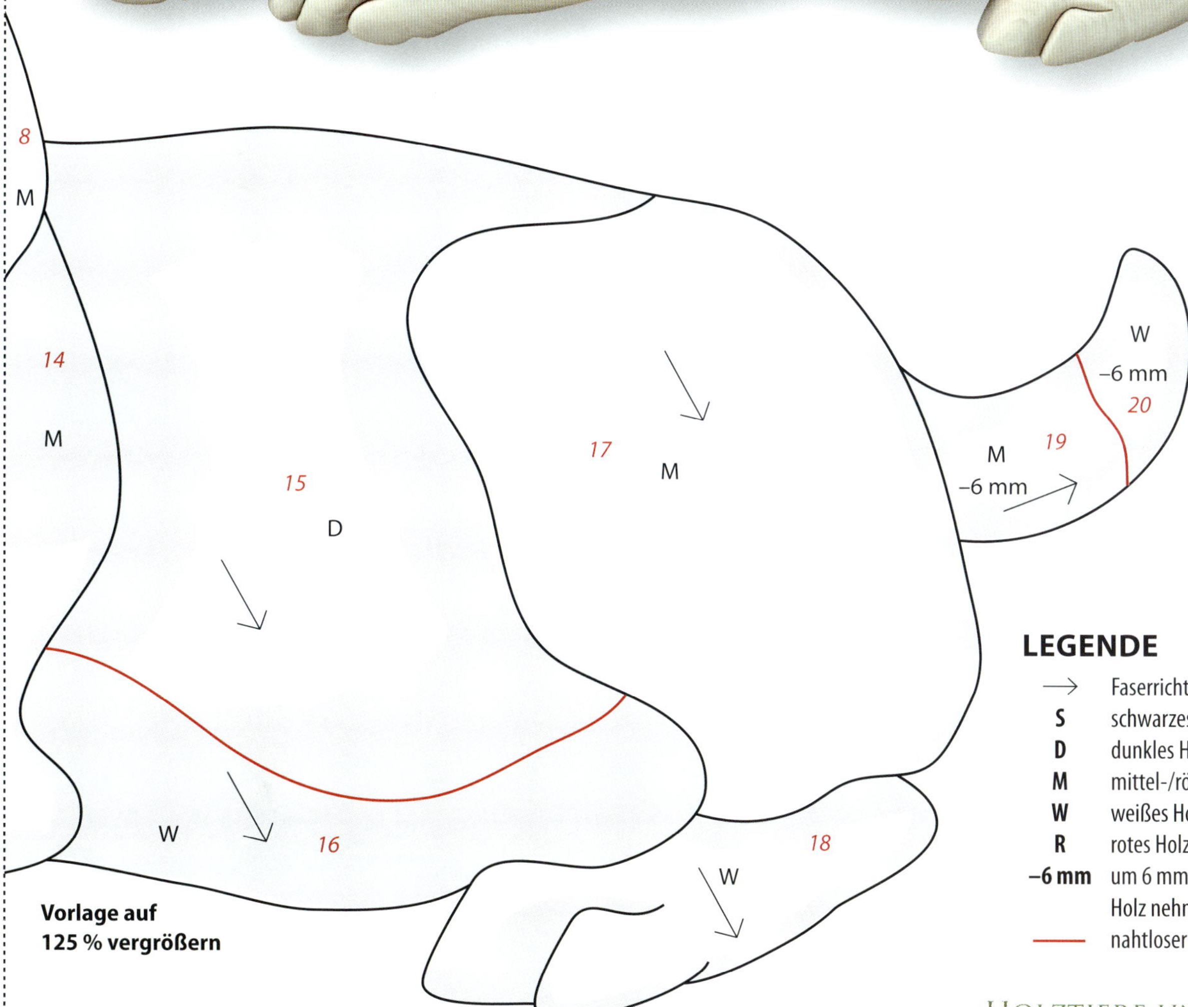

Vorlage auf 125 % vergrößern

LEGENDE

→	Faserrichtung
S	schwarzes (dunkles) Holz
D	dunkles Holz
M	mittel-/rötlich-braunes Holz
W	weißes Holz
R	rotes Holz
–6 mm	um 6 mm abschleifen oder dünneres Holz nehmen
—— (rot)	nahtloser Farbübergang

Schildkröte

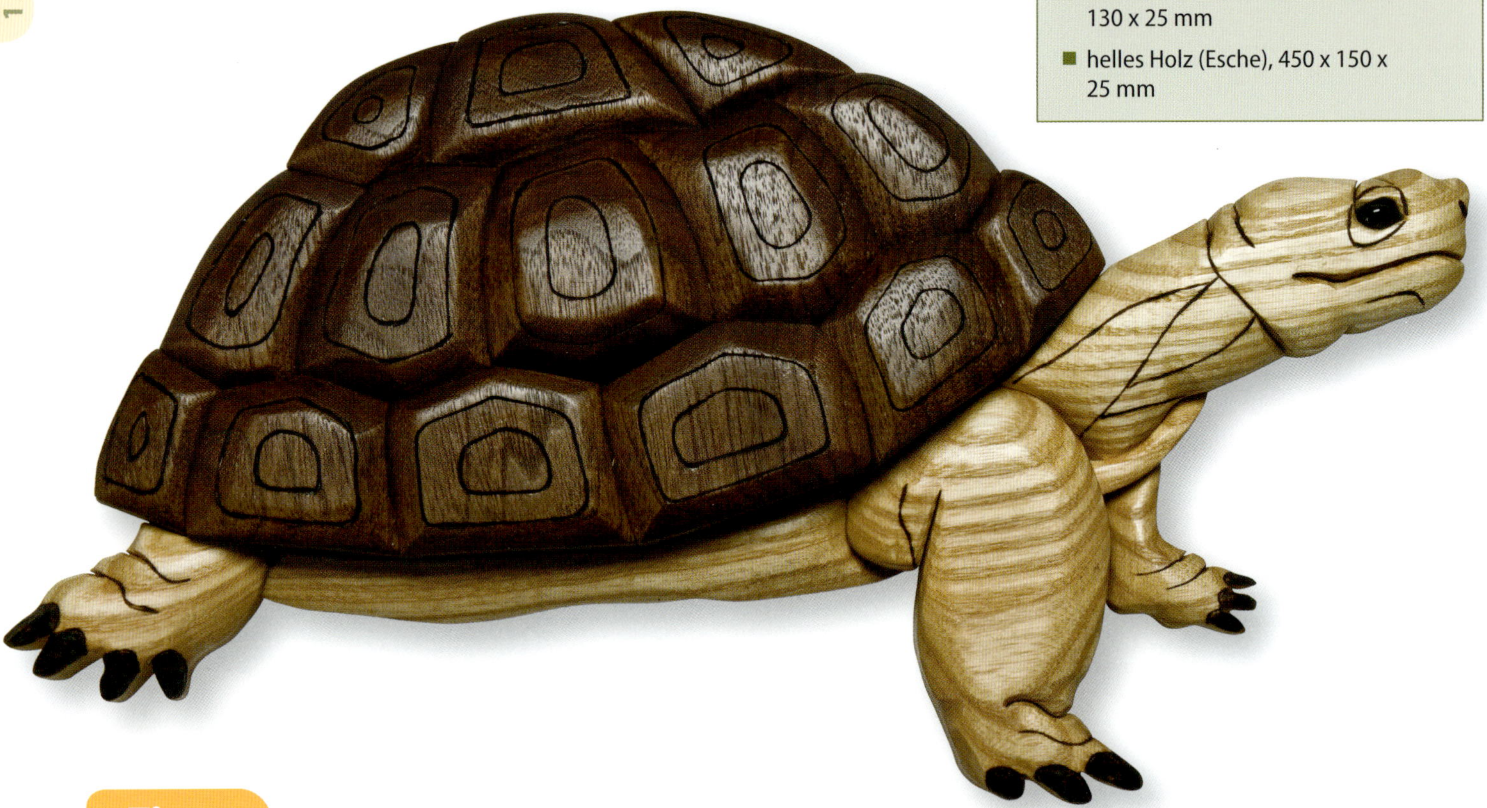

Material

- schwarzes Holz (Ebenholz), 25 x 25 x 13 mm
- dunkles Holz (Schwarznuss), 204 x 130 x 25 mm
- helles Holz (Esche), 450 x 150 x 25 mm

Tipps

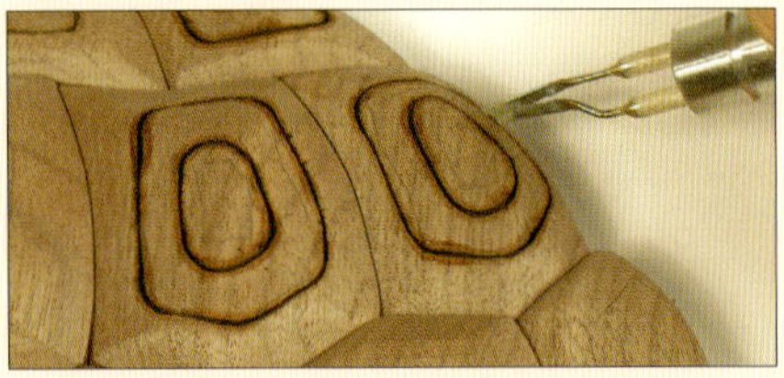

Das Muster auf den Platten wird eingebrannt.

- Für die Umrisse empfehle ich ein Sägeblatt Nr. 5, für die Innenschnitte ein Sägeblatt Nr. 3.
- Bringen Sie Details am Kopf und an den Füßen mit dem Schnitzmesser oder einem Multifunktionswerkzeug an.
- Beim Schleifen geben Sie jeder einzelnen Platte des Schildkrötenpanzers Facettenränder und eine ebene Mittelfläche.
- Nehmen Sie eine flache Brennspitze zum Ausmalen und Schattieren der Krallen – das geht schneller, als wenn Sie jede Kralle aus dunklem Holz aussägen und einfügen müssen.
- Entfernen Sie alle „unerwünschten" Brandspuren am Panzer mit dem Schleifmop.
- Tipps zum Thema Unterlegscheiben auf S. 35.

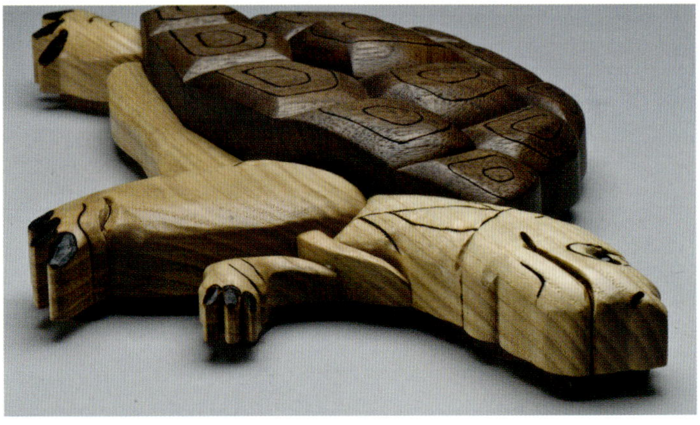

LEGENDE

→	Faserrichtung
S	schwarzes Holz
D	dunkles Holz
H	helles Holz
- - - - -	Unterlegscheiben
–6 mm	um 6 mm abschleifen oder dünneres Holz nehmen
———	Linie mit dem Brandmalgerät einbrennen

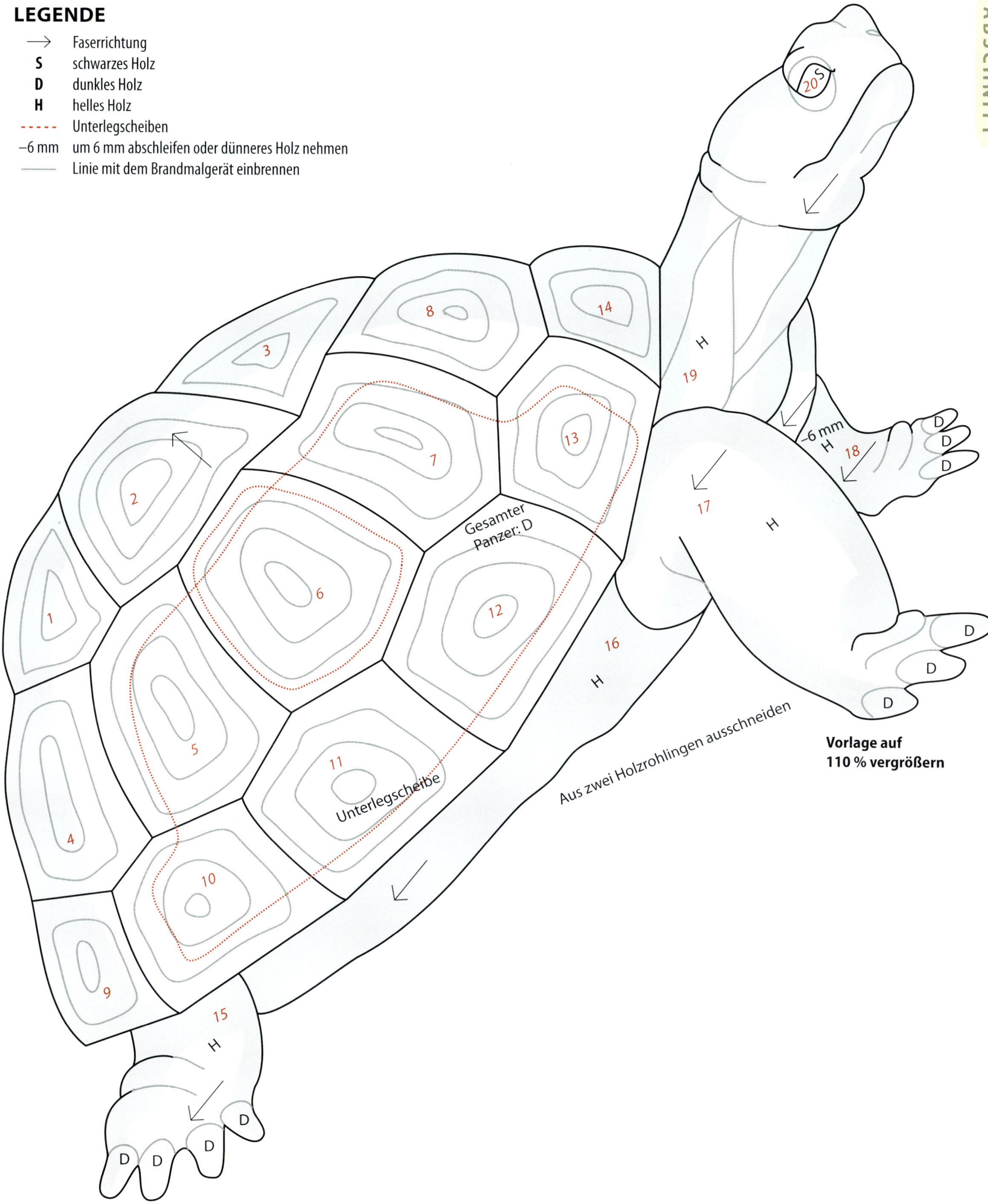

Vorlage auf 110 % vergrößern

Eisenbahn als Bilderrahmen

Material

- dunkles Holz (Schwarznuss), 400 x 170 x 25 mm
- weißes Holz (Pappel), 780 x 230 x 25 mm

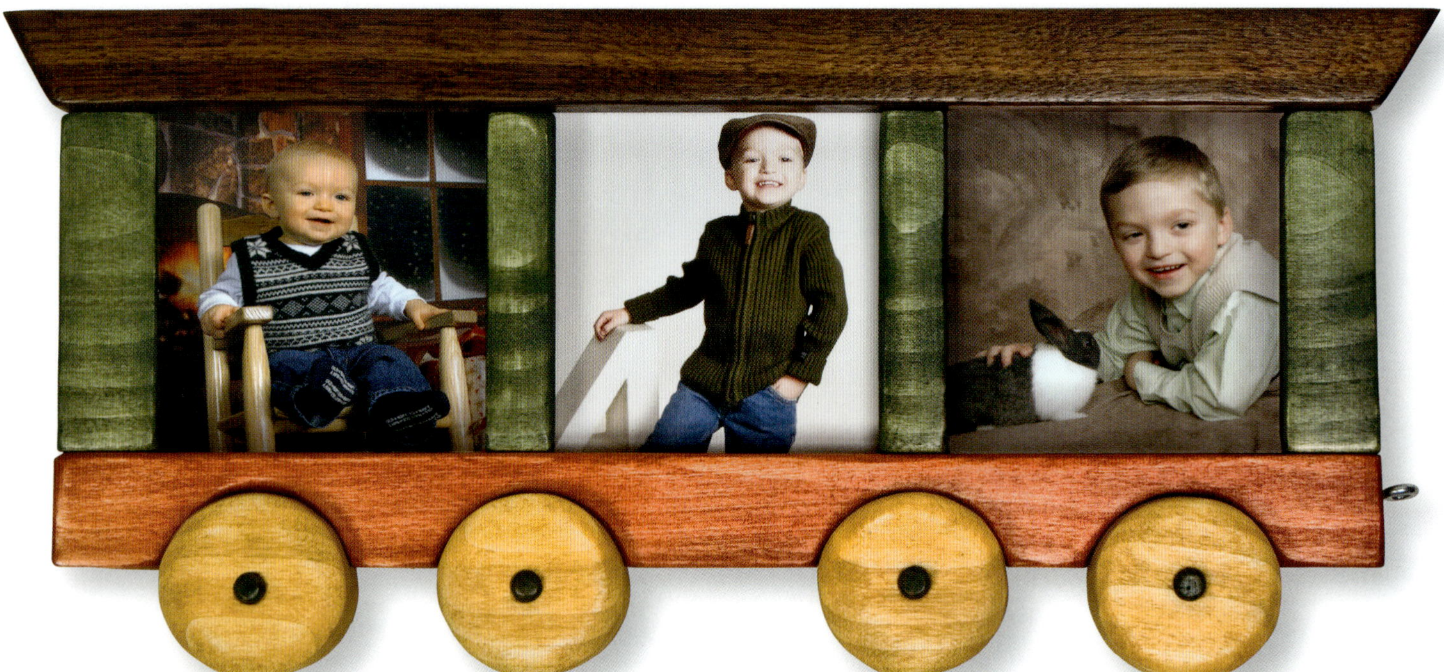

Tipps

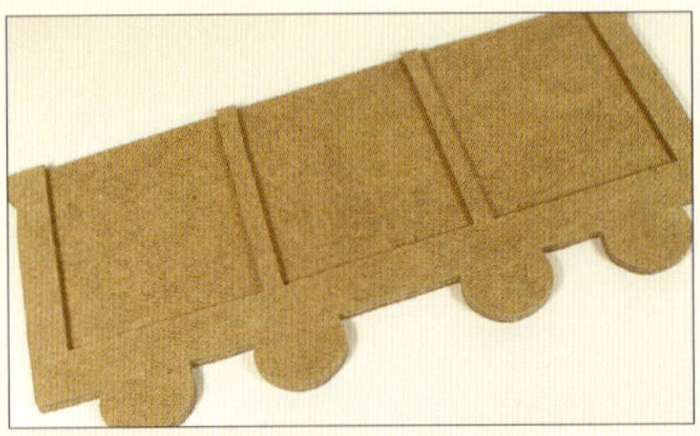

Zwei Trägerplatten (raue Seiten nach oben) mit doppelseitigem Klebeband aufeinanderkleben, im Stapelschnitt aussägen, Platten trennen und bei der oberen Platte an den roten Linien der aufgeklebten Vorlage entlang die „Fenster" für die Fotos ausschneiden. Die Platten mit Holzleim und CA-Kleber aufeinanderkleben.

- Diesen fröhlich-bunten Fotorahmen habe ich meinem kleinen Cousin Jake geschenkt, der ein großer Eisenbahnfan ist. Schreiben Sie den Namen des Kindes, das Sie beschenken wollen, mit Overlay-Buchstaben auf die Lokomotive.
- Sie können mehrere Holzfarben verwenden oder mit nur einer Holzfarbe und verschiedenen Beizen arbeiten. Ich habe für die dunklen Teile Schwarznussholz genommen, alle anderen Teile sind aus gebeiztem Pappelholz. Die bunten Farben sind für ein Kinderzimmer gerade richtig.
- Sie können die Lok und den Waggon auch mit einer Kette verbinden.
- Wenn Sie eine längere Fotogalerie gestalten wollen, kann der Zug auch mehrere Waggons bekommen.
- Bei diesem Projekt sind viele gerade Schnitte auszuführen. Schleifen Sie alle Kanten mit der Walzenschleifmaschine nach, damit sie wirklich ganz gerade und eben sind.
- Die Teile aus Schwarznuss habe ich mit Danish Oil behandelt.

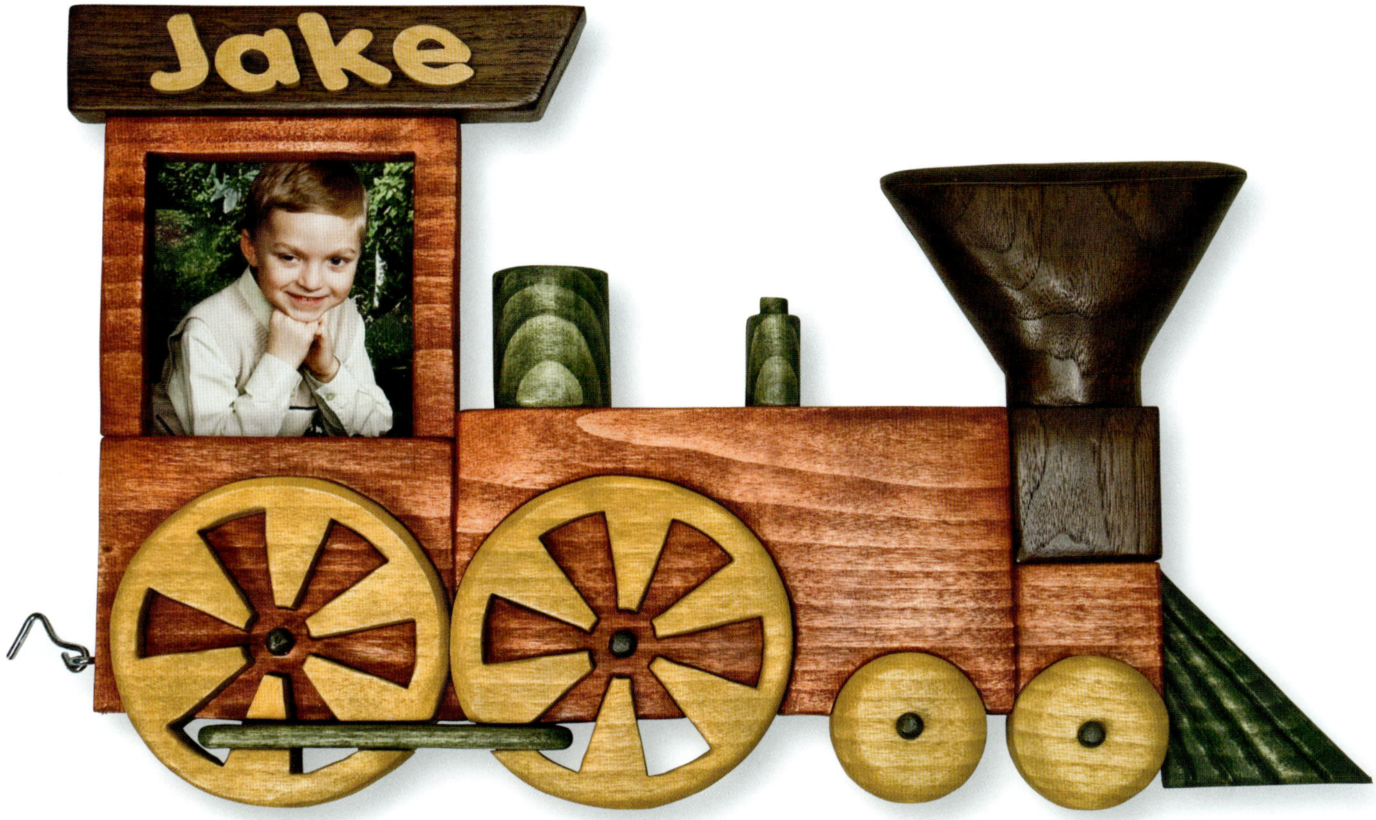
Jake

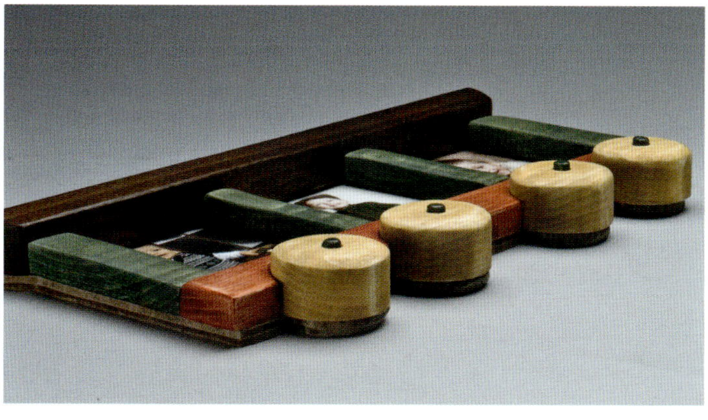

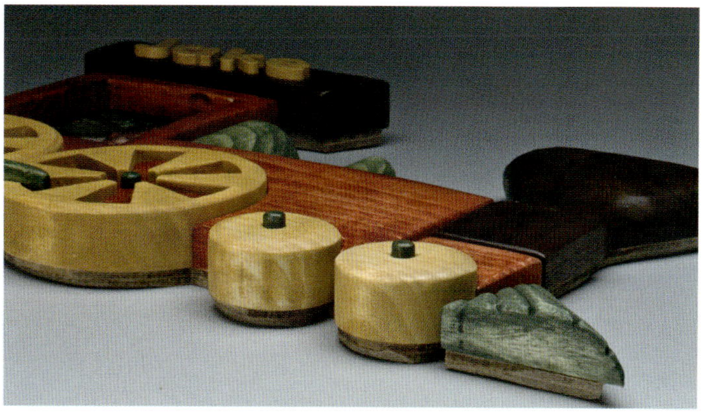

Eisenbahn als Bilderrahmen – Vorlage

LEGENDE

D	dunkles Holz
W	weißes Holz
+6 mm	um 6 mm anheben oder stärkeres Holz nehmen
- - - - -	Trägerplatten

Buchstaben zum Beschriften finden Sie im Anhang auf S. 122.

Vorlage auf 165 % vergrößern

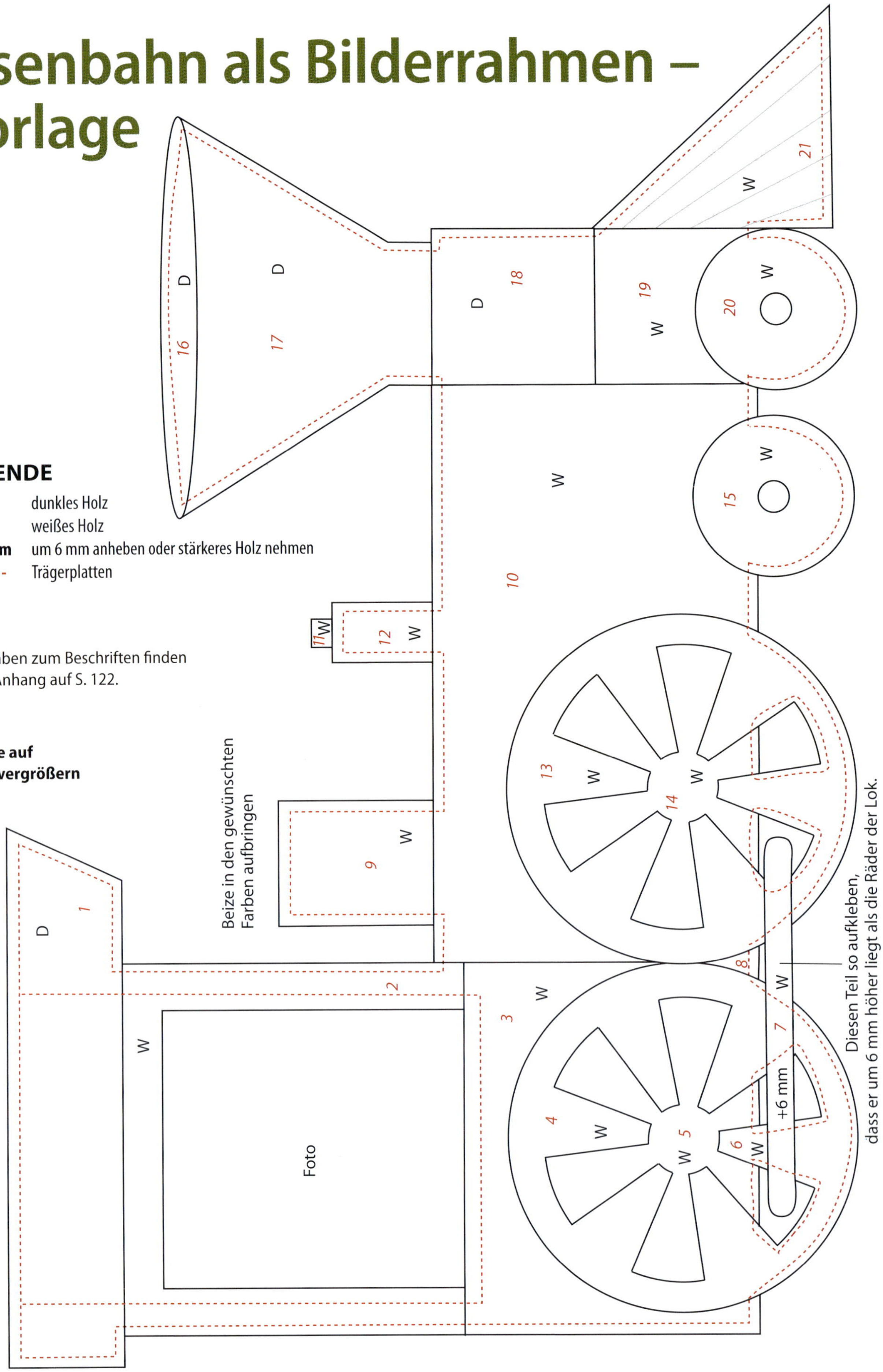

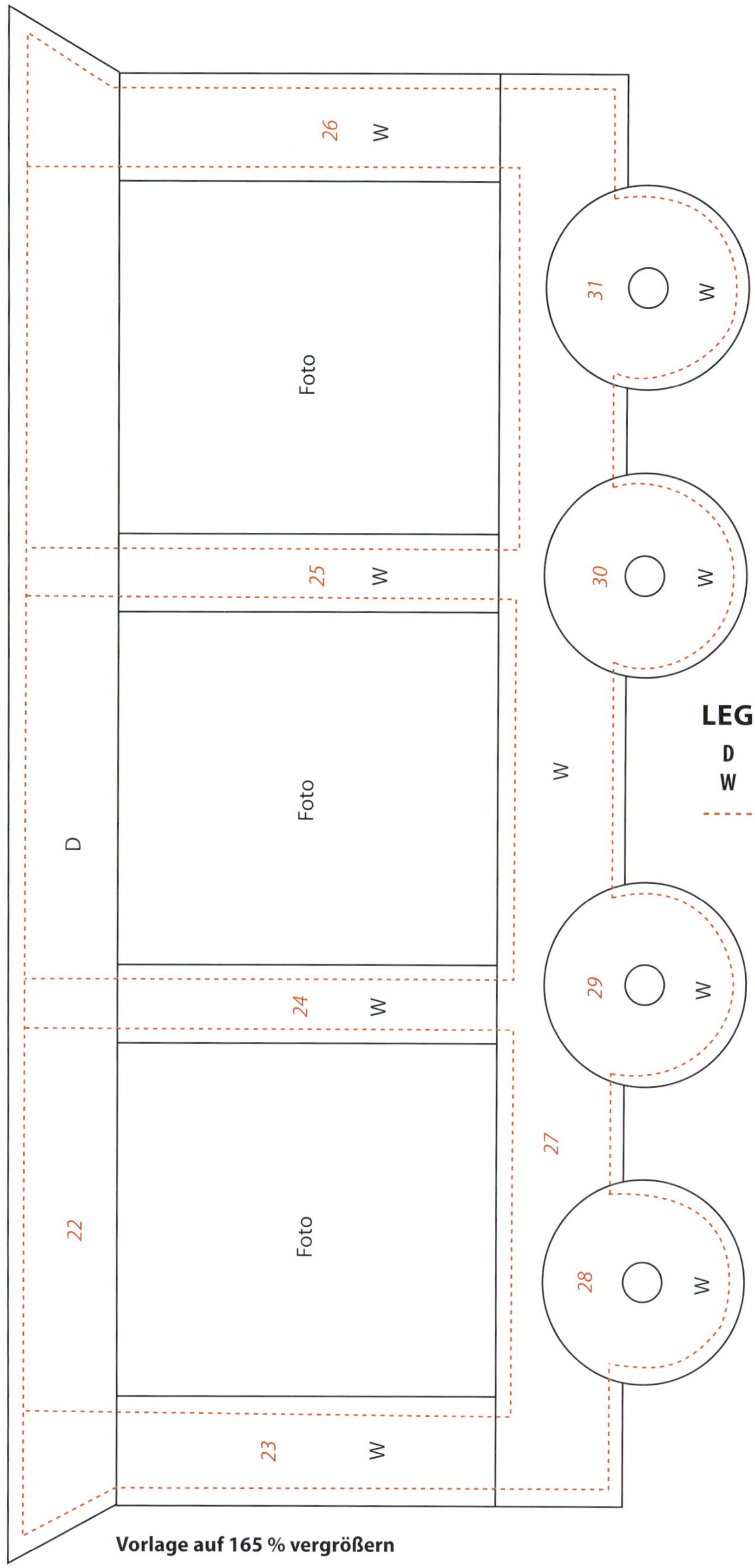

LEGENDE

D dunkles Holz
W weißes Holz
- - - - Trägerplatten

Vorlage auf 165 % vergrößern

2. ABSCHNITT: SCHRITT-FÜR-SCHRITT-ANLEITUNG

Pferd

Meine ersten künstlerischen Arbeiten waren Tierdarstellungen aus Ton – vielleicht ist das mit ein Grund dafür, dass mir die Tiefenwirkung auch bei Intarsien besonders wichtig ist. Viele Einsteiger trauen sich nicht recht, die Teile richtig in Form zu schleifen. Manche runden nur die Kanten aller Einzelteile ab, der fertigen Arbeit fehlt dann die „dritte Dimension". Ich möchte Ihnen zeigen, wie Sie jeden Teil so in Form schleifen können, dass das fertige Bild durch die entstehenden Licht- und Schatteneffekte möglichst plastisch und lebendig wirkt. Mit Unterlegscheiben lässt sich die Tiefenwirkung noch verstärken.

Material

- schwarzes Holz (Ebenholz), 70 x 70 x 13 mm (Auge)
- dunkles Holz (Schwarznuss), 600 x 200 x 25 mm (Mähne)
- rotbraunes Holz (dunkles Kirschholz), 100 x 150 x 25 mm
- mittelbraunes Holz (Kirsche), 635 x 220 x 25 mm (Hals und Kopf)

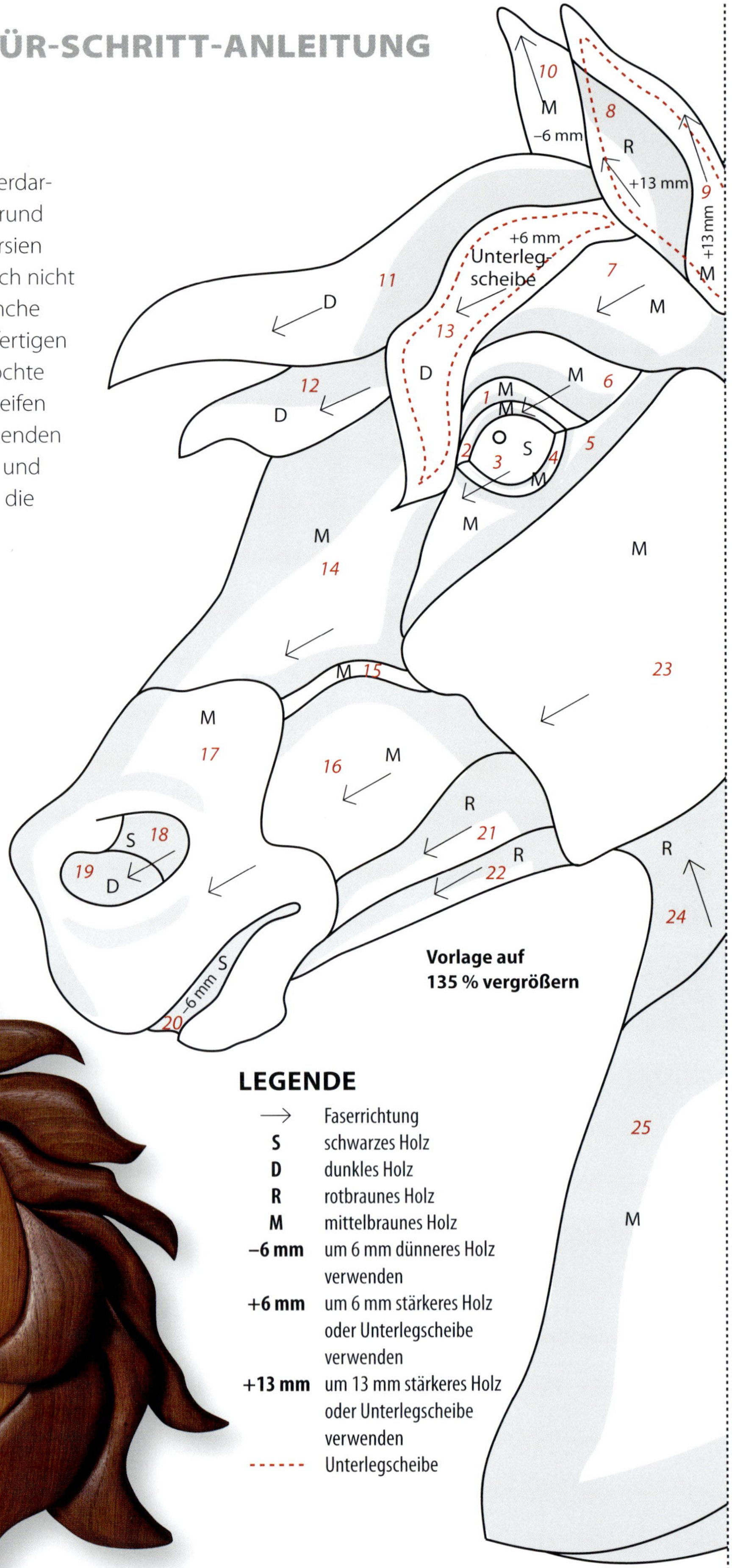

LEGENDE

→	Faserrichtung
S	schwarzes Holz
D	dunkles Holz
R	rotbraunes Holz
M	mittelbraunes Holz
−6 mm	um 6 mm dünneres Holz verwenden
+6 mm	um 6 mm stärkeres Holz oder Unterlegscheibe verwenden
+13 mm	um 13 mm stärkeres Holz oder Unterlegscheibe verwenden
- - - - -	Unterlegscheibe

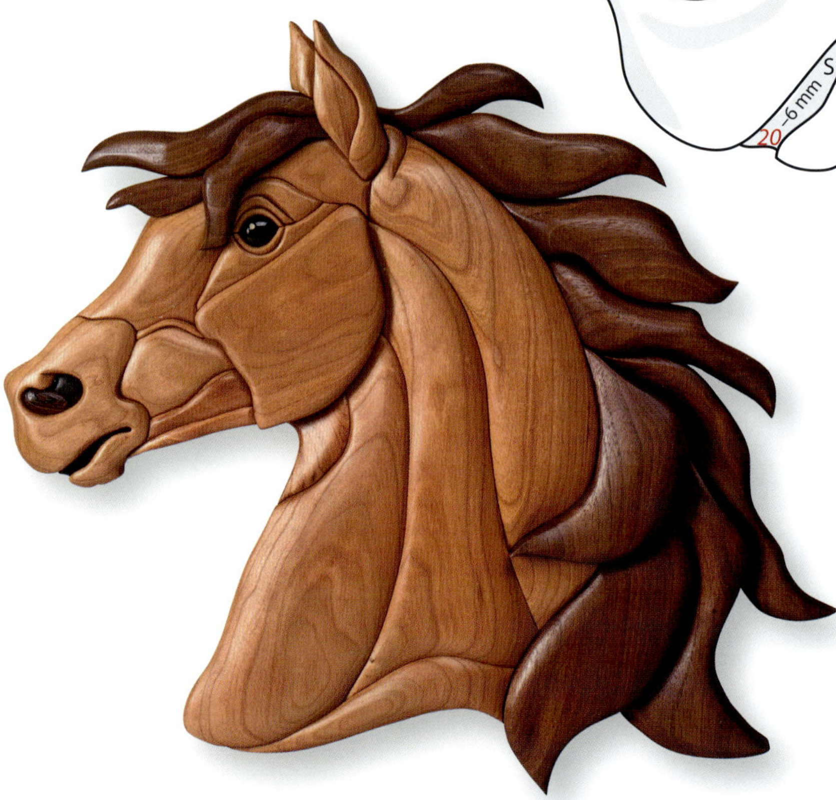

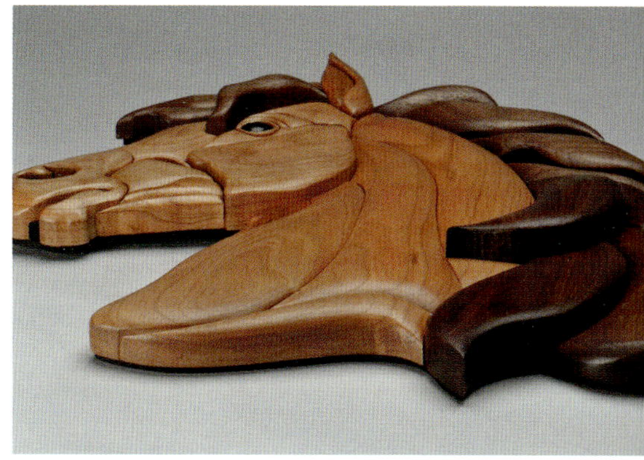

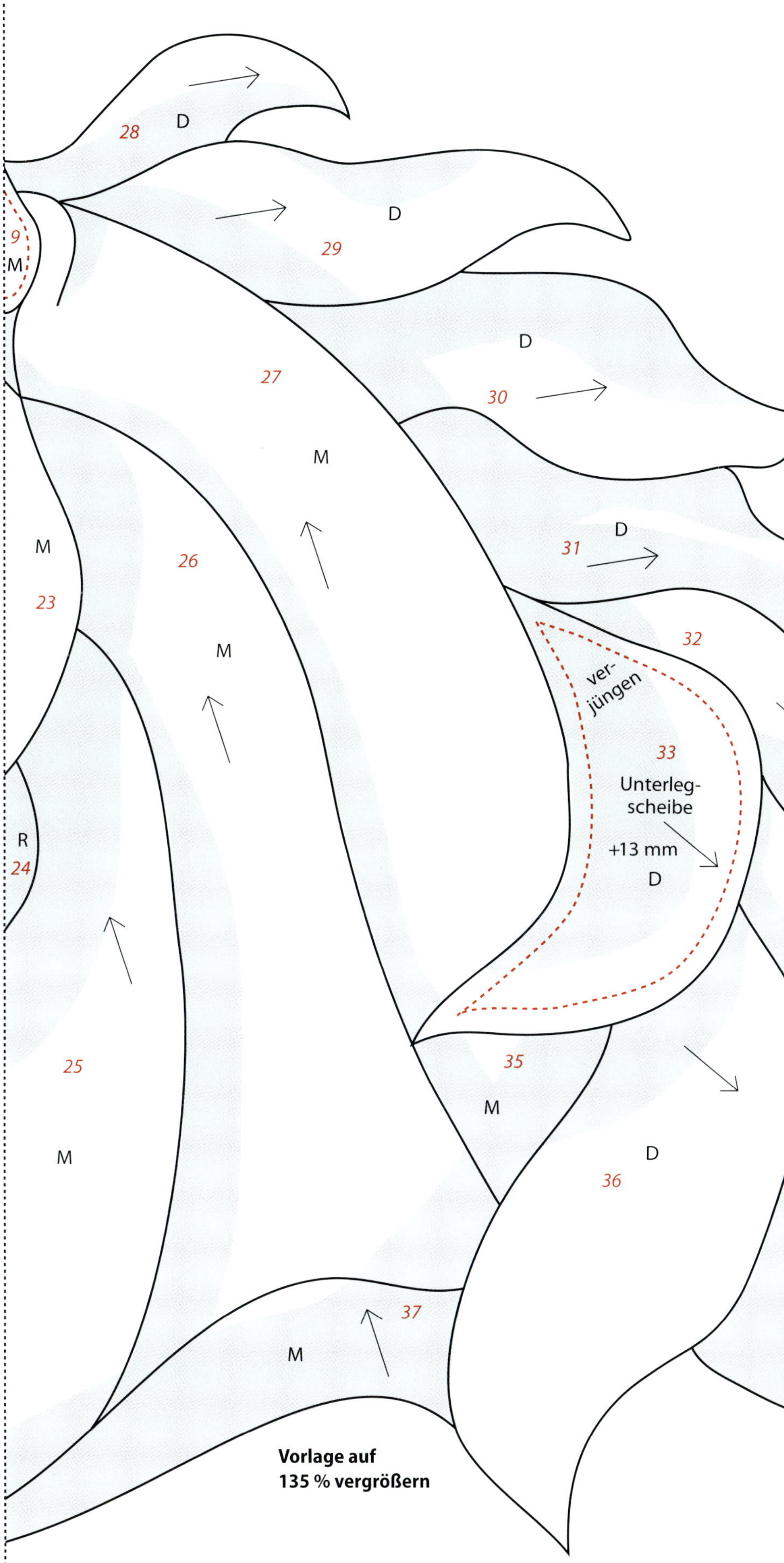
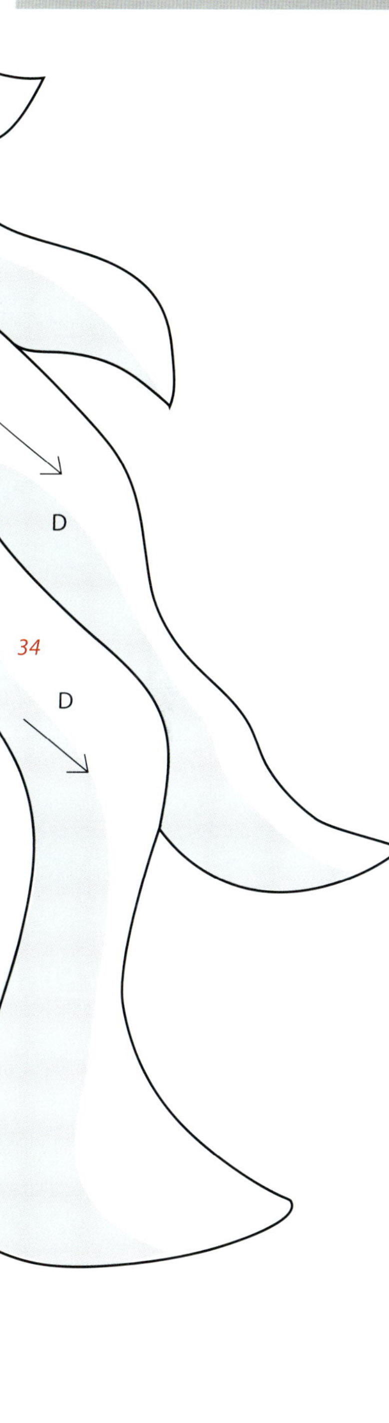

Vorlage auf 135 % vergrößern

2. Abschnitt: Schritt-für-Schritt-Anleitung – Pferd

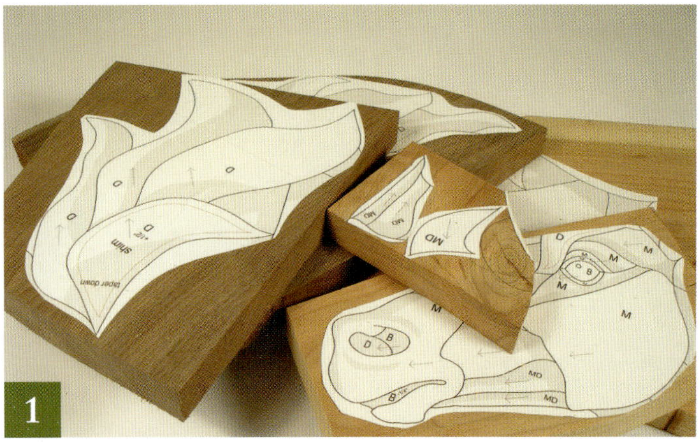

1

Machen Sie sechs Kopien von der Vorlage. Besprühen Sie sie an der Rückseite mit Kleber und kleben Sie sie auf die glänzende Seite der Klebefolie. Schneiden Sie die einzelnen Farbbereiche aus, ordnen Sie sie und kleben Sie sie auf die Rohlinge. Schneiden Sie die Rohlinge auf eine handliche Größe zurecht.

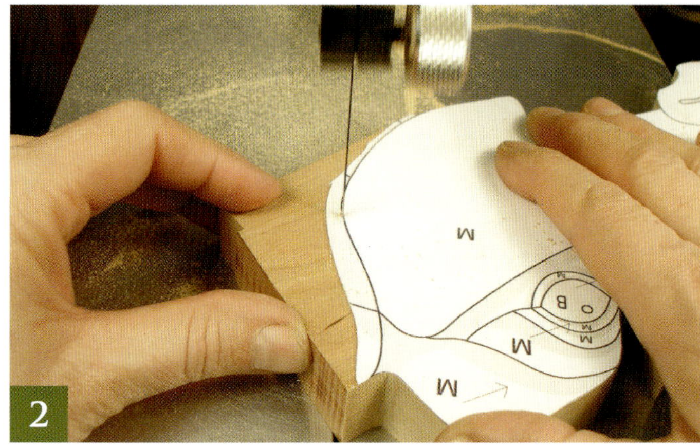

2

Prüfen Sie, ob das Sägeblatt senkrecht steht. Sägen Sie die Umrisse der großen Farbbereiche am Hals und am Kopf aus. Ich verwende dazu ein normales weitgezahntes Sägeblatt Nr. 5, weil es dickes Holz gut schneidet (Einsteiger sollten weichere Hölzer wählen).

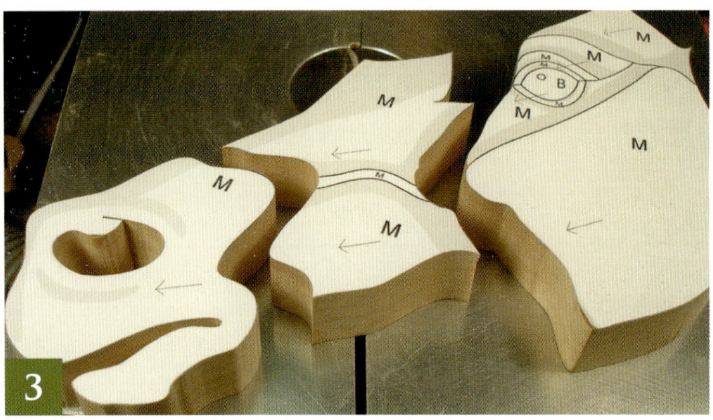

3

Teilen Sie die großen Bereiche mit einem Sägeblatt Nr. 3 (schmalerer Sägeschlitz – bessere Passform). Bohren Sie ein Startloch für das Nasenloch und sägen Sie es aus. Sägen Sie Teil 17 (Nase) aus – Sie erhalten dadurch Zugang zu Nr. 14–16. Nummerieren Sie die Teile auf der Rückseite und legen Sie sie auf der Arbeitsfläche auf.

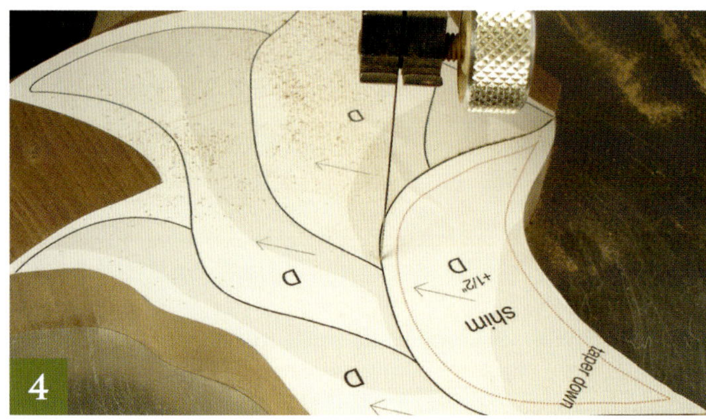

4

An der Mähne sägen Sie zuerst Teil 33 aus. Dadurch erhalten Sie Zugang zu Nr. 32, 34 und 36 – sägen Sie sie in dieser Reihenfolge aus. Achten Sie auf exakte Innenschnitte. Bei den Umrisslinien ist Präzision nicht ganz so wichtig, da diese beim Zusammensetzen der Teile keine Rolle spielen.

Tipps

- Um eine schöne Tiefenwirkung zu erzielen, sollten Sie bei diesem Projekt 25 mm dickes Holz verwenden.
- Sie können nach Wunsch auch weißes Holz für die Mähne und ein helleres Braun für Kopf und Hals verwenden.
- Für Einsteiger sind weiche Hölzer zu empfehlen.
- Für die Mähne nehmen Sie nach Möglichkeit ein Stück Holz mit schönen, fließenden Maserungslinien.
- Schneiden Sie gleichfarbige Bereiche (z. B. den Hals und den Kopf) aus demselben Brett (Rohling) zu. Wenn Sie dafür zwei verschiedene Kirschholzbretter verwenden, kann es zu farblichen Abweichungen kommen, die den Gesamteindruck beeinträchtigen.
- Schneiden Sie dickes Holz langsam, sonst verbiegt sich das Sägeblatt und erzeugt schiefe Kanten.

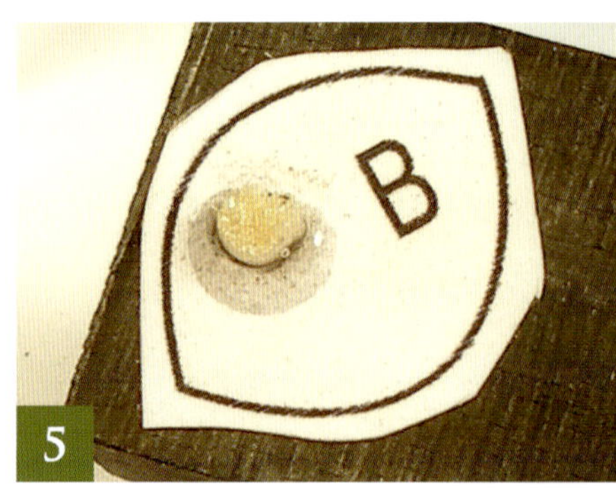

5

Bohren Sie in den Teil für das Auge ein Loch, kleben Sie einen weißen Dübel hinein und schneiden Sie ihn bündig zur Oberfläche ab (Glanzlicht). Sägen Sie erst jetzt das Auge aus, kleben Sie es auf die Unterlegscheibe, runden Sie es mit dem Trommelschleifer ab und machen Sie mit dem Schleifmop den Feinschliff.

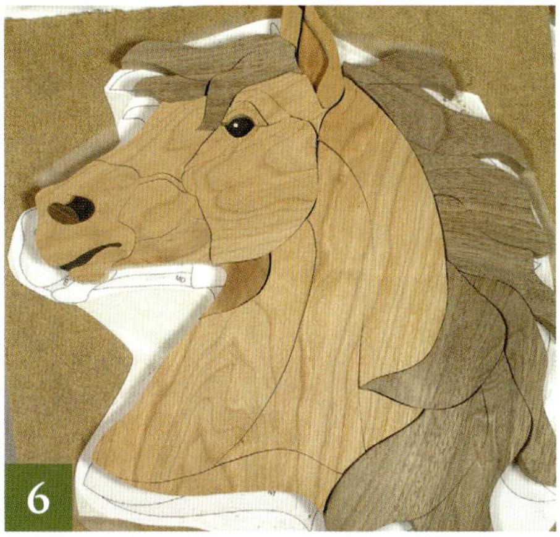

6

Schneiden Sie die restlichen Teile aus und stellen Sie sie probeweise zusammen. Passen die Holzfarben zusammen? Gibt es Fehler im Holz, die Sie übersehen haben? Jetzt ist noch Zeit für Änderungen.

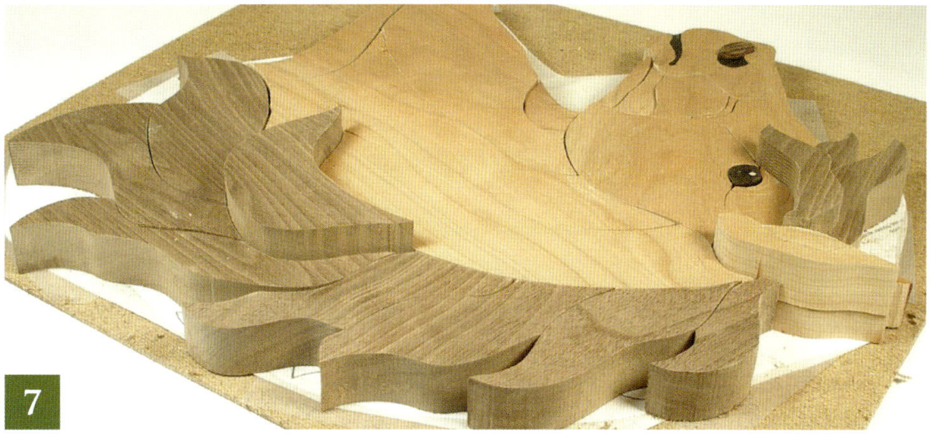

7

Stellen Sie fest, welche Bereiche am höchsten oder dem Betrachter am nächsten sind (hier sind es Nr. 8, 9, 13 und 33). Diese Teile bekommen Unterlegscheiben. So entsteht ein schöner 3-D-Effekt. (Sehen Sie sich zum Thema Unterlegscheiben die 12. Übung noch einmal durch.)

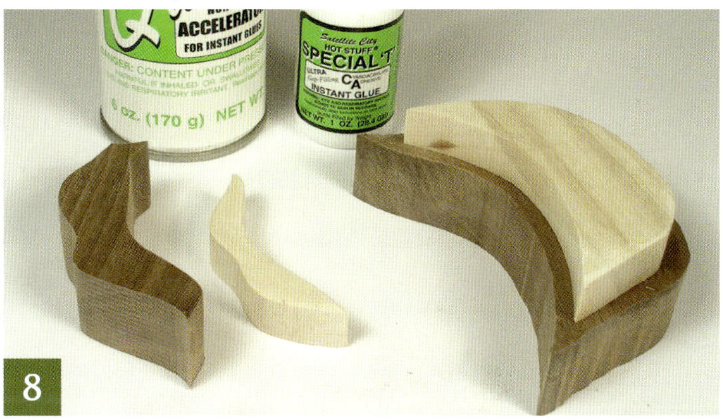

8

Sägen Sie für die Mähnen-Teile Nr. 13 und 33 zwei Unterlegscheiben aus 13 mm starkem Restholz aus. Sie müssen kleiner sein als die unterlegten Teile und dürfen nicht darunter hervorstehen. Kleben Sie die Teile auf die Unterlegscheiben und legen Sie sie wieder auf die Arbeitsfläche.

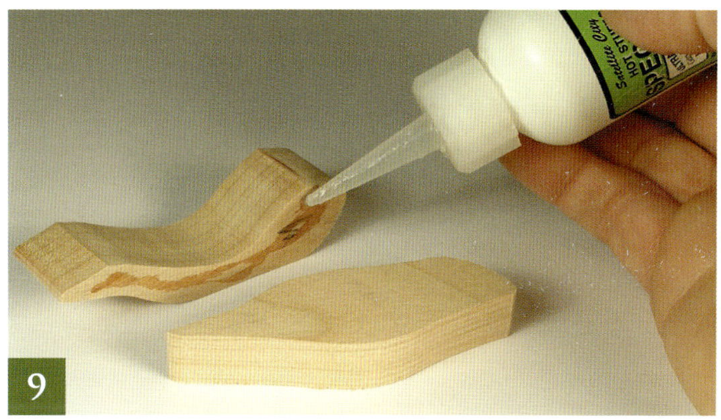

9

Um das Ohr (Nr. 8 und 9) auf 38 mm zu verstärken, trennen Sie ein 25 mm starkes Stück vom gleichen Holz mit der Bandsäge auf (= halbieren Sie es). Achten Sie darauf, dass alle Teile plan sind, richten Sie Kanten und Faserrichtung aus und kleben Sie eine Hälfte mit CA-Kleber auf das 25 mm starke Ohr auf. Schleifen Sie die Kanten mit der Spindelschleifmaschine ab.

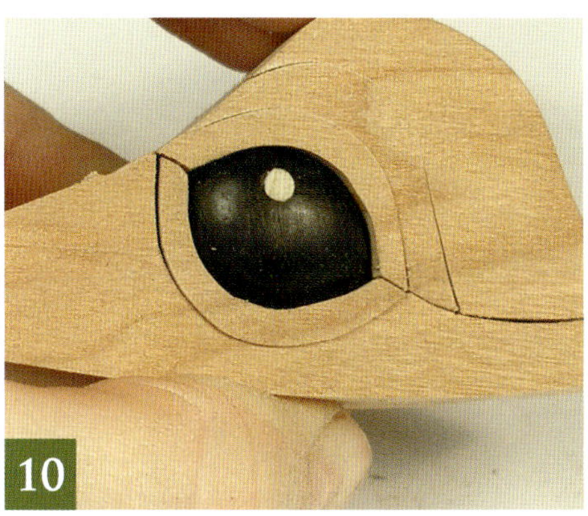

10

Fügen Sie das Auge zwischen den Teilen 1, 2, 4–6 ein. Halten Sie die Teile zusammengedrückt gegen das Licht. Sind Lücken zu sehen, schleifen Sie das Auge an den Kontaktstellen ab, bis es passt.

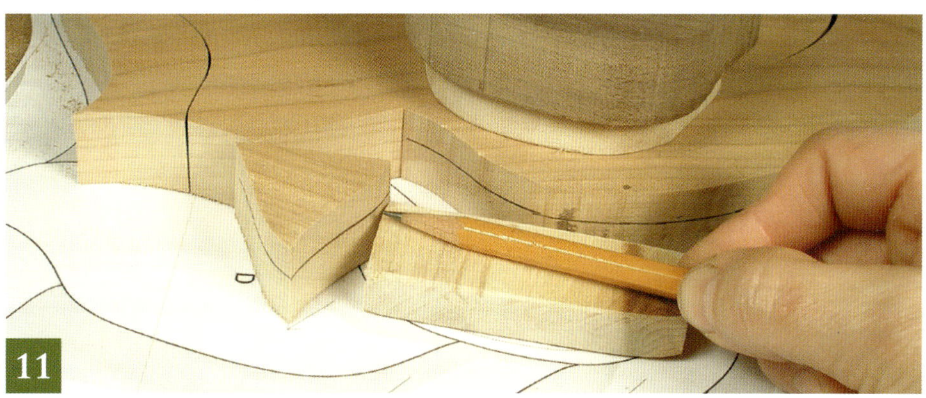

11

Markieren Sie die Höhe der Unterlegscheibe an allen Teilen, die an die unterlegten Teile angrenzen. Nehmen Sie dazu einen Rest von der Unterlegscheibe. Die Teile dürfen nur bis zu dieser Markierung abgeschliffen werden, sonst ist die Unterlegscheibe sichtbar.

2. ABSCHNITT: SCHRITT-FÜR-SCHRITT-ANLEITUNG – PFERD

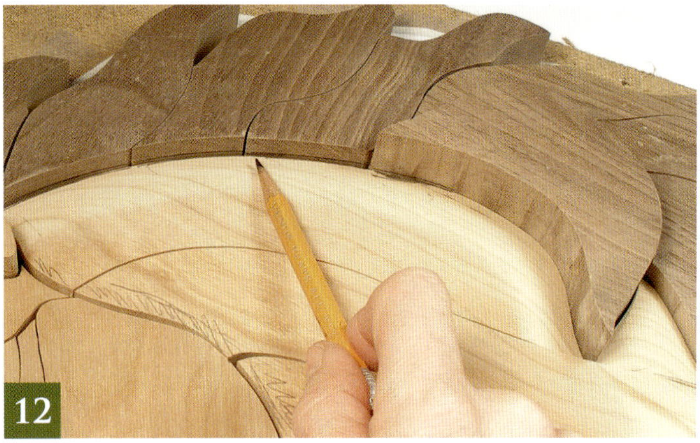

12

Schleifen Sie zuerst Teil 27 (Hals) in Form. Runden Sie die Kanten ab, ohne dabei unter die Markierung zu geraten. Schleifen Sie Teil 26, 35 und 37, ebenfalls bis zur Linie. Markieren Sie an der Mähne (Nr. 28–31) die Höhe des Halses (siehe Foto). Beginnen Sie die Mähne in Form zu schleifen (siehe Schattierungen auf der Vorlage).

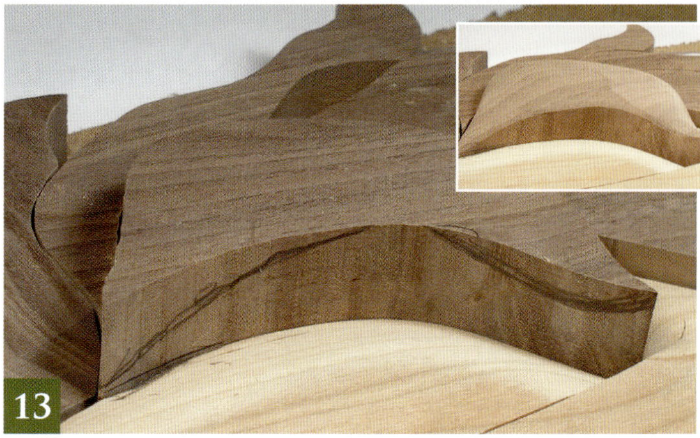

13

Markieren Sie den höchsten unterlegten Teil (Nr. 33). Schleifen Sie ihn dort, wo er an den Hals angrenzt, verlaufend bis zur Höhe des Halses ab. Runde, fließende Übergänge zwischen höher und tiefer liegenden Teilen verstärken die 3-D-Wirkung.

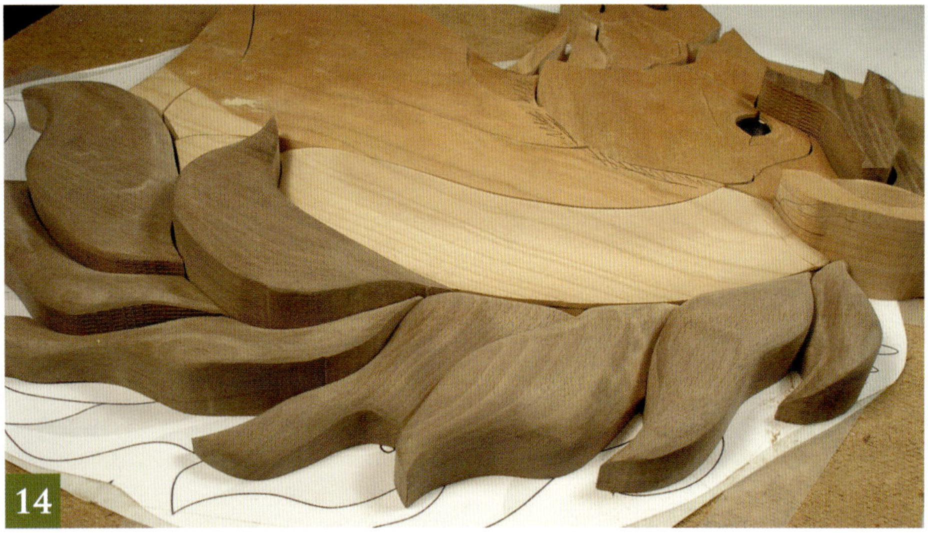

14

Jeder Teil der Mähne soll stark nach unten abfallen. Dadurch wirkt der jeweils benachbarte Teil höher und es entstehen Schatten, die die Tiefenwirkung unterstreichen. Achten Sie darauf, nicht „bis zum Nullpunkt" herunterzuschleifen und die Unterlegscheibe nicht freizulegen.

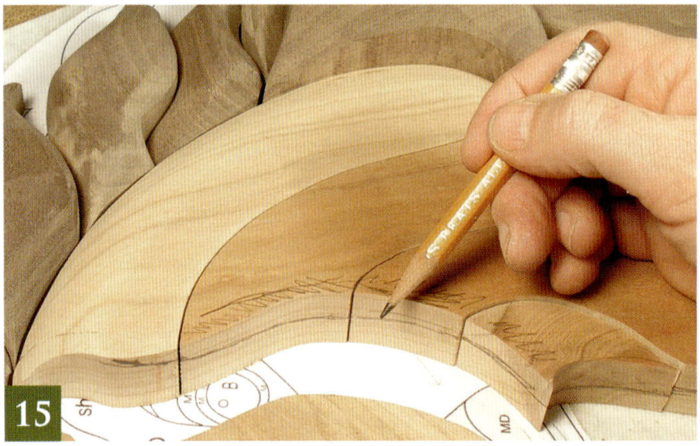

15

Schleifen Sie die Kante von Teil Nr. 37, sodass sie allmählich verlaufend abfällt. Markieren und schleifen Sie Nr. 24–27, sodass sie tiefer zu liegen scheinen als die Wange (Nr. 23).

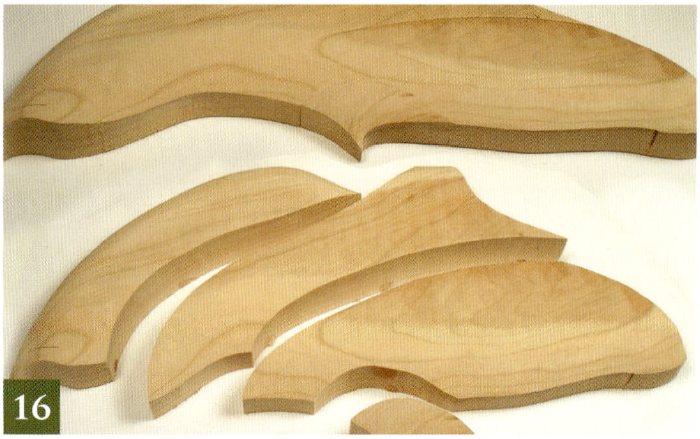

16

Kleben Sie die Hals-Teile provisorisch mit CA-Kleber zusammen (siehe 9. und 17. Übung). Markieren und schleifen Sie den zusammengeklebten Halsbereich, lösen Sie die Teile voneinander und schleifen Sie jeden Teil an den Kanten leicht ab.

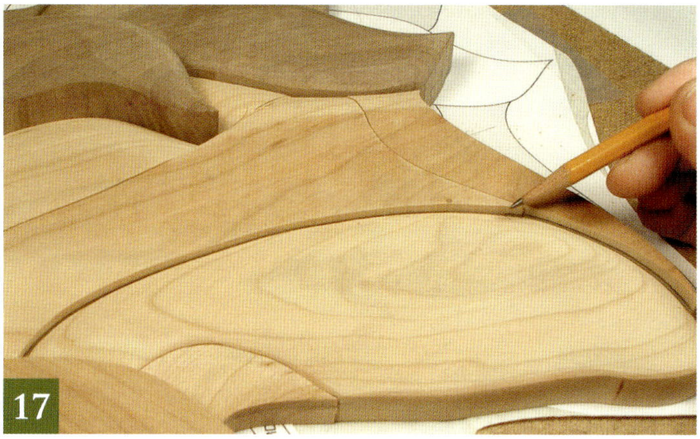
17

Legen Sie jeden Hals-Teil nach dem Schleifen wieder an seinen Platz und markieren Sie seine Höhe an den angrenzenden Teilen. Alle Teile sollen eine geschwungene Form haben und durch schöne durchgängige Linien voneinander getrennt sein.

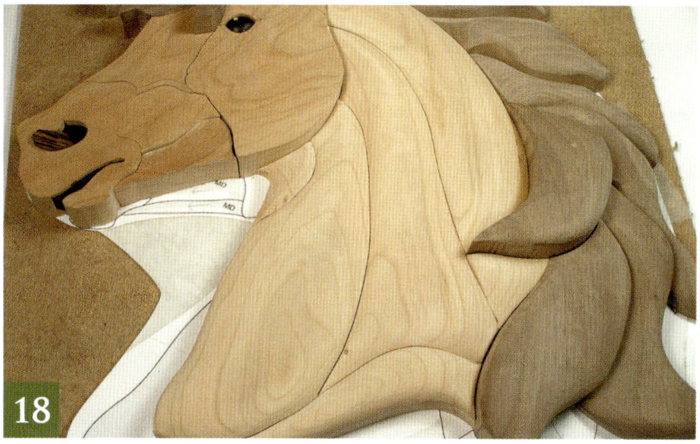
18

Legen Sie die fertig geschliffenen Teile des Halses und der Mähne auf der Arbeitsplatte auf und überprüfen Sie, ob Sie mit dem Gesamteindruck zufrieden sind. Als Nächstes kommt der Kopf an die Reihe.

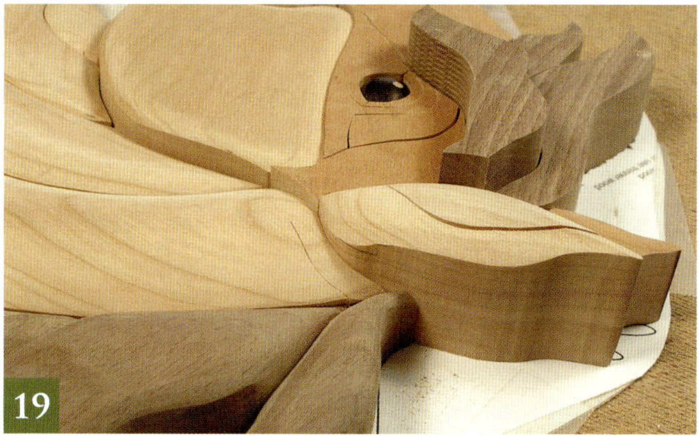
19

Schleifen Sie die Wange flach und runden Sie nur die Kanten leicht ab. Runden Sie die Ohren ab und verjüngen Sie sie von der Spitze herunter bis fast auf die Höhe des Halses. Nehmen Sie das Ohreninnere (Nr. 8) heraus und schleifen Sie es um ca. 6 mm ab.

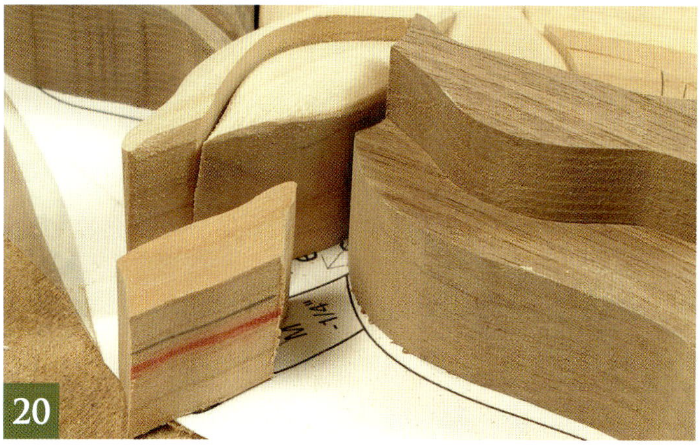
20

Markieren Sie die Höhe der Unterlegscheibe des vorderen (angehobenen) Ohres am hinteren Ohr (Nr. 10) mit einer roten Linie. Schleifen Sie das hintere Ohr (= niedrigster Teil der Arbeit) in Form (ohne dabei unter die rote Linie zu geraten) und setzen Sie es an seinen Platz.

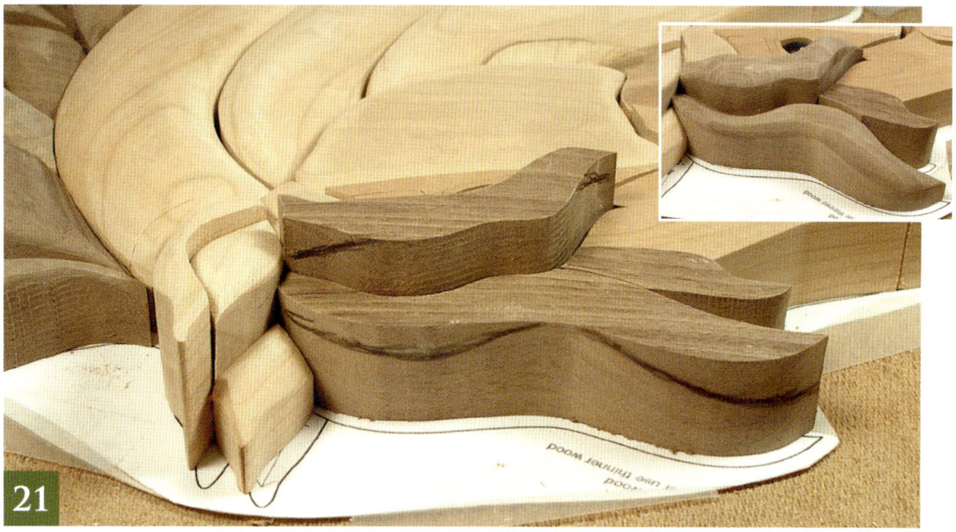
21

Bringen Sie an den Teilen der Stirnlocke (Nr. 11–13) Markierungen zum Abschleifen an. Markieren Sie auf Nr. 11 und 12 unbedingt die Höhe der Unterlegscheibe von Nr. 13, damit Sie nicht zu tief herunterschleifen. Runden Sie die Kanten ab.

2. ABSCHNITT: SCHRITT-FÜR-SCHRITT-ANLEITUNG – PFERD

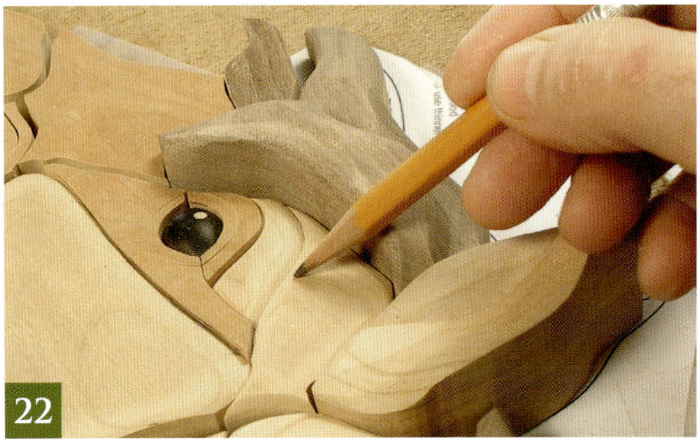

Schleifen Sie die Teile Nr. 6 und 7 ab – runden Sie dabei nur die Kanten ab. (Markieren Sie die Höhe jedes fertig abgeschliffenen Teils, den Sie auf seinen Platz zurücklegen, an den benachbarten Teilen als Orientierungshilfe beim Schleifen.)

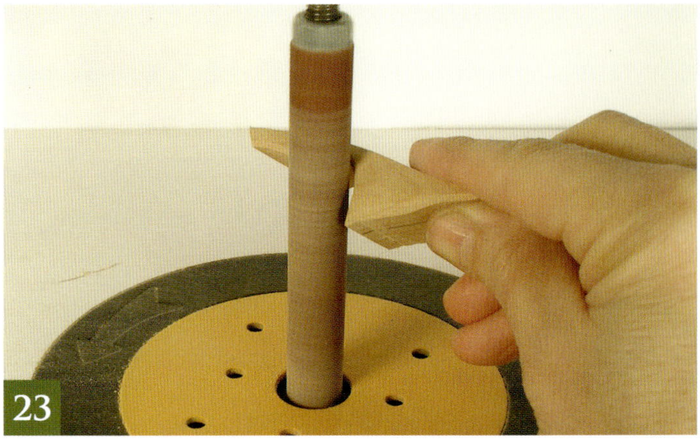

Runden Sie auch die anderen Teile um das Auge ab. Nehmen Sie dazu eine Spindelschleifmaschine oder ein Multifunktionswerkzeug, um alle Innenkanten zu erreichen. Legen Sie jeden Teil während des Schleifvorganges mehrmals zurück und überprüfen Sie seine Höhe im Vergleich zu den anderen Teilen.

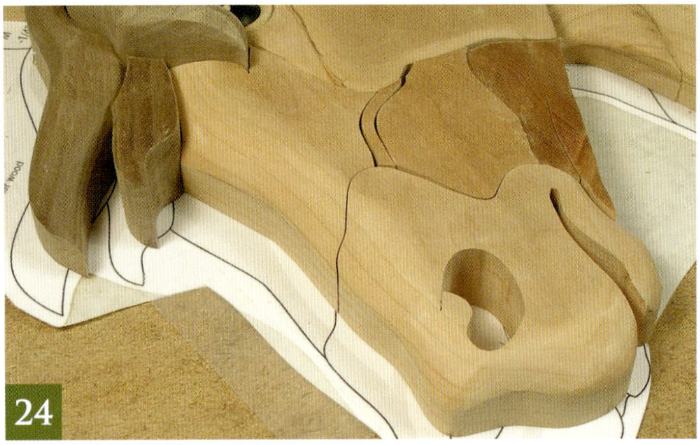

Kleben Sie Teil Nr. 14 und 17 (Nase) mit einigen Tropfen CA-Kleber provisorisch zusammen und runden Sie die gesamte Oberseite der Nase ab. So erhält sie eine gleichmäßig verlaufende seitliche Kontur. Lösen Sie die Teile nach dem Schleifen wieder voneinander.

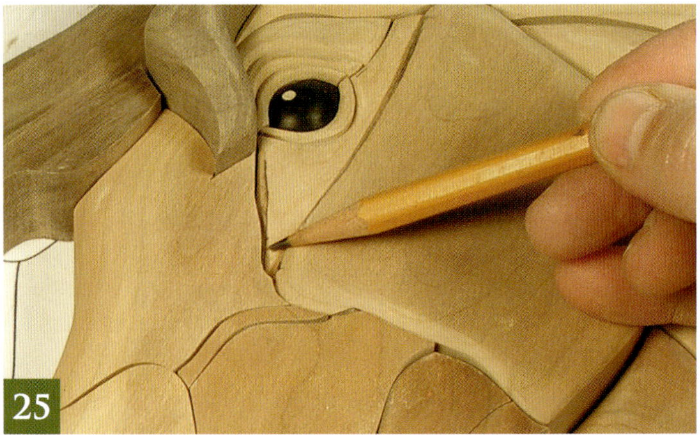

Markieren Sie die Kante von Teil Nr. 14, wo sie Teil Nr. 5 berührt. Runden Sie Teil Nr. 14 bis zur Markierungslinie ab. Runden Sie auch Teil 12 (Stirnlocke) ab.

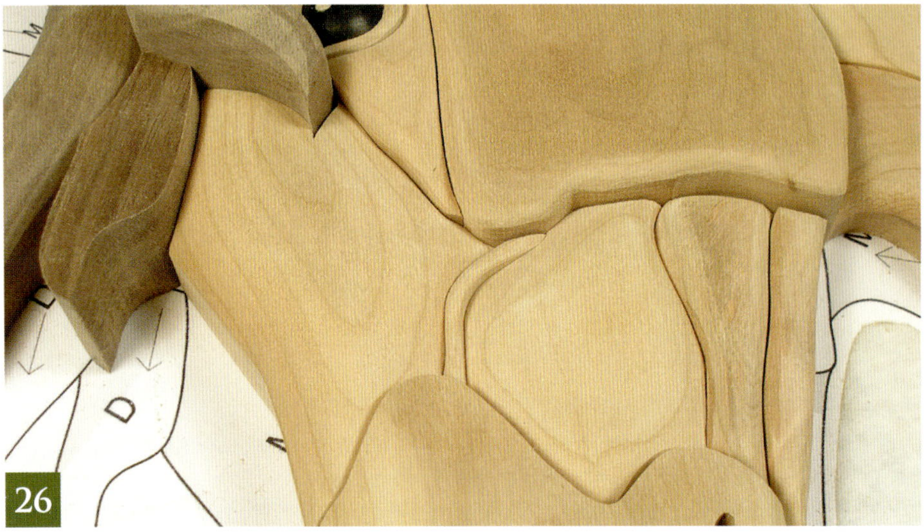

Schleifen Sie Teil Nr. 15, 16, 21 und 22 in Form. Markieren Sie auch hier die Höhe jedes fertig abgeschliffenen Teils an den benachbarten Teilen.

Runden Sie die Kanten von Teil 17 (Nase) ab. Nehmen Sie eine Spindelschleifmaschine oder ein Multifunktionswerkzeug mit einer Schleifhülse oder einem Fräser zum Abrunden des Nasenlochs und der Innenseite des Mauls.

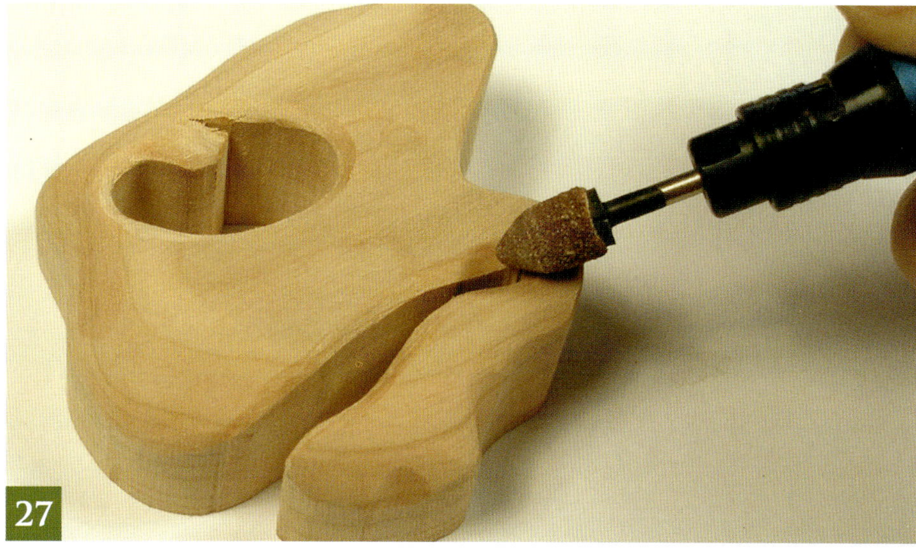

27

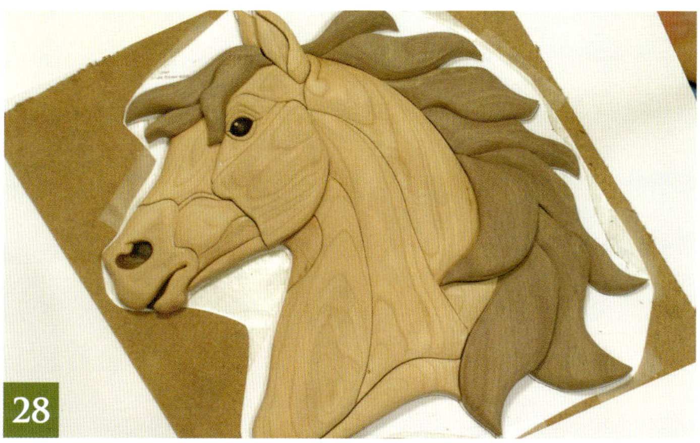

28

Legen Sie alle Teile auf und überprüfen Sie die Passgenauigkeit. Wenn nötig, schneiden oder schleifen Sie die nicht zusammenpassenden Teile nach.

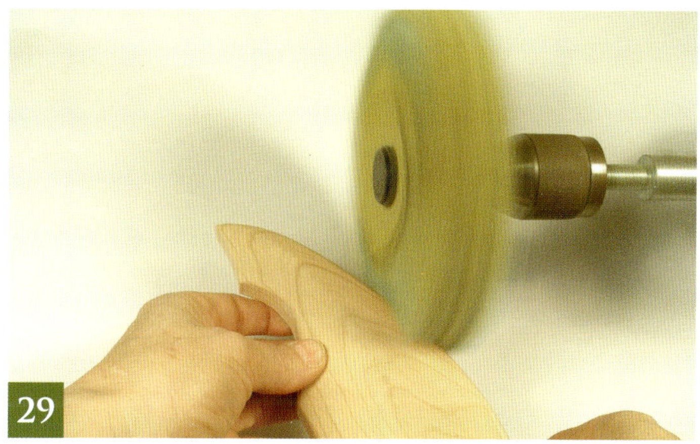

29

Schleifen Sie alle Teile mit dem Schleifmop. Ich verwende zuerst einen Schleifmop mit 150er- und dann einen zweiten mit 220er-Körnung. Beim Schleifen von Kirschholz stellen Sie eine niedrige Drehzahl ein, um Brandspuren zu vermeiden.

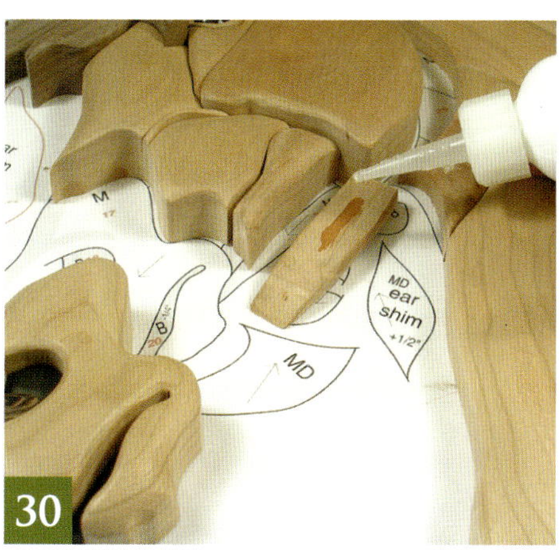

30

Ich klebe meist mit CA-Kleber ohne Beschleuniger, um mehr Zeit zum genauen Zusammenfügen zu haben. Kleben Sie zuerst die Nasenpartie (Nr. 14–22).

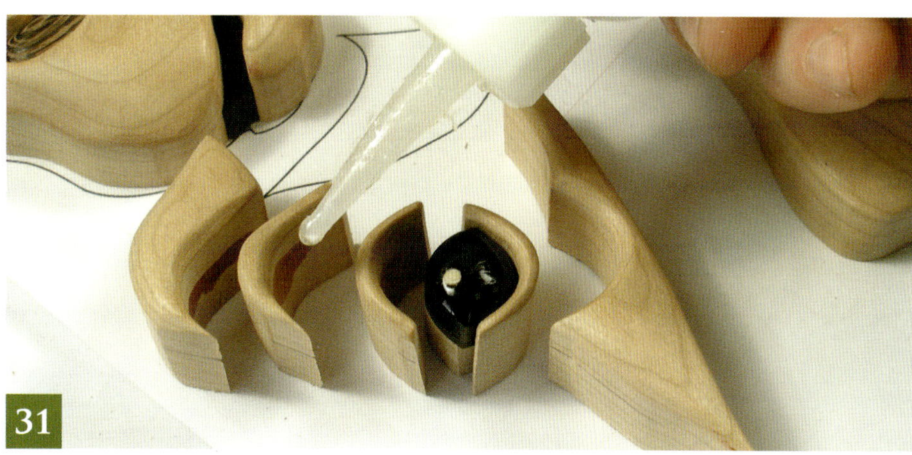

31

Drücken Sie die geklebten Teile immer fest aufeinander, lassen Sie den Kleber ca. 5 Minuten anziehen und legen Sie die Teile auf die Vorlage. Kleben Sie als Nächstes Nr. 1, 2 und 4–6 zusammen. Setzen Sie das Auge (Nr. 3) ein (nicht festkleben, dies geschieht ganz zuletzt!). Kleben Sie Nr. 7 und 23 zusammen.

2. ABSCHNITT: SCHRITT-FÜR-SCHRITT-ANLEITUNG – PFERD

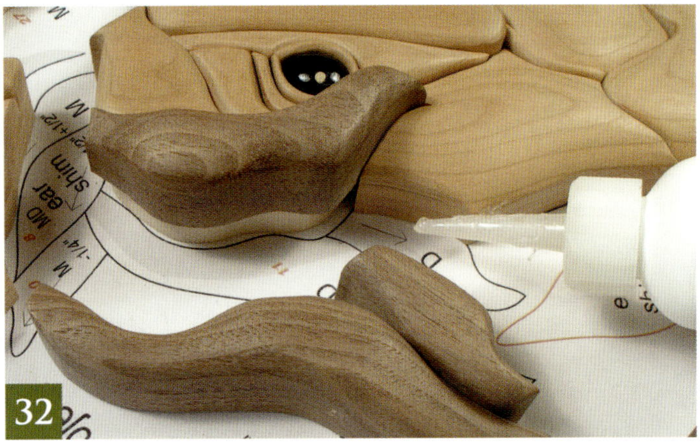

Kleben Sie die Teile der Stirnlocke (Nr. 11–13) und danach die Ohren (Nr. 8–10) an. Nun ist der Kopf fertig zusammengeklebt. Lassen Sie den Kleber anziehen.

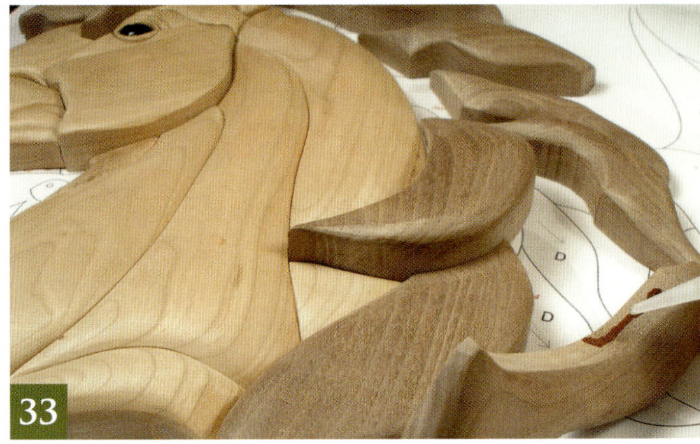

Kleben Sie die Teile des Halses (Nr. 24–27, 35, 37) zusammen. Lassen Sie den Kleber trocknen, bevor Sie die Mähne (Nr. 28–34, 36) ankleben. Arbeiten Sie dabei von unten (Nr. 36) nach oben. Arbeiten Sie schnell, damit Sie Zeit haben, die Position vor dem Trocknen des Klebers zu korrigieren.

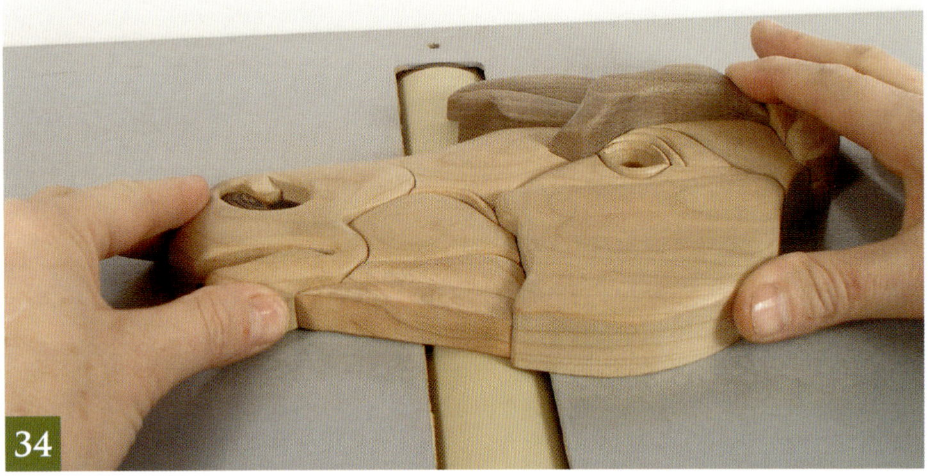

Schleifen Sie die Rückseite des Kopfes und des Halses plan ab. Entfernen Sie dabei alle Unebenheiten, Kleber- und Papierreste von der Rückseite.

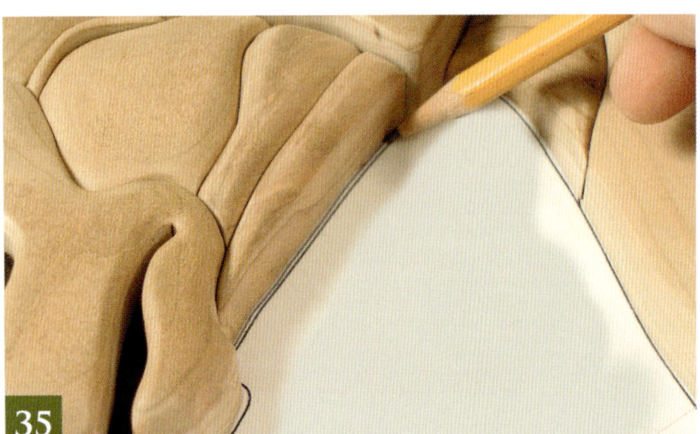

Kleben Sie Kopf und Hals mit CA-Kleber zusammen und schleifen Sie die Rückseite nochmals plan ab. Legen Sie das Werkstück auf die Vorlage für die Trägerplatte und fahren Sie alle verschobenen Umrisslinien nach. Entfernen Sie mit dem Schleifmop vorsichtig alle Bleistiftspuren von den Seitenflächen.

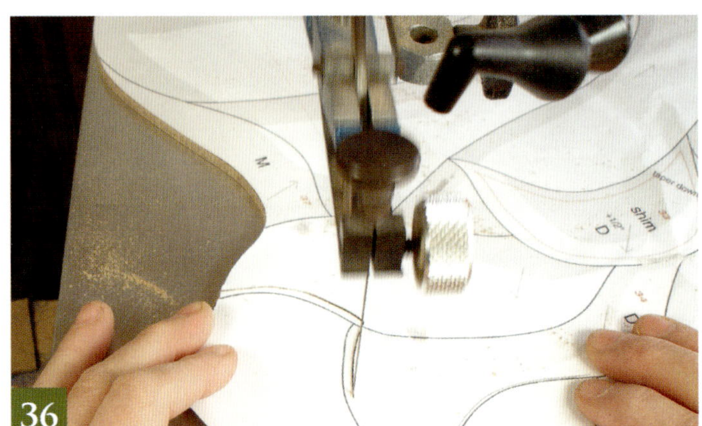

Als Trägerplatte verwende ich 6 mm starkes Masonit und klebe die Vorlage auf die raue Seite, sodass die glatte Seite die Rückseite bildet. Sägen Sie mit einem Sägeblatt mit Gegenzähnen knapp innerhalb der Umrisslinie. Schrägen Sie die Kante nach Wunsch ab, indem Sie die Säge kippen.

Damit das fertige Stück ganz professionell aussieht, besprühen Sie die Rückseite der Trägerplatte mit Farbe.

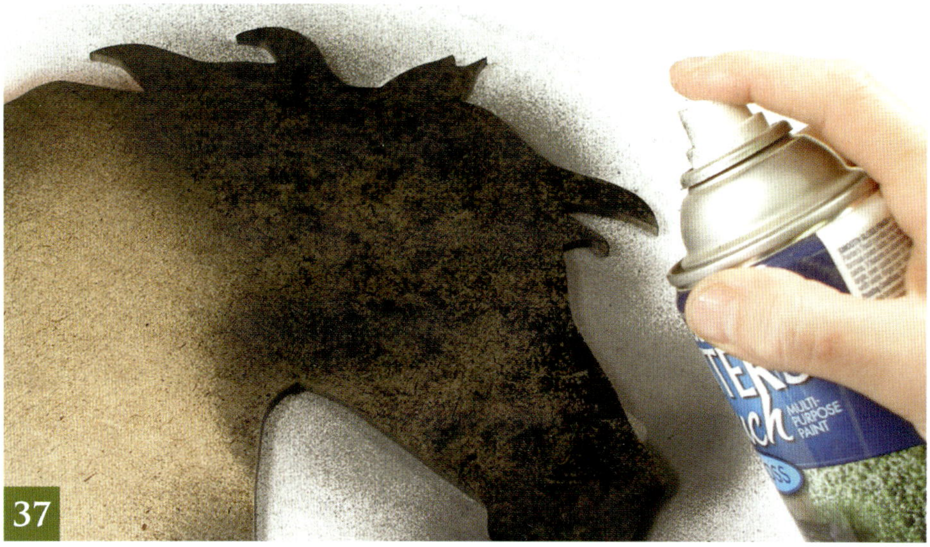

37

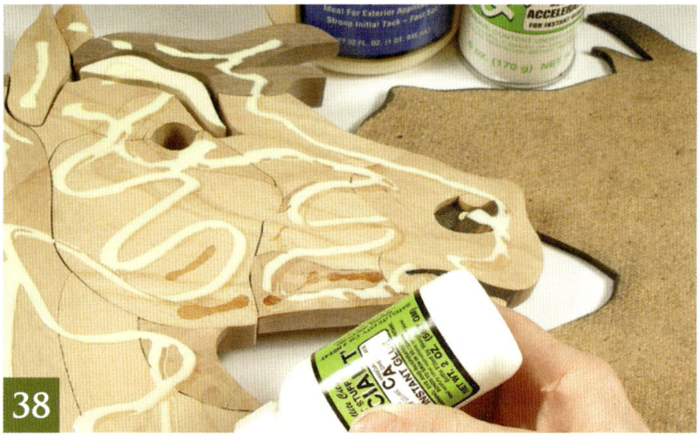

38

Sprühen Sie die Trägerplatte mit Kleberbeschleuniger ein; bringen Sie Holzleim und CA-Kleber auf die Rückseite der Intarsienarbeit auf. Richten Sie die Trägerplatte mittig aus und kleben Sie sie an. Halten Sie sie eine Minute lang auf dem Werkstück fest, dann drehen Sie das Ganze um und drücken Sie von oben darauf, damit der Kleber hält.

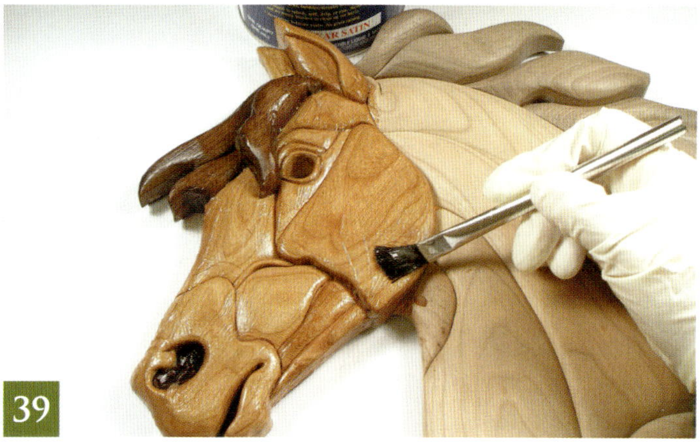

39

Tragen Sie mit dem Pinsel zunächst nur auf den Kopf eine dicke Schicht farbloses Holzgel auf. Wischen Sie das überschüssige Gel mit einem Lappen ab. Behandeln Sie die Halsteile ebenso. Tragen Sie das Holzgel nie auf eine zu große Fläche auf – es trocknet schnell und ist dann schwer abzuwischen.

Pusten Sie die Gelreste mit einer Ausblaspistole oder Druckluftdose aus den Ritzen. Wischen Sie die ganze Arbeit Stück für Stück trocken ab. Lassen Sie sie über Nacht trocknen, wischen Sie sie nochmals mit einem gelgetränkten und dann mit einem trockenen Lappen ab und lassen Sie sie nochmals über Nacht trocknen. Kleben Sie das lackierte Auge ein. Bringen Sie einen Bilderhaken an.

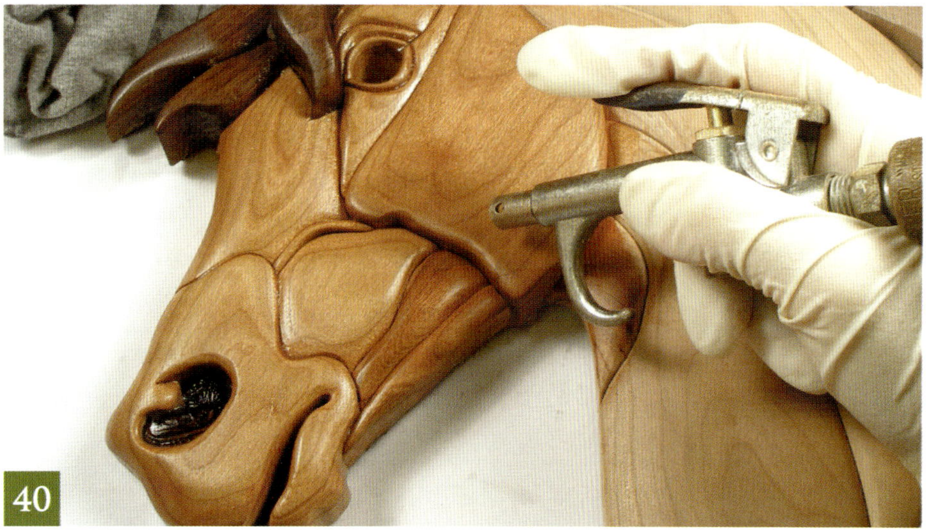

40

Frosch

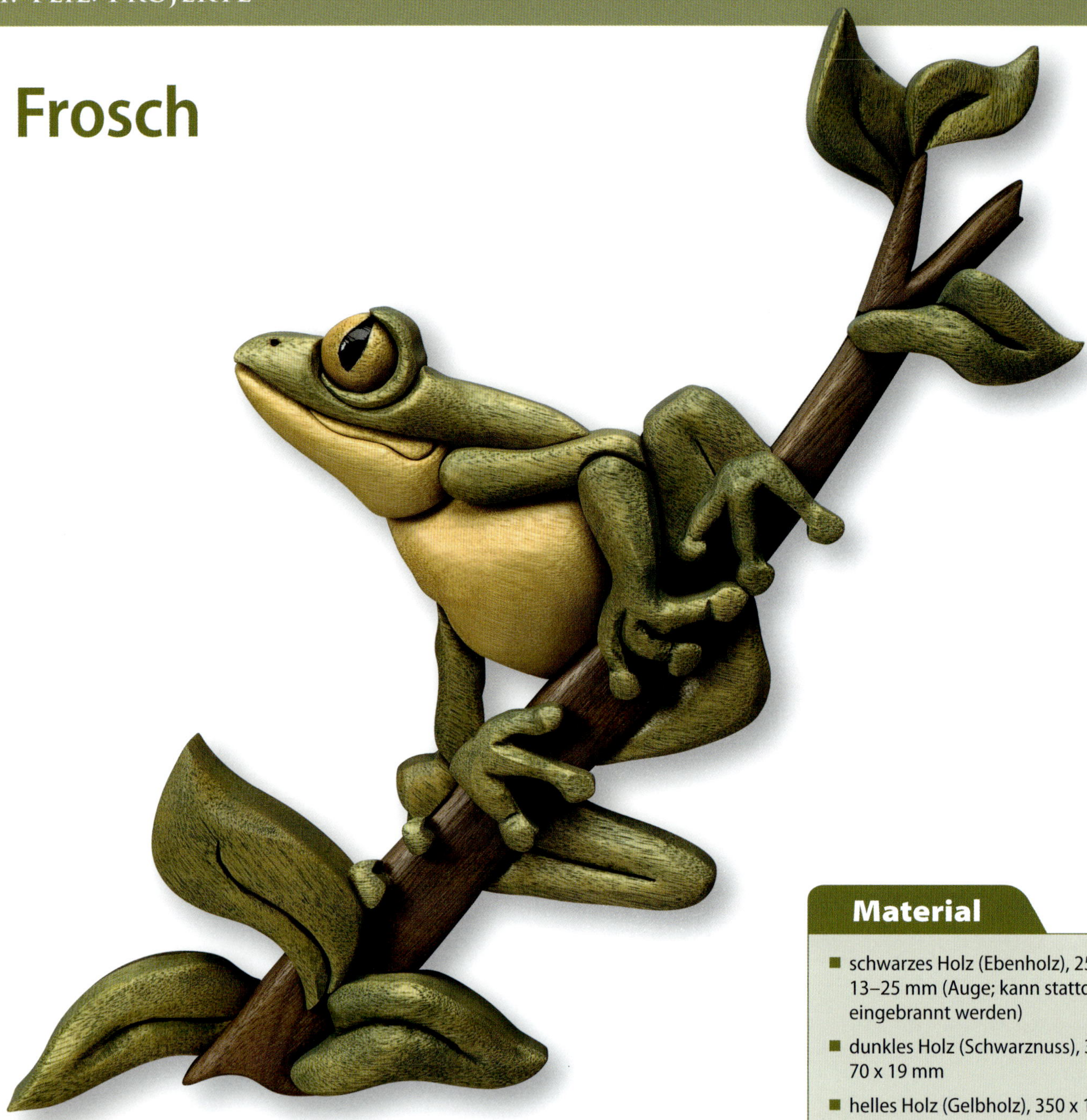

Material

- schwarzes Holz (Ebenholz), 25 x 25 x 13–25 mm (Auge; kann stattdessen eingebrannt werden)
- dunkles Holz (Schwarznuss), 300 x 70 x 19 mm
- helles Holz (Gelbholz), 350 x 150 x 25 mm (gelbe und grüne Bereiche)

Tipps

- Diese Arbeit wurde aus einem Stück Schwarznuss und einem Stück Gelbholz hergestellt. Für die grünen Bereiche wurde das Gelbholz gebeizt.
- Die Teile Nr. 9, 12, 14, 18 und 19 werden als Overlays auf den Zweig aufgeklebt.
- Schrägen Sie den Zweig an den Kanten leicht ab und lassen Sie die Mitte flach. Der fertige Zweig ist nur etwa 13 mm dick.
- Formen Sie die Extremitäten (Overlays) mit einem Multifunktionswerkzeug. Auch die fertigen Füße sind nur etwa 13 mm dick.
- Überziehen Sie die Blätter und die grünen Bereiche des Froschkörpers dünn mit einer Beize oder Lasur Ihrer Wahl und lassen Sie sie über Nacht trocknen. Sie können für diese Teile auch Lebensbaumholz oder anderes grünes Holz nehmen.
- Einen gesprenkelten Frosch können Sie aus Schlangenholz oder Seideneiche herstellen.
- Zusätzliche Details (Rinde, Blätter, Froschhaut) können Sie mit dem Brandmalgerät gestalten.
- Schneiden Sie wie gewohnt eine passende Trägerplatte zu oder montieren Sie die Intarsienarbeit auf einer gerahmten ovalen oder viereckigen Trägerplatte.
- Um Ihre Fertigkeiten im Zusammenbau von Einzelteilen zu perfektionieren, versuchen Sie das Projekt ohne Overlays zu gestalten!

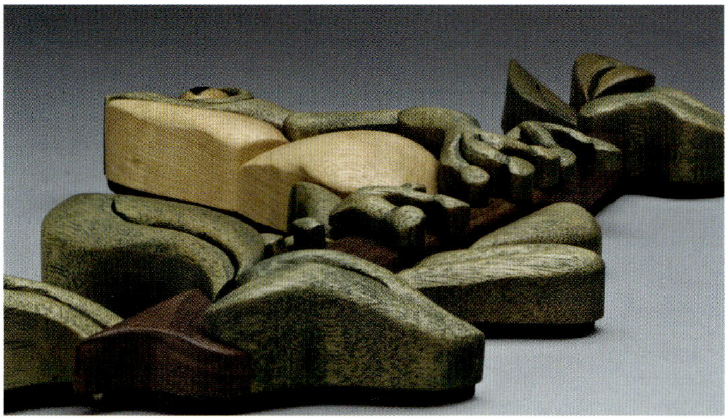

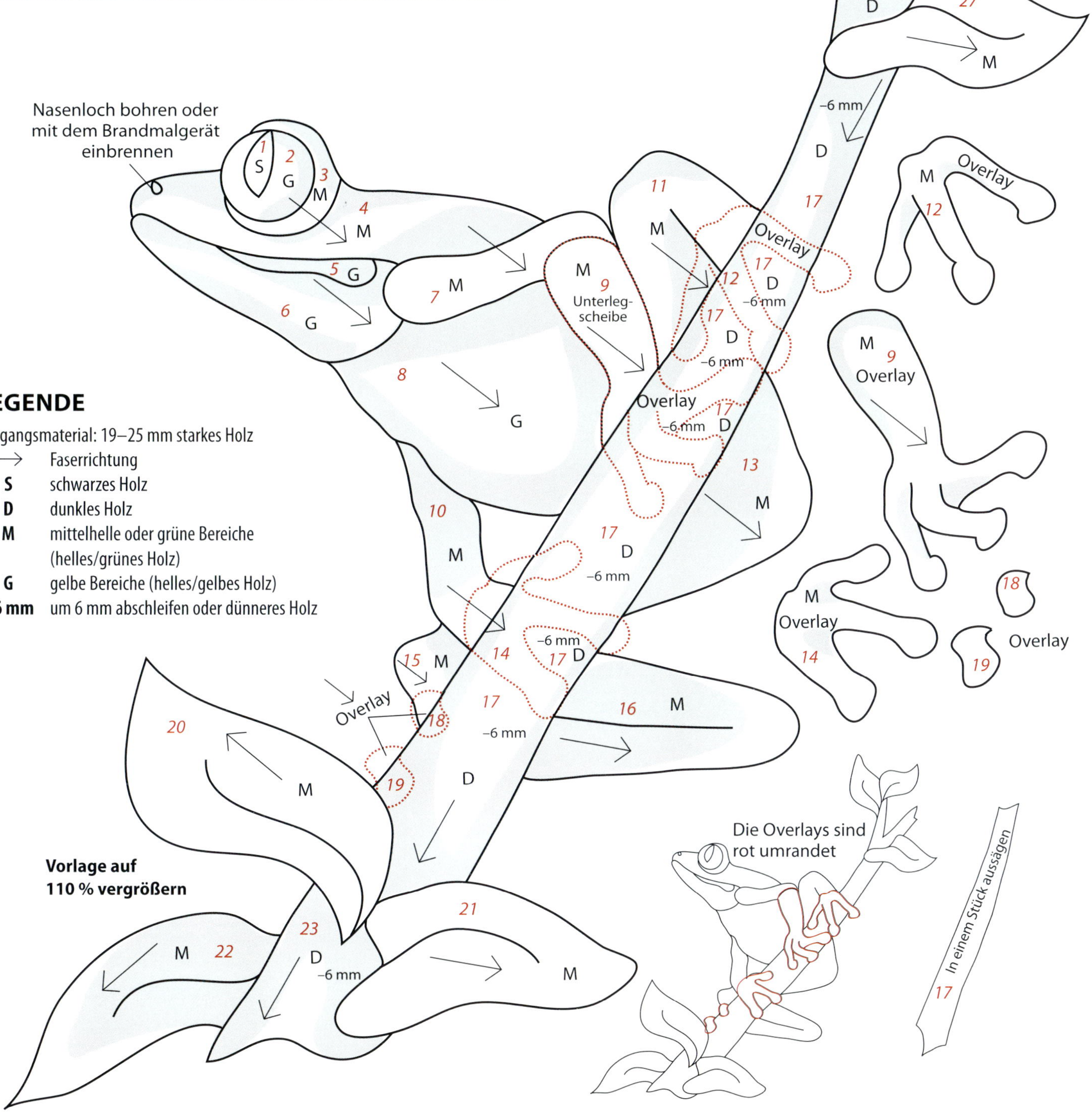

LEGENDE

Ausgangsmaterial: 19–25 mm starkes Holz

⟶	Faserrichtung
S	schwarzes Holz
D	dunkles Holz
M	mittelhelle oder grüne Bereiche (helles/grünes Holz)
G	gelbe Bereiche (helles/gelbes Holz)
–6 mm	um 6 mm abschleifen oder dünneres Holz

Leucht-turm

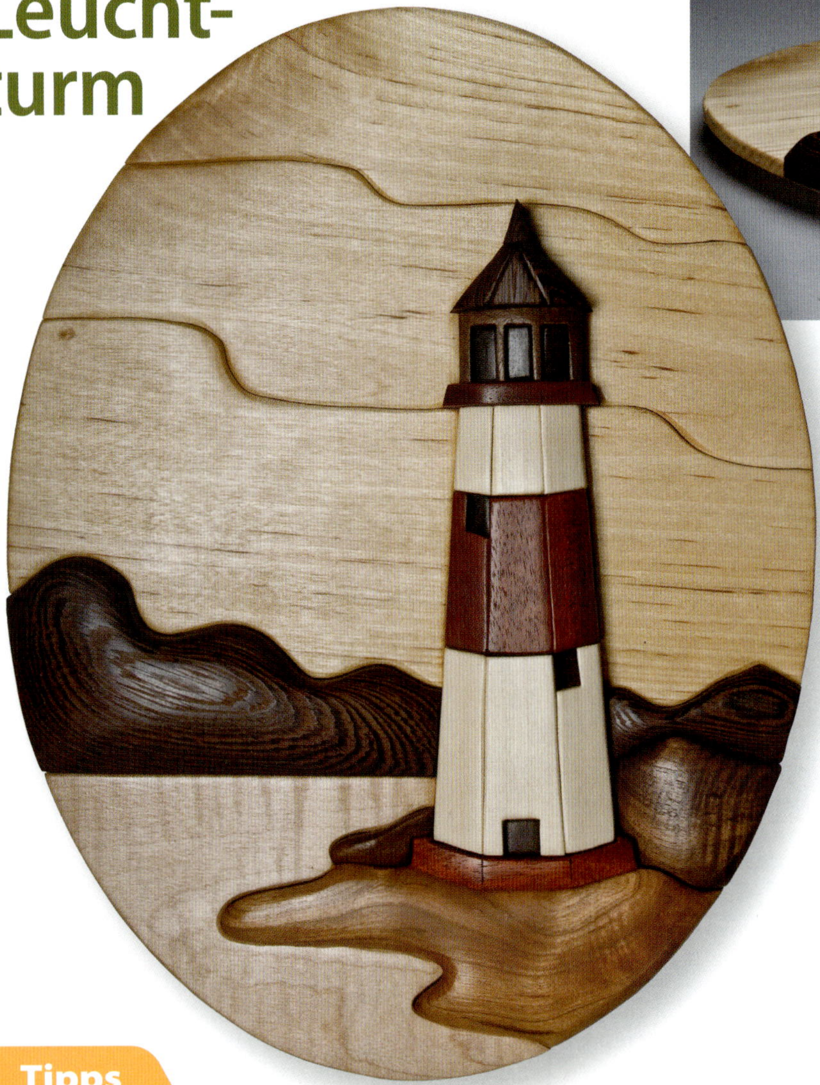

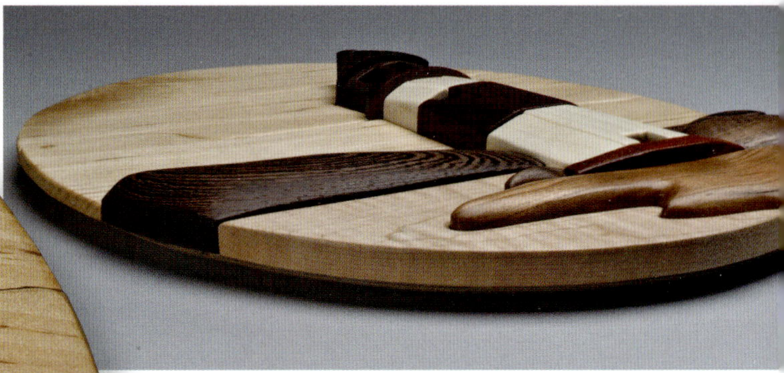

Material

- schwarzes Holz (Ebenholz), 50 x 50 x 13 mm
- dunkles Holz (Wenge), 330 x 170 x 25 mm
- tiefbraunes Holz (Schwarznuss), 120 x 120 x 25 mm
- mittelhelles Holz (Wölkchenahorn), 200 x 150 x 13 mm
- rötlich-braunes Holz (Kirsch), 180 x 75 x 25 mm
- rotes Holz (Bluthoz), 150 x 120 x 25 mm
- helles Holz (Birke), 290 x 250 x 6 mm
- weißes Holz (Pappel), 150 x 100 x 25 mm

Tipps

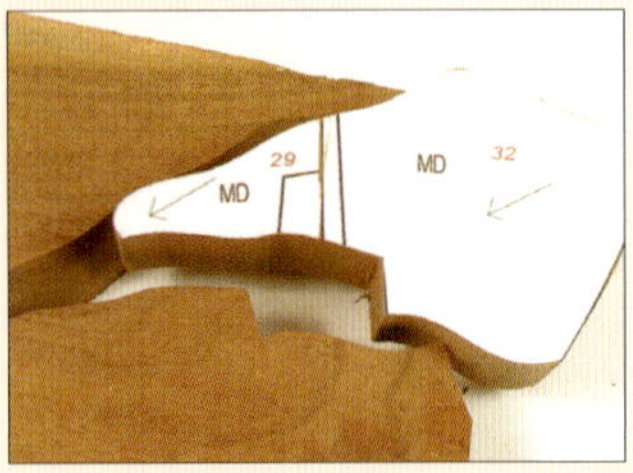

Betrachten Sie die beiden Teile des Hügels hinter dem Leuchtturm (Nr. 29 und 32) als Einheit. Platzieren Sie die Vorlageteile nebeneinander auf einem Rohling, als ob der Leuchtturm nicht dazwischen wäre. Die Maserung der beiden Teile muss zusammenpassen, sonst leidet der Gesamteindruck.

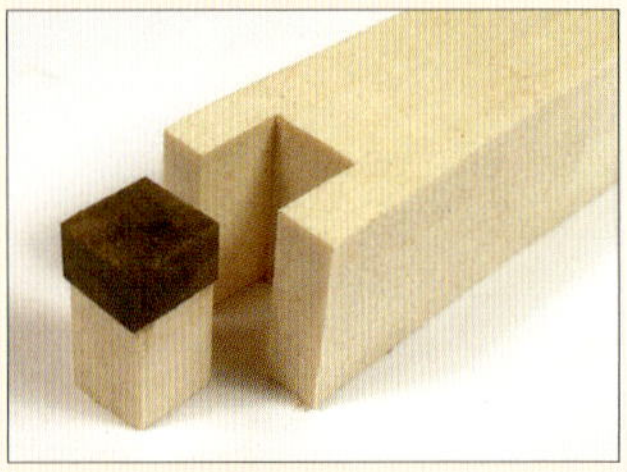

Heben Sie beim Aussägen der Fenster alle ausgeschnittenen Abfallbereiche auf. Sie können sie abschleifen und als Unterlegscheiben für die 13 mm starken „Fenster" aus Ebenholz verwenden.

- Für den Himmel habe ich ein Stück Birkenholz verwendet. Es weist ein paar dunkle Fleckchen auf, die aber nicht störend wirken.
- Für die Wasserfläche hatte ich ein sehr schönes Stück Wölkchenahorn mit besonders gut passenden Maserungsdetails zur Verfügung. In der Materialliste sind zwar die Maße 200 x 150 mm angegeben, Sie brauchen aber zumindest ein größeres Brett, um einen Bereich mit einem geeigneten Maserungsbild auszuwählen.
- Der Hügel im Vordergrund ist aus einem Stück Kirschholz gearbeitet, dessen Maserung ebenfalls besonders interessant ist.
- Platzieren Sie die Vorlageteile Nr. 26 und 27 nebeneinander auf einem Rohling.
- Schleifen Sie die Seitenwände des Leuchtturms in einem steilen Winkel zur Mittelfläche hin ab.
- Lassen Sie die Leuchtturm-Teile – noch ungeklebt – an ihrem Platz liegen, während Sie die übrigen Teile ankleben – so lässt sich der Leuchtturm nachher problemlos einpassen.

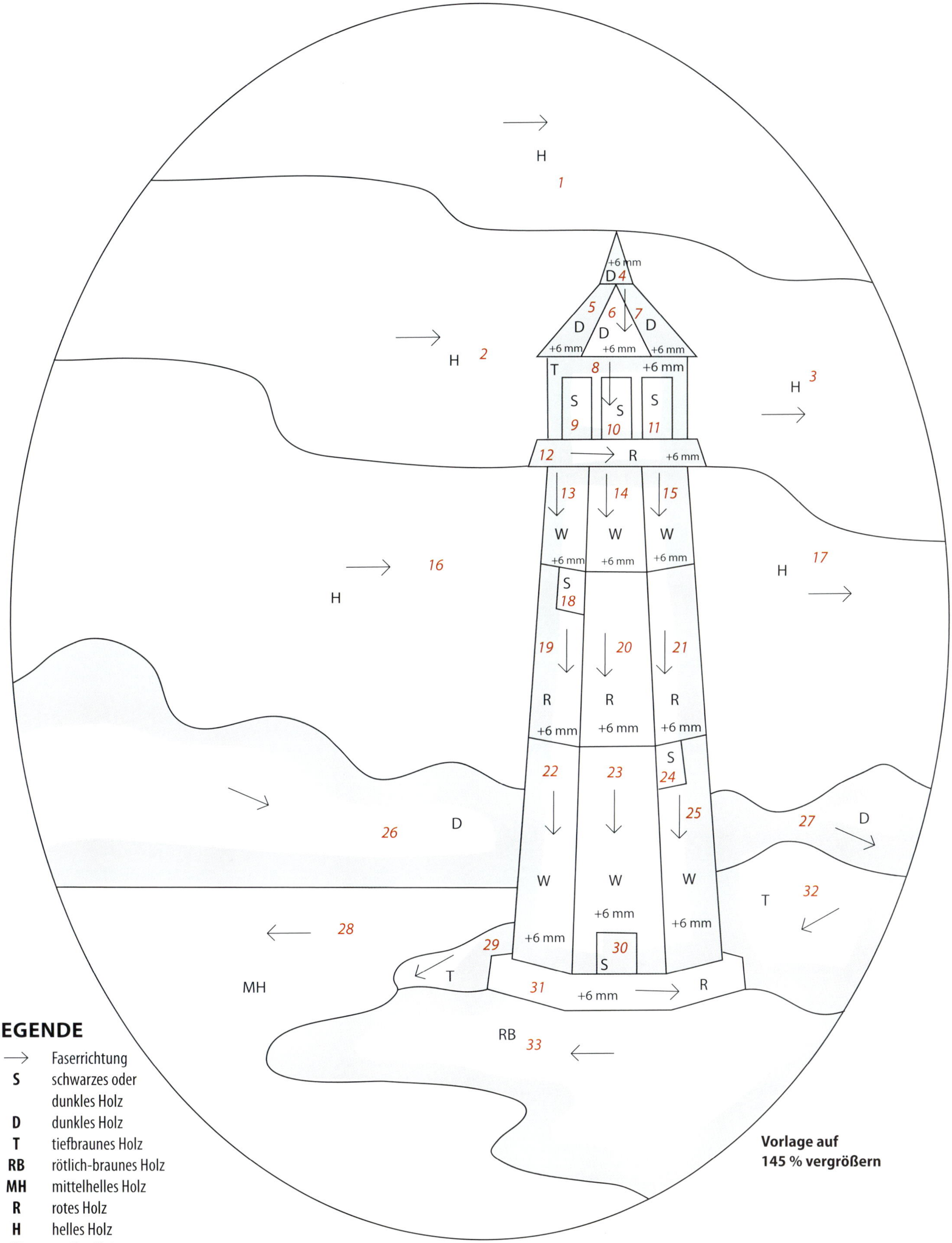

LEGENDE

→	Faserrichtung
S	schwarzes oder dunkles Holz
D	dunkles Holz
T	tiefbraunes Holz
RB	rötlich-braunes Holz
MH	mittelhelles Holz
R	rotes Holz
H	helles Holz
W	weißes Holz
+6 mm	um 6 mm stärkeres Holz oder Unterlegscheibe verwenden

Vorlage auf 145 % vergrößern

Sonnenblume

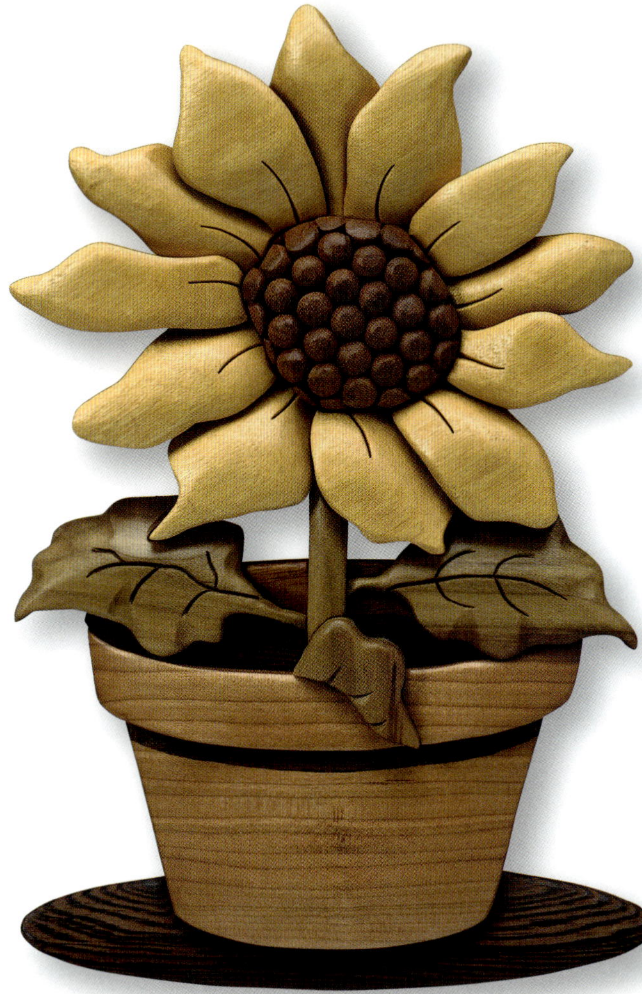

Material

- dunkles Holz (Wenge), 75 x 255 x 6 mm
- tiefbraunes Holz (Mahagoni), 75 x 75 x 6 mm
- mittelbraunes Holz (Silberpappel), 200 x 150 x 19 mm
- rötlich-braunes Holz (Kirsche), 200 x 130 x 25 mm
- gelbes Holz (Gelbholz), 200 x 200 x 25 mm
- Schwarznussdübelstange, 1015 mm lang, 10 mm Ø, oder dunkles Holz (Schwarznuss), 75 x 70 x 25 mm

Tipps

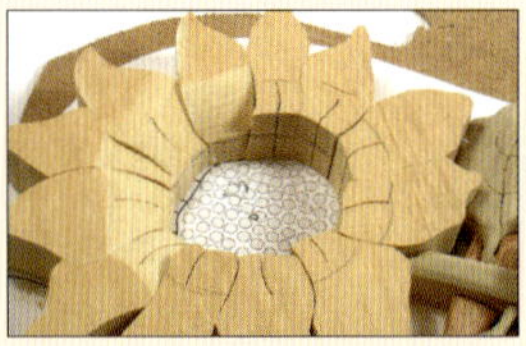

Markieren Sie bei allen Blütenblättern die innere Seitenfläche 13 mm unterhalb der Oberkante und die Oberfläche 25 mm von der Innenkante entfernt. Schleifen Sie sie zwischen den zwei Markierungen verlaufend ab – aber nicht tiefer als der Stängel oder die Laubblätter.

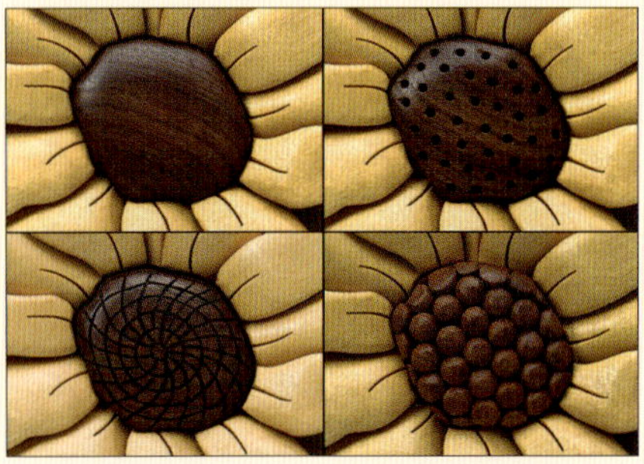

Lassen Sie die Blütenmitte glatt oder gestalten Sie sie mit dem Brandmalgerät, mit Bohrlöchern oder Dübeln. Die Dübel-Variante ist am aufwendigsten, wirkt aber auch am schönsten.

- Verjüngen Sie die Ränder von Teil 28 zum Hintergrund hin.
- Vorsicht beim nahtlosen Farbübergang am Blumentopf (Nr. 26 und 27): Verjüngen Sie den Topf an der rechten und linken Kante, sodass er rund aussieht. Schleifen Sie unterhalb des Randes ca. 6 mm ab, damit der Rand näher am Betrachter erscheint.
- Runden Sie den äußersten Rand der „Erde" und den hinteren Rand des Topfes ab. Verjüngen Sie den Topfrand knapp unterhalb der „Erde".
- Die Laubblätter sollen von der mittleren Blattader nach beiden Seiten schräg abfallen. Nehmen Sie am oberen Rand der Laubblätter unter den überlappenden Blütenblättern mehr Holz weg. Schleifen Sie konkave Wellen in die Laubblätter, um ihnen ein faltiges Aussehen zu geben. Dazu eignet sich ein Multifunktionswerkzeug oder eine Spindelschleifmaschine mit einer 13-mm-Schleifhülse.
- Kleben Sie zuerst die Teile Nr. 26, 27 und 28 mit CA-Kleber zusammen. Dann kleben Sie den Topfrand (Nr. 24 und 25), die Laubblätter (Nr. 16, 18 und 23), den Stängel (Nr. 14), die Erde (Nr. 15, 17, 19–22) und zwei Blütenblätter (Nr. 7 und 8) an. Nun kleben Sie, an einer Seite beginnend, reihum ein Blütenblatt nach dem anderen fest.
- Ziehen Sie entlang der Innenkante der Blütenblätter einen neuen Umriss für die Blütenmitte (dies ist notwendig, weil sich ihre Größe durch die Sägeschlitze verändert hat). Bei der Verwendung eines Walnussholzstücks können Sie die Blütenmitte glatt lassen, mit Bohrlöchern oder mit dem Brandmalgerät verzieren. Wenn Sie Dübelstangen verwenden, sägen Sie eine 6 mm starke Unterlegscheibe aus Sperrholz aus, die exakt in die Mitte passt. Ich empfehle 25 mm lange Abschnitte einer 10 mm starken Dübelstange. Runden Sie sie oben ab und kleben Sie sie auf die Unterlegscheibe. Schneiden und schleifen Sie den Rand passend zur Form der Unterlegscheibe zurecht.

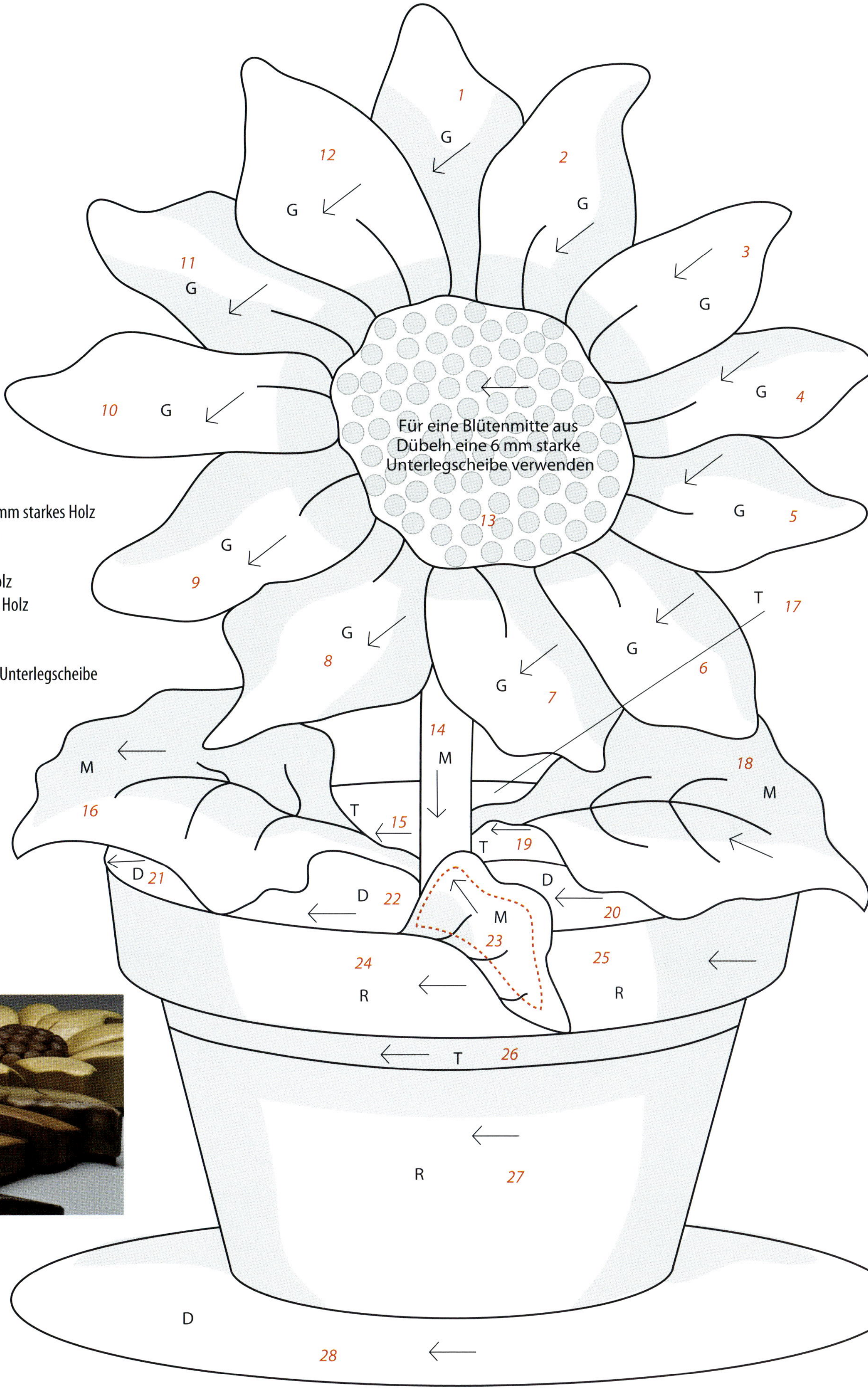

LEGENDE

Ausgangsmaterial: 25 mm starkes Holz

- → Faserrichtung
- **D** dunkles Holz
- **T** tiefbraunes Holz
- **M** mittelbraunes Holz
- **R** rotes Holz
- **G** gelbes Holz
- - - - - - 10 mm starke Unterlegscheibe verwenden

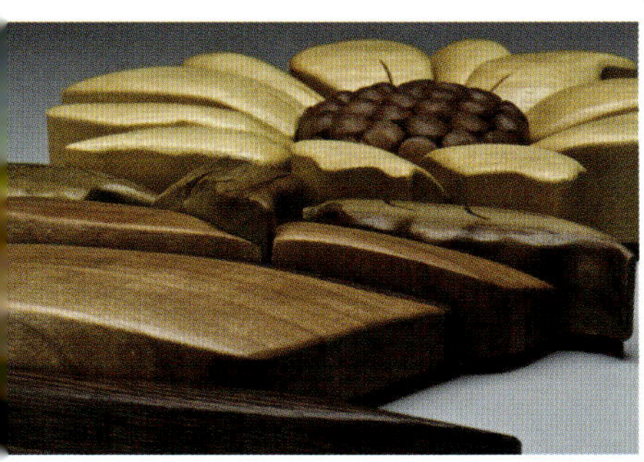

Vorlage auf 110 % vergrößern

Papageienpärchen

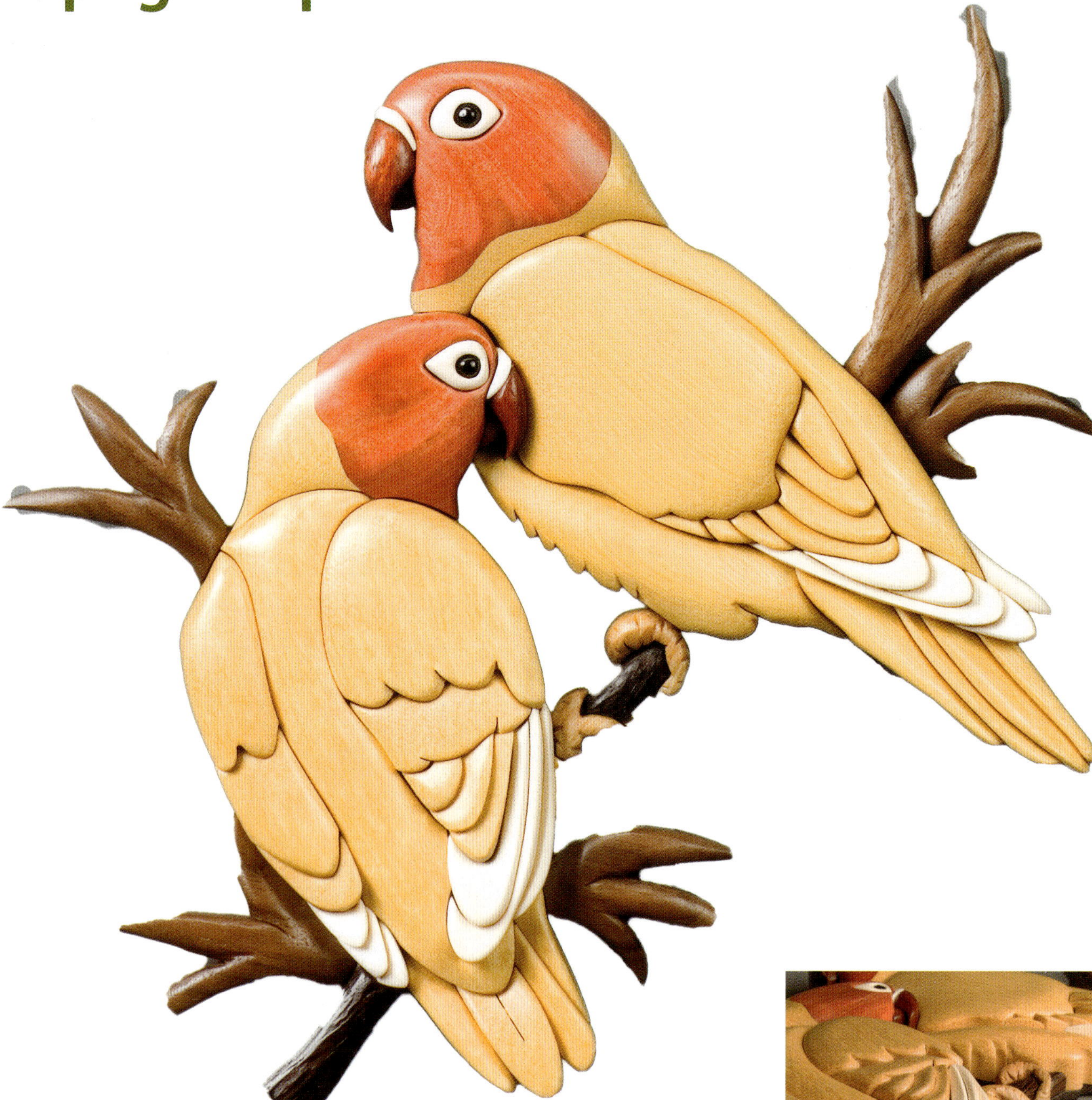

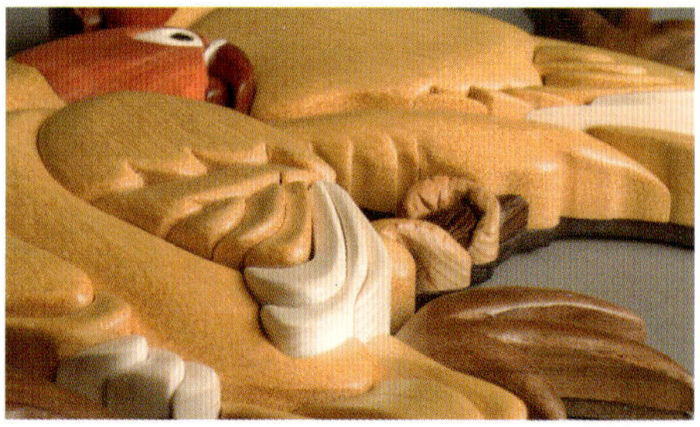

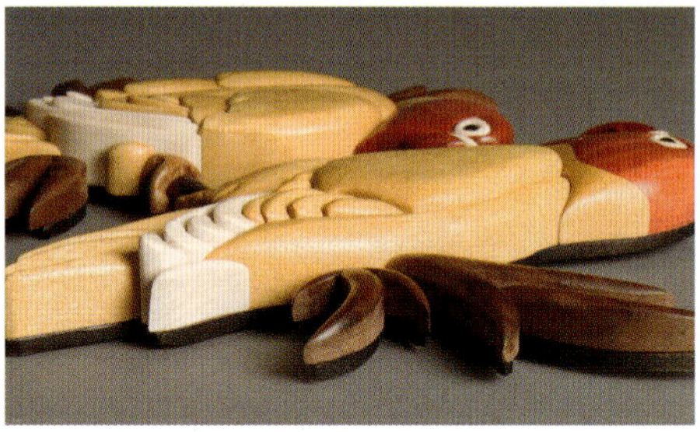

Material

- tiefbraunes Holz (Blutholz, Zeder, Kirsche), 75 x 75 x 25 mm (Schnäbel)
- rotes Holz (Pink Ivory), 150 x 150 x 25 mm (Köpfe)
- helles Holz (Gelbholz, Pappel, Zeder), 200 x 250 x 25 mm
- weißes Holz (Pappel, Ahorn, Zeder), 125 x 125 x 25 mm
- dunkles Holz (Wenge, Schwarznuss, Ebenholz), 75 x 75 x 13 mm
- tiefbraunes Holz (Schwarznuss, Kirsche, Mahagoni), 150 x 200 x 13 mm (Krallen, Ast)
- schwarzes Holz (Ebenholz, Schwarznuss oder mit Beize/Brandmalgerät behandeltes Holz nach Wahl), 25 x 25 x 6 mm

LEGENDE

→ Faserrichtung
S schwarzes (sehr dunkles Holz)
D dunkles Holz
T tiefbraunes Holz
R rotes Holz
H helles Holz
W beliebiges weißes Holz

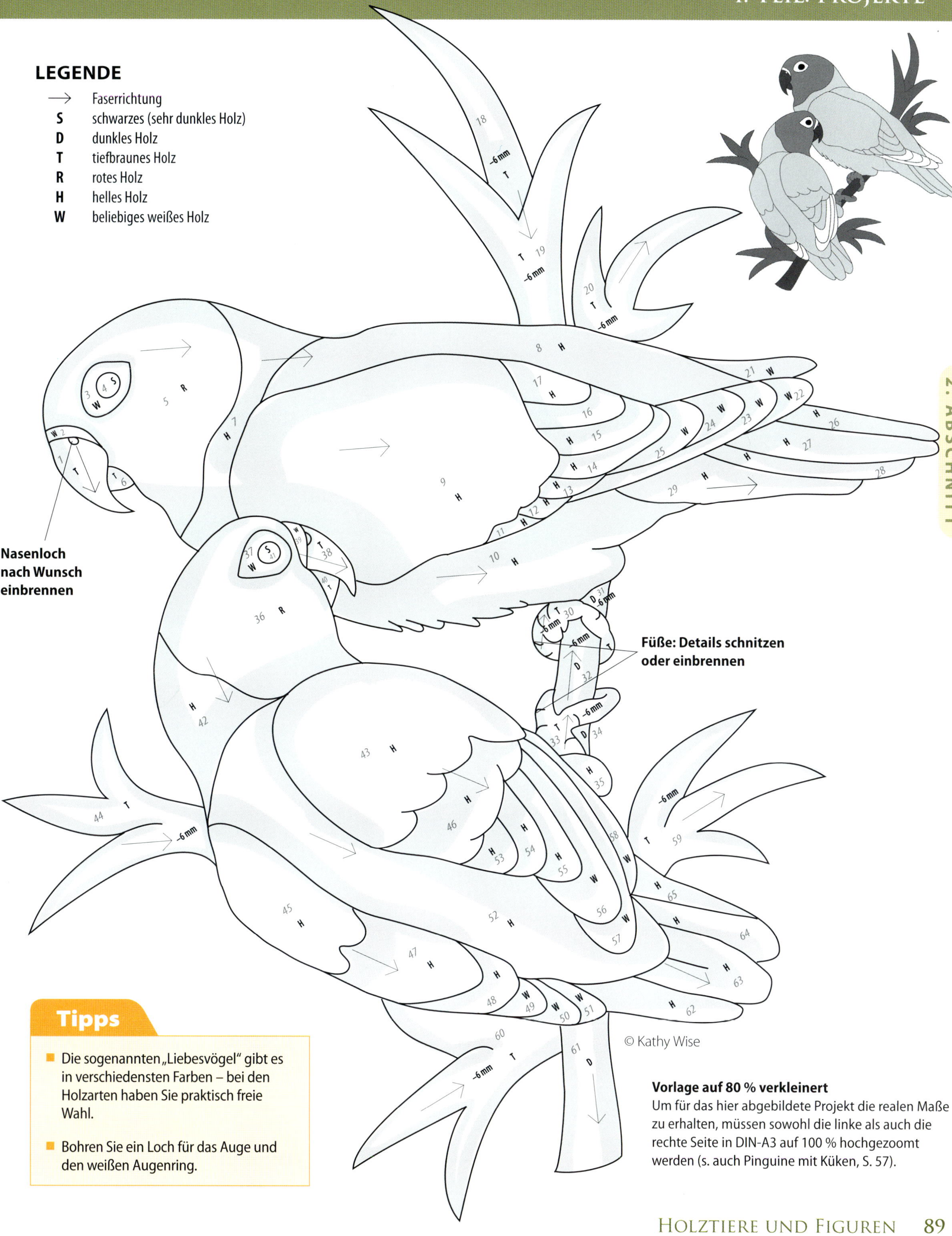

Tipps

- Die sogenannten „Liebesvögel" gibt es in verschiedensten Farben – bei den Holzarten haben Sie praktisch freie Wahl.
- Bohren Sie ein Loch für das Auge und den weißen Augenring.

Vorlage auf 80 % verkleinert
Um für das hier abgebildete Projekt die realen Maße zu erhalten, müssen sowohl die linke als auch die rechte Seite in DIN-A3 auf 100 % hochgezoomt werden (s. auch Pinguine mit Küken, S. 57).

3. ABSCHNITT: SCHRITT-FÜR-SCHRITT-ANLEITUNG

Kind mit Stiefeln

Bei diesem Projekt kommen alle Fertigkeiten zum Einsatz, die Sie bisher erworben haben. Beim Zusammensetzen der vielen Einzelteile – vor allem der winzigen Teile des Auges – und beim Schnitzen des Gesichts ist Ihr ganzes Können gefragt. Um sich die Arbeit zu erleichtern, können Sie natürlich die Vorlage abändern oder andere als die vorgeschlagenen Arbeitstechniken wählen.

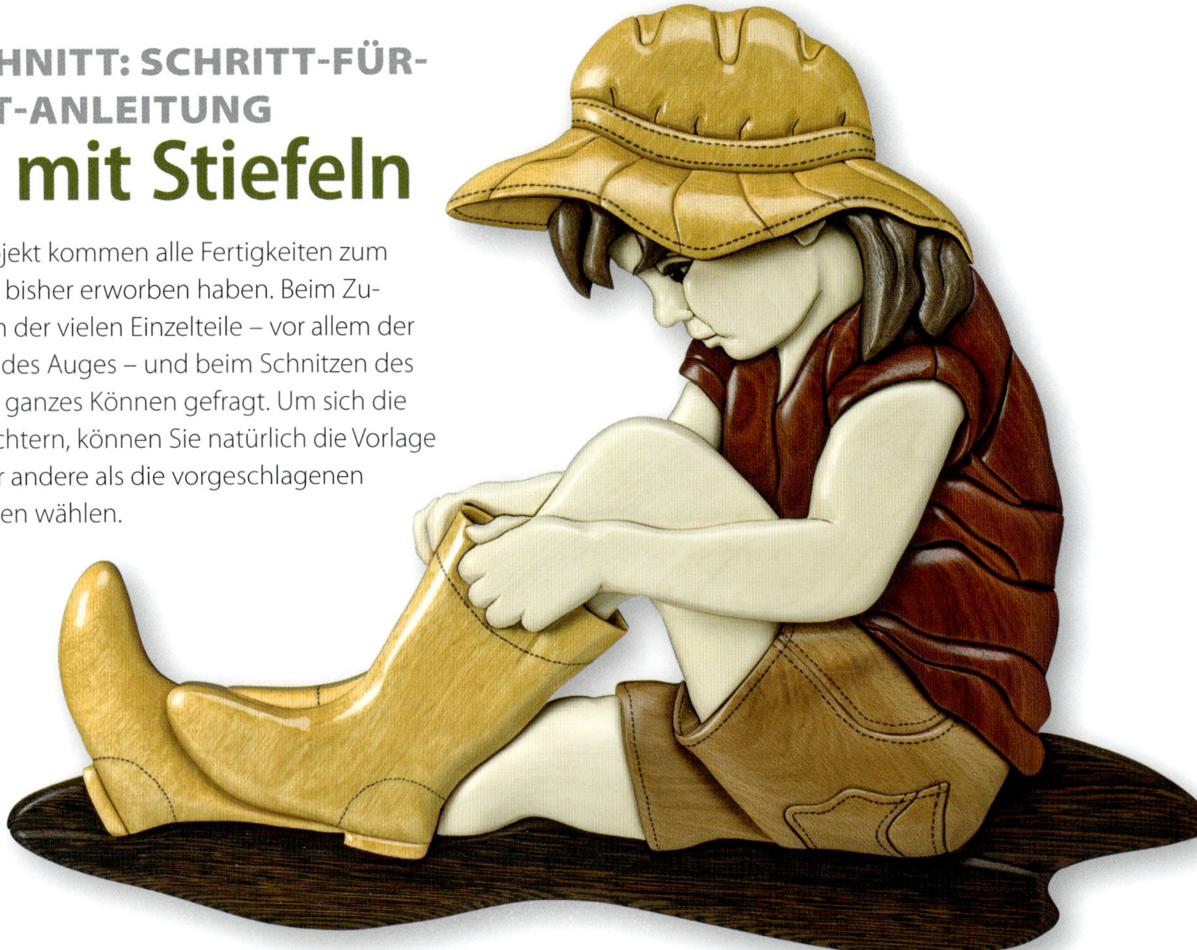

Material

- schwarzes Holz (Wenge), 535 x 130 x 10 mm (Untergrund)
- dunkles Holz (Schwarznuss), 75 x 150 x 32 mm (Haare)
- mittelbraunes Holz (Buche), 180 x 200 x 25 mm (Hose)
- rotes Holz (Blutholz), 230 x 180 x 25 mm (Hemd)
- weißes Holz (Espe), 305 x 200 x 25 mm (Gesicht, Arme und Beine)
- gelbes Holz (Gelbholz), 330 x 200 x 25 mm (Hut, Stiefel)

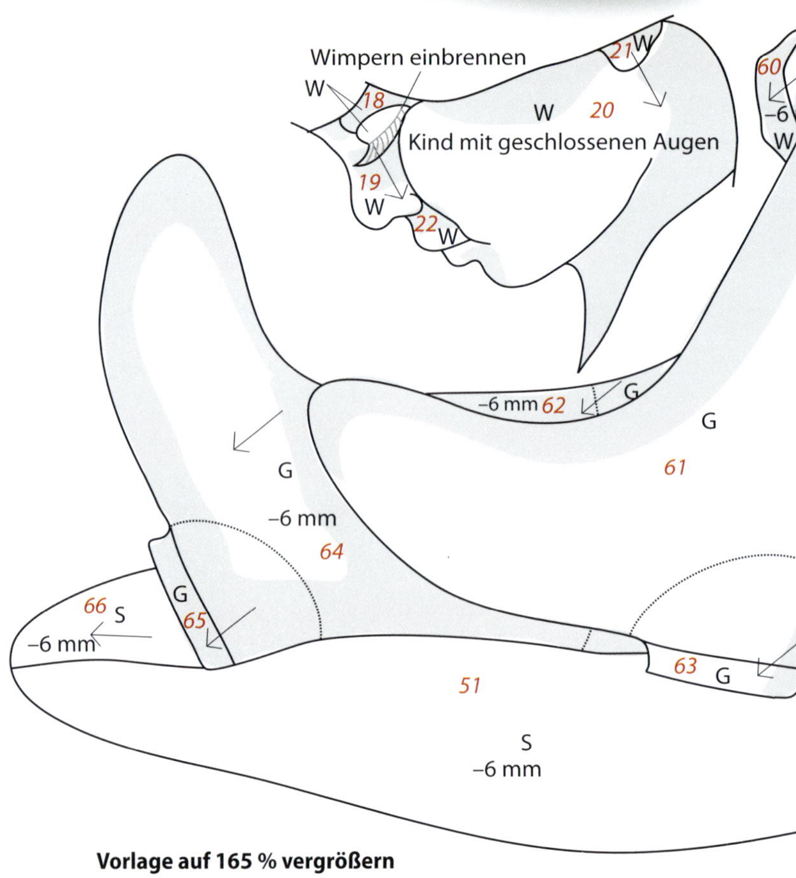

Vorlage auf 165 % vergrößern

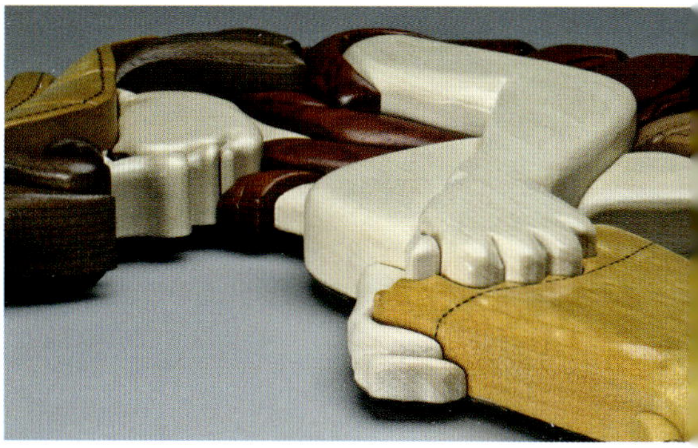

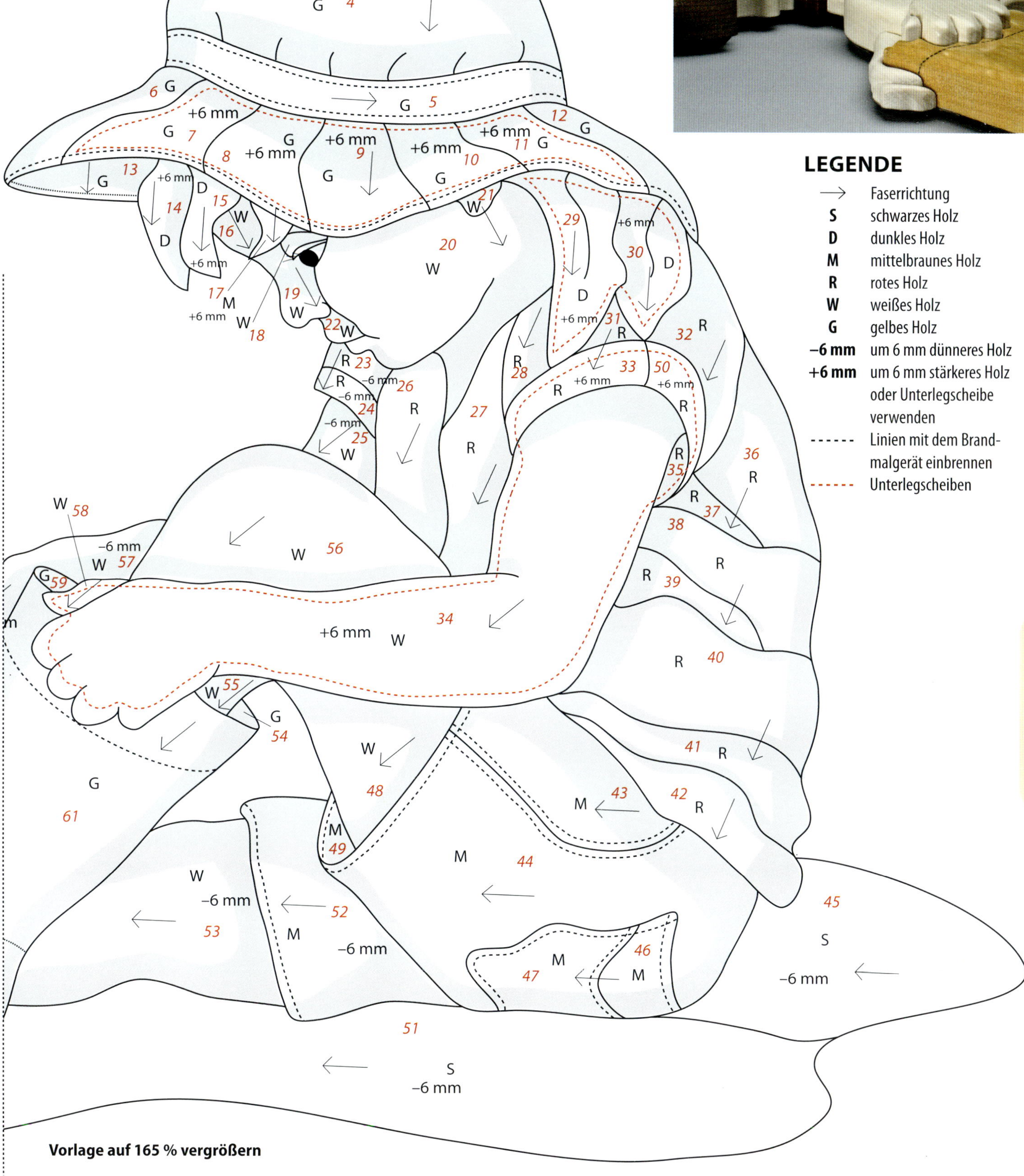

LEGENDE

→	Faserrichtung
S	schwarzes Holz
D	dunkles Holz
M	mittelbraunes Holz
R	rotes Holz
W	weißes Holz
G	gelbes Holz
–6 mm	um 6 mm dünneres Holz
+6 mm	um 6 mm stärkeres Holz oder Unterlegscheibe verwenden
- - - -	Linien mit dem Brandmalgerät einbrennen
- - - -	Unterlegscheiben

Vorlage auf 165 % vergrößern

3. ABSCHNITT: SCHRITT-FÜR-SCHRITT-ANLEITUNG – KIND MIT STIEFELN

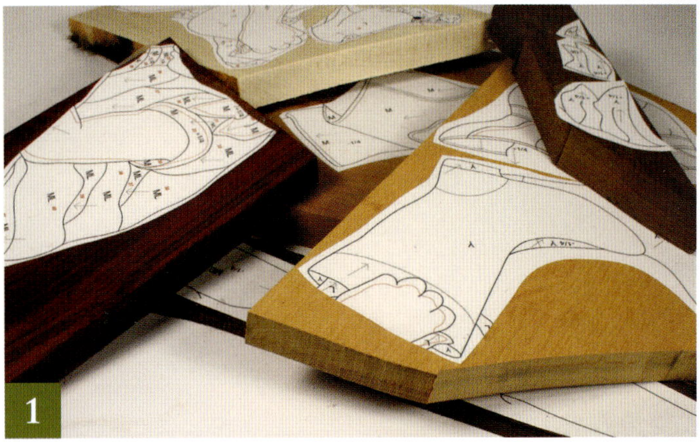

1

Kopieren Sie die Vorlage siebenmal. Besprühen Sie sie an der Rückseite mit Kleber und kleben Sie sie auf die glänzende Seite der Klebefolie. Schneiden Sie die einzelnen Bereiche aus, ordnen Sie sie nach Farben und kleben Sie sie auf die Rohlinge. Schneiden Sie die Rohlinge auf eine handliche Größe zurecht.

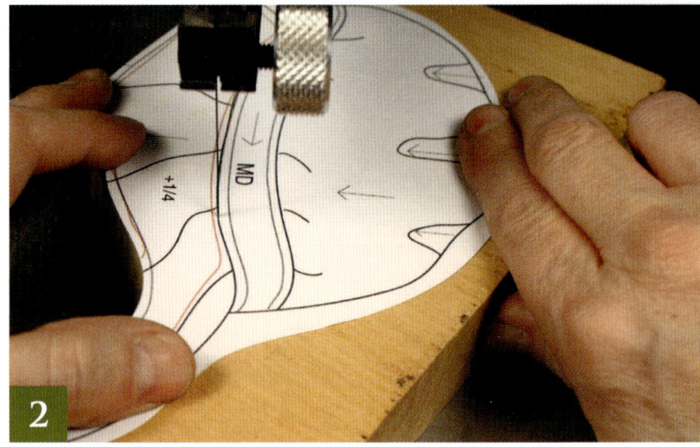

2

Sägen Sie alle Teile aus. Bei den Teilen, die den „Untergrund" bilden (Nr. 45, 51, 66), schneiden Sie nur an der äußeren Begrenzungslinie entlang – nicht dort, wo der Körper des Kindes den Untergrund berührt. Diese Linien sollten Sie später noch einmal nachziehen.

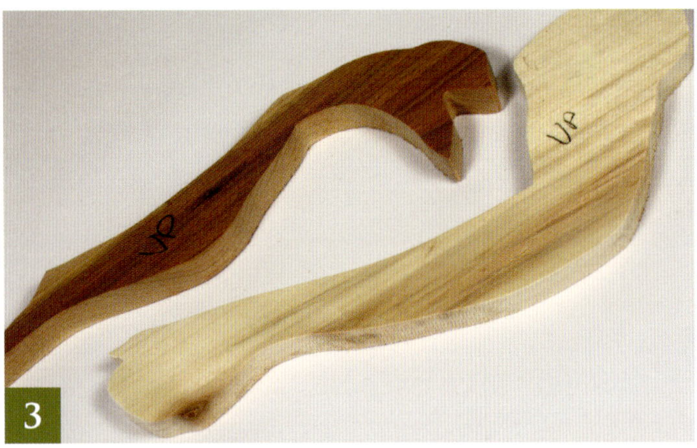

3

Schneiden Sie für die Hutkrempe (Nr. 7–11), die Haare (Nr. 29, 30) und den Arm (Nr. 34) Unterlegscheiben aus 10–13 mm starken Holzresten aus. Markieren Sie die Oberseite.

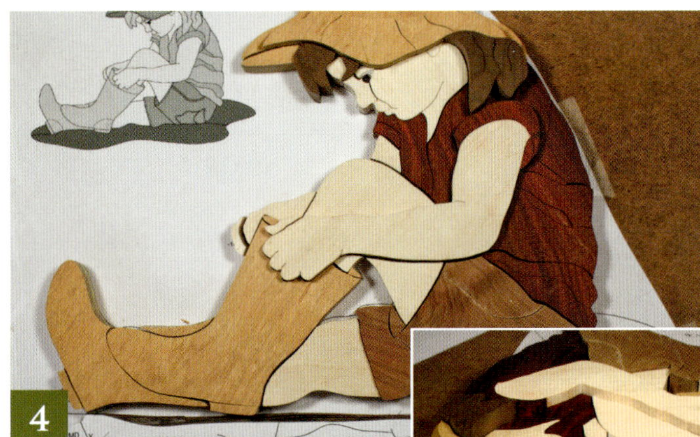

4

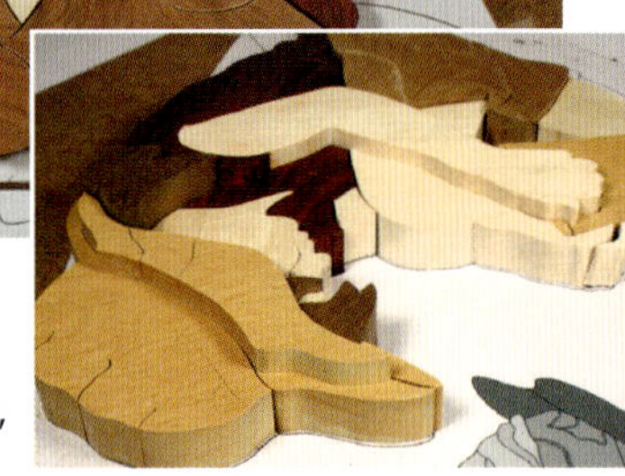

Legen Sie die Teile auf, überprüfen Sie die Passgenauigkeit und machen Sie eventuell Korrekturen, besonders dort, wo Farben zusammenstoßen und wo die Finger (Nr. 34, 58) den Stiefel (Nr. 59, 61) berühren. Schneiden oder schleifen Sie schiefe Kanten gerade.

Tipps

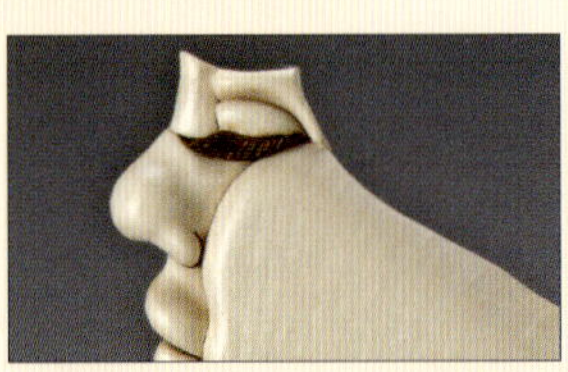

Das Auge kann aus einem statt aus mehreren Teilen bestehen, die Details können Sie mit Beize oder mit dem Brandmalgerät gestalten. Das Auge kann auch geschlossen sein.

- Weichere – leichter zu schneidende – Hölzer erleichtern die Arbeit. Wenn Sie die Unterlegscheiben weglassen, fällt ein Teil der 3-D-Wirkung weg – Sie erhalten ein einfacheres, aber trotzdem schönes Projekt.
- Wenn Sie größere Bereiche wie das Hemd, den Hut oder die Stiefel jeweils aus einem Stück Holz ausschneiden, wird das Zusammenfügen der Teile erleichtert.
- Überprüfen Sie von beiden Seiten, ob das Sägeblatt senkrecht zum Sägetisch steht.
- Ich verwende für die Umrisslinien ein Sägeblatt Nr. 5 und zum Zerteilen der großen Bereiche ein Sägeblatt Nr. 3. Bei dickem, hartem Holz sollten Sie bei Nr. 5 bleiben, da sich das Sägeblatt Nr. 3 zu leicht verbiegt.
- Statt der separaten Unterlegscheiben für den Hut und die Haare können Sie auch eine gemeinsame Unterlegscheibe ausschneiden.
- Bei diesem Projekt können auch geringste Verschiebungen von Einzelteilen leicht dazu führen, dass sämtliche Teile verschoben werden. Schneiden Sie vorsichtig, arbeiten Sie mit Silikonkleber und drücken Sie die Teile beim Kleben fest aneinander, damit die großen Bereiche sich später gut zusammenfügen lassen.

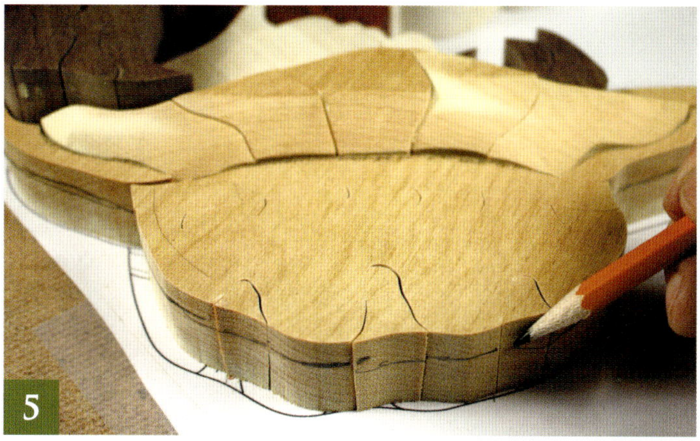

Markieren Sie die Höhe der Unterlegscheibe für die Hutkrempe und für den Arm an allen Teilen, die sich rund um die Unterlegscheibe befinden. Die Teile dürfen nur bis zu dieser Markierungslinie abgeschliffen werden. Markieren, schleifen und überprüfen Sie zuerst die Teile des Hutes, bis Sie mit dem Ergebnis zufrieden sind.

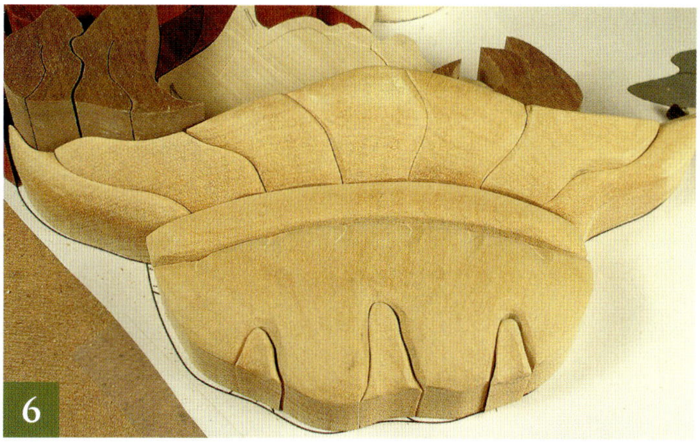

Markieren Sie die angehobenen Teile und schleifen Sie sie in Form, sodass sie harmonisch in die tiefer liegenden Teile übergehen. Die Hutkrempe soll in der Mitte höher bleiben und nach beiden Seiten abfallen. Markieren Sie das Hutband und die Hutkrone (Nr. 4 und 5) und runden Sie beide ab.

Kleben Sie Teil 4 und 5 provisorisch mit CA-Kleber zusammen und schleifen Sie sie gemeinsam ab. Trennen Sie die Teile und schleifen Sie die Kanten des Hutbandes. Senken Sie die Hutkrone dort ab, wo sie das Hutband berührt. Schleifen Sie immer einen Teil der Hutkrempe (Nr. 6–12) an der Kante ab, legen Sie ihn zurück und markieren Sie den benachbarten Teil.

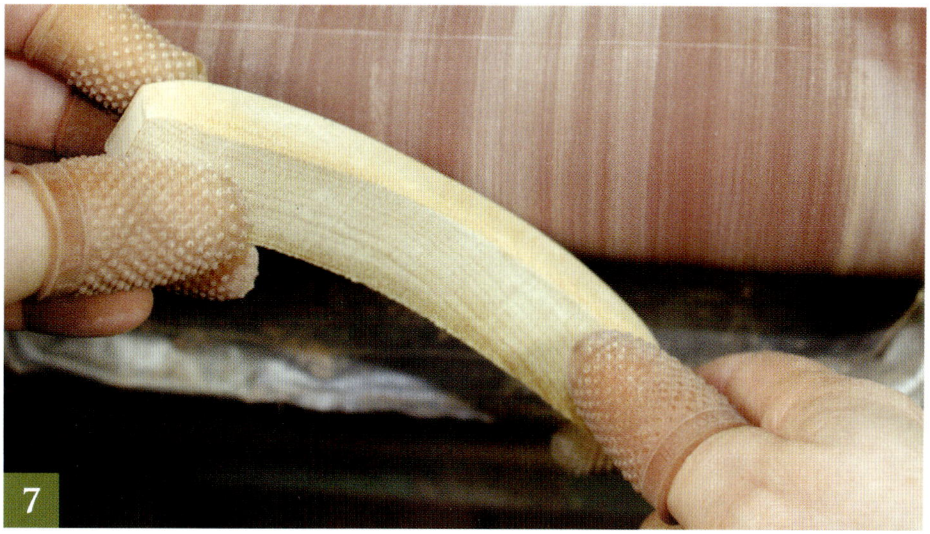

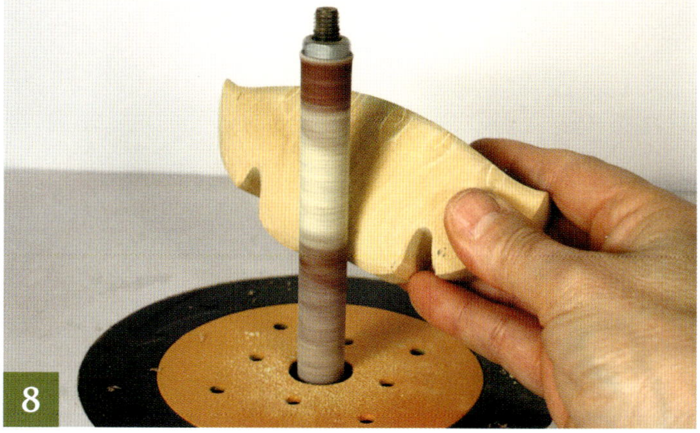

Erzeugen Sie mit einer Spindelschleifmaschine oder einem Multifunktionswerkzeug die Fältchen am Hut. Schleifen Sie in die drei oberen Fältchen je eine Mulde.

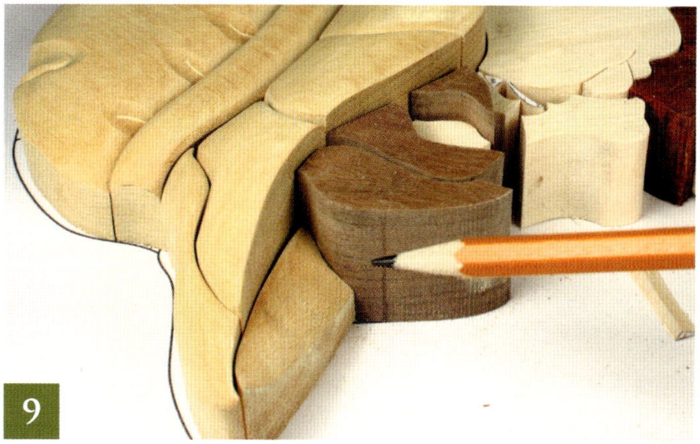

Markieren Sie die Höhe der Unterlegscheibe auf Teil 13 und schleifen Sie den Teil in Form.

3. Abschnitt: Schritt-für-Schritt-Anleitung – Kind mit Stiefeln

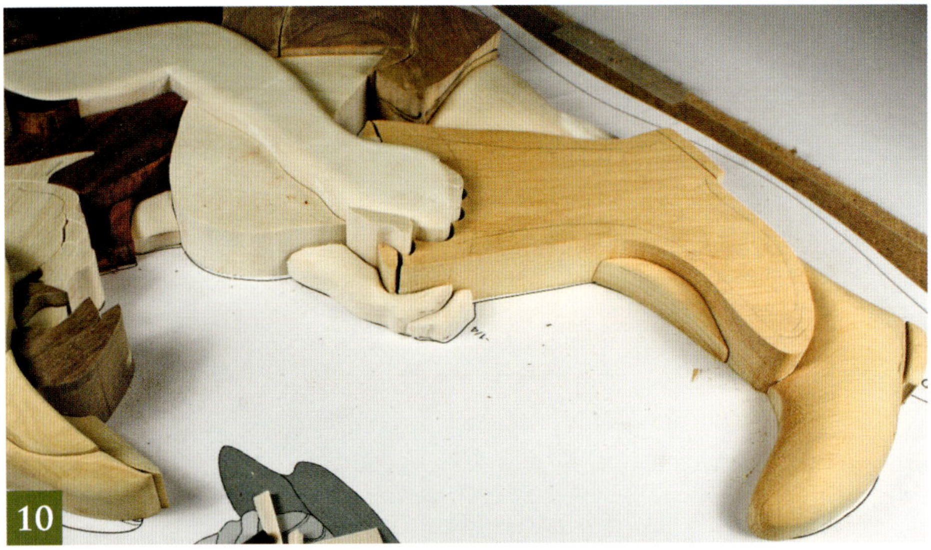

Markieren Sie Teil 23, 24 und 25 und schleifen Sie sie auf eine Stärke von ca. 10–13 mm ab. Runden Sie den Arm (Nr. 25) an den Rändern ab. Der Ärmel (Nr. 23, 24) soll etwas höher sein als der Arm. Schleifen Sie die rechte Hand (Nr. 57, 60). Markieren Sie die Stärke des Bodens (Nr. 51) an den umgebenden Teilen. Schleifen Sie den rechten Stiefel (Nr. 62, 64, 65), das rechte Bein (Nr. 53) und das rechte Hosenbein (Nr. 52) ab – nicht tiefer als bis zur Markierung am Bein, die die Höhe des Untergrundes (Nr. 51) anzeigt.

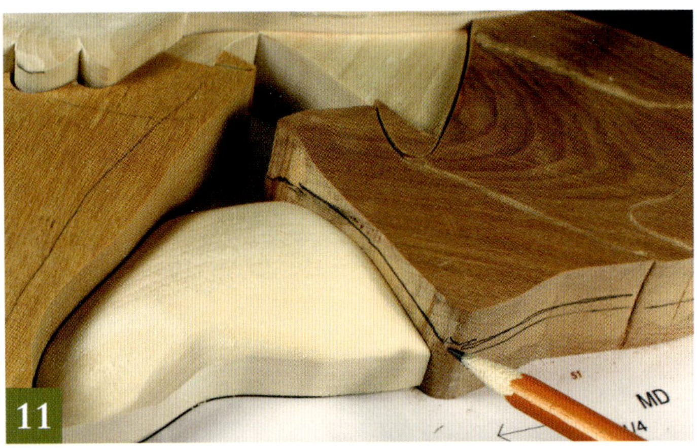

Runden Sie das rechte Bein (Nr. 53) ab und markieren Sie seine Höhe am Hosenbein (Nr. 52).

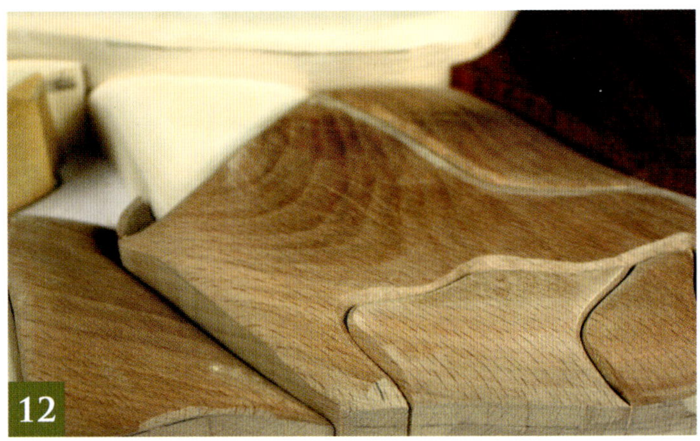

Kleben Sie die Teile der Hose (Nr. 43, 44, 46 und 47) provisorisch mit CA-Kleber zusammen und schleifen Sie sie gemeinsam ab. Trennen Sie die Teile und schleifen Sie die Kanten leicht ab.

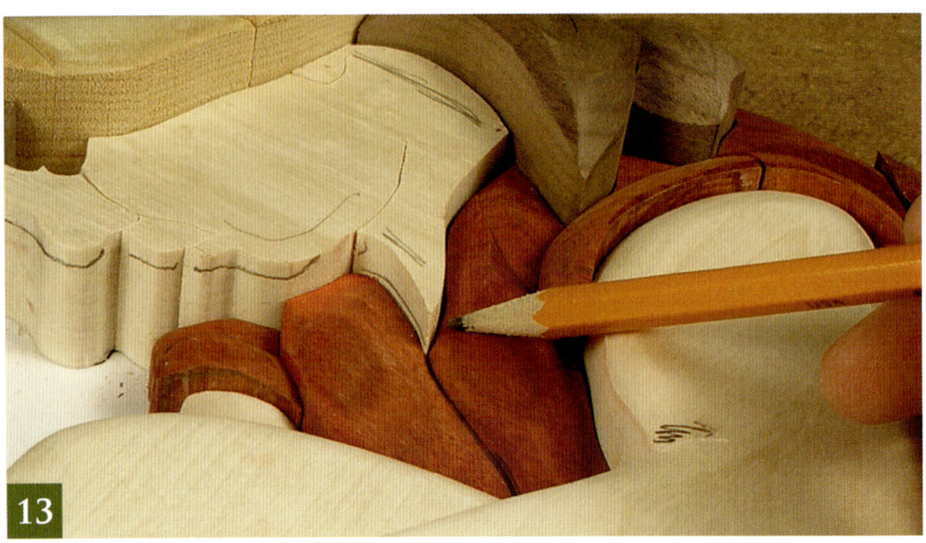

Schleifen Sie Teil Nr. 26 und 27 (Brust), markieren Sie die Teile und legen Sie sie zurück. Vorsicht: Schleifen Sie nicht tiefer als bis zur Markierung, die die Höhe der Unterlegscheibe anzeigt.

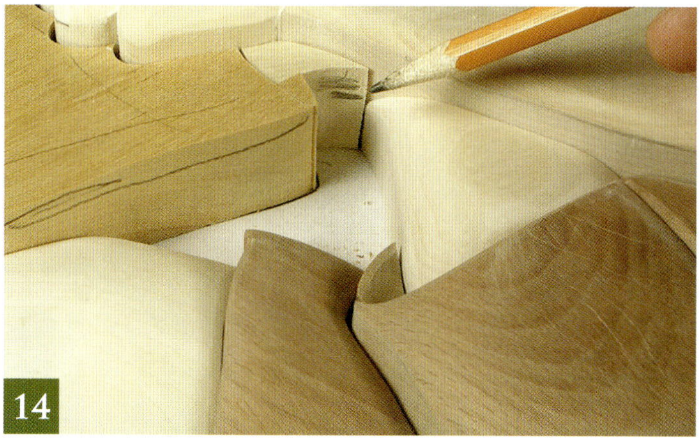

14

Schleifen Sie die Teile Nr. 55 und 48 (linkes Bein) auf die gleiche Höhe ab.

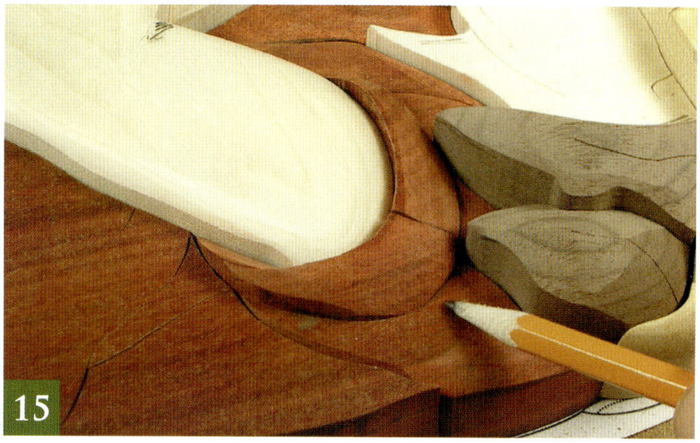

15

Schleifen Sie den vorstehenden Rand des Ärmels (Nr. 33 und 50) ab, sodass er harmonisch in den tiefer liegenden Hauptteil des Ärmels (Nr. 31, 32) übergeht.

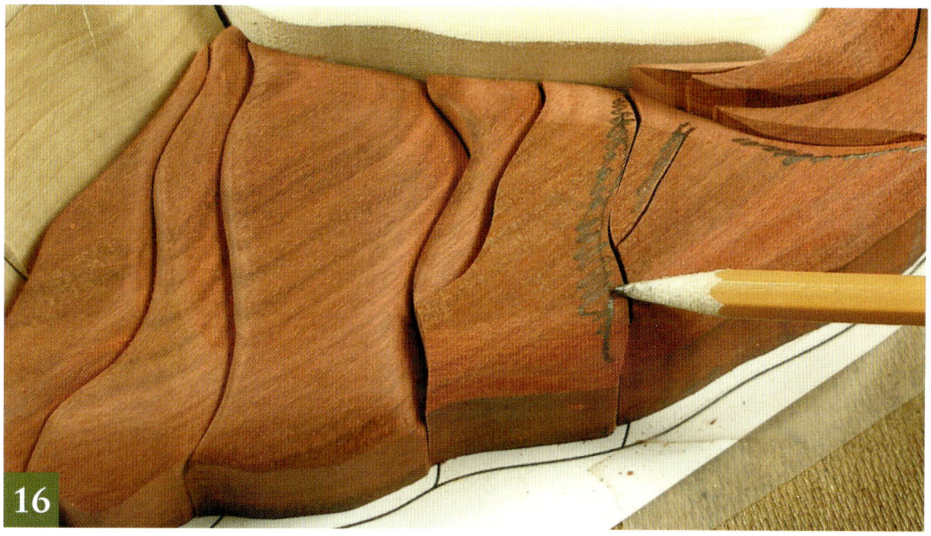

16

Schleifen Sie die Haare (Nr. 29 und 30) so ab, dass sie unter dem Hut „verschwinden" und über die Schulter fallen. Markieren Sie die Höhe der Unterlegscheibe auf den Hemd-Teilen, die den Arm (Nr. 34) berühren. Runden Sie die einzelnen Hemd-Teile am Rücken des Kindes ab. Senken Sie jeden Teil an der Oberkante stark ab, sodass der nächsthöhere Teil darüber eine „Ringelfalte" bildet.

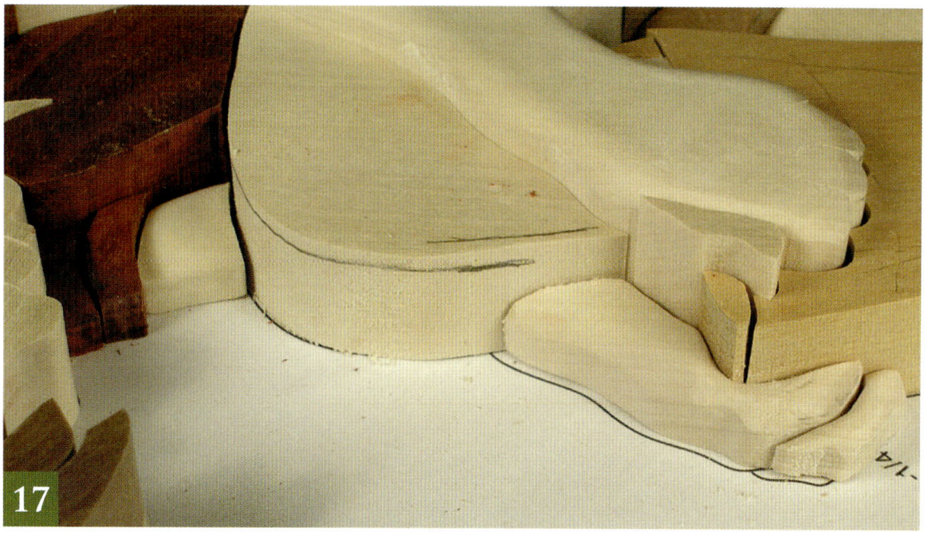

17

Markieren Sie das Knie und runden Sie es leicht ab.

3. Abschnitt: Schritt-für-Schritt-Anleitung – Kind mit Stiefeln

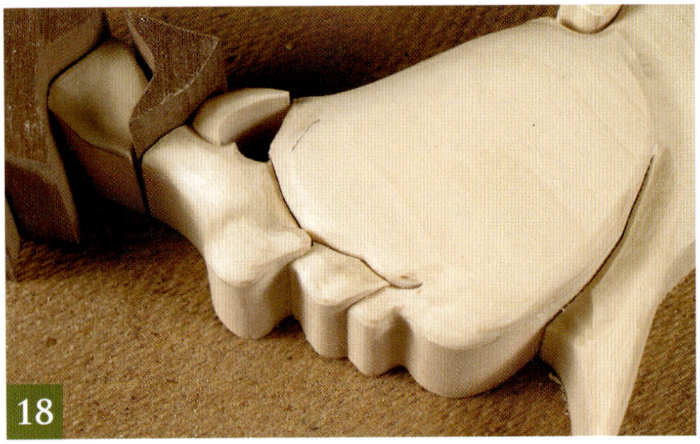

18

Zum Schleifen des Gesichts (Nr. 16, 18–22) brauchen Sie ein Multifunktionswerkzeug. Mit einer dünnen, spitz zulaufenden Schleifhülse können Sie die Gesichtszüge gut herausarbeiten. Nehmen Sie dabei die Detailfotos zu Hilfe.

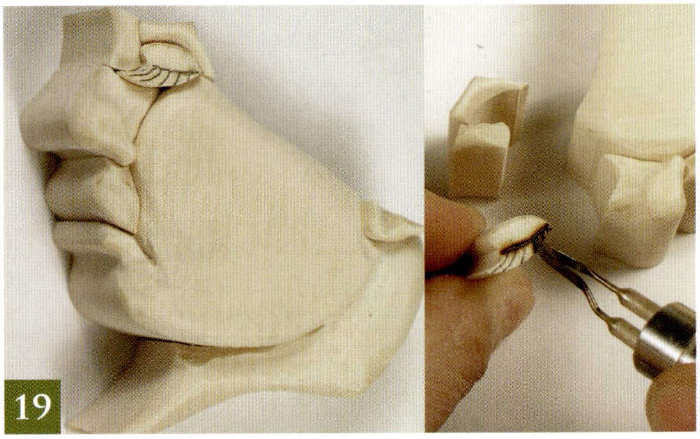

19

Kleben Sie den schwarzen und den weißen Teil des Auges zusammen und schleifen Sie beide gemeinsam in Form. Wenn Ihnen diese Detailarbeiten zu aufwendig sind, wählen Sie das geschlossene Auge (siehe Foto) und nehmen Sie für die Wimpern das Brandmalgerät.

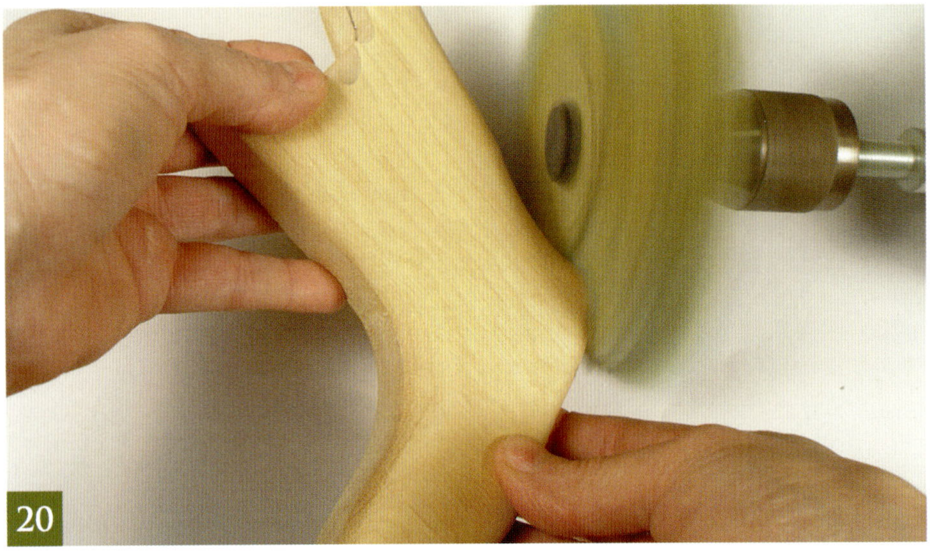

20

Schleifen Sie die Stirnfransen und die Stirn. Legen Sie alle Teile auf und suchen Sie nach scharfen Kanten und nach Stellen, wo Anpassungen notwendig sind. Schleifen Sie alle Teile mit dem Schleifmop ab. Ganz kleine Teile müssen Sie von Hand schleifen.

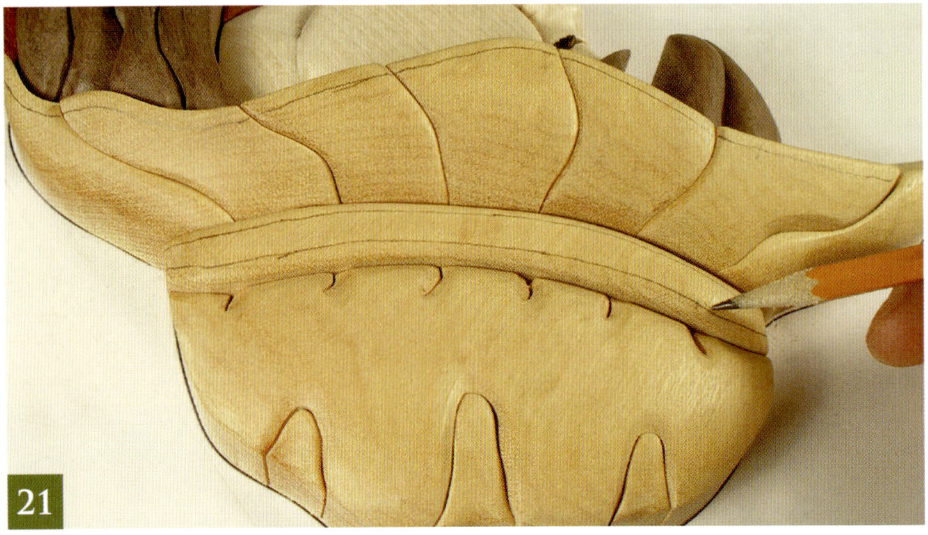

21

Markieren Sie mit dünnen Bleistiftlinien die Steppnähte an den Stiefeln (Nr. 61, 62, 64), am Hut (Nr. 5–13) und an der Hose (Nr. 43, 44, 46, 47, 49 und 52).

Zeichnen Sie die Steppnähte mit dem Brandmalgerät auf die Stiefel, den Hut und die Hose. Zeichnen Sie ebenso die unteren Wimpern auf die Wange (Nr. 20). Verwenden Sie den Schleifmop zum Abmildern der eingebrannten Linien und zum Entfernen der Bleistiftlinien.

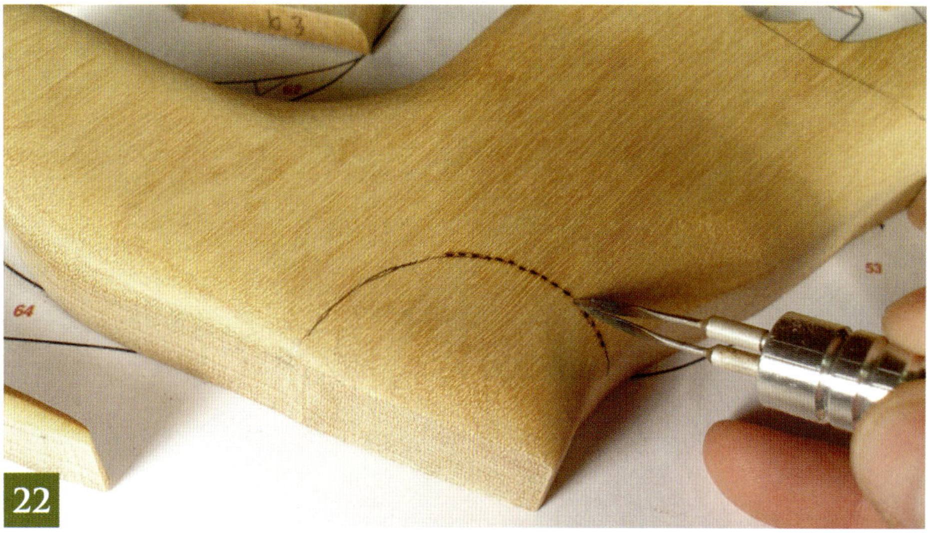
22

Geklebt wird dieses Projekt sowohl mit Silikon- als auch mit CA-Kleber. Kleben Sie zuerst die Teile Nr. 7–11 (Hutkrempe) mit CA-Kleber zusammen und legen Sie sie in der richtigen Position neben Teil 5 (Hutband) auf der Vorlage auf.

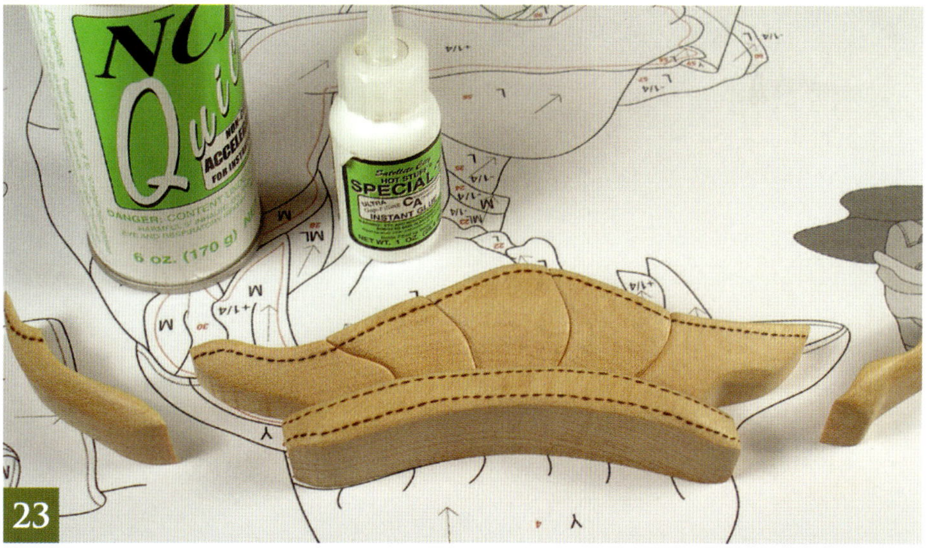
23

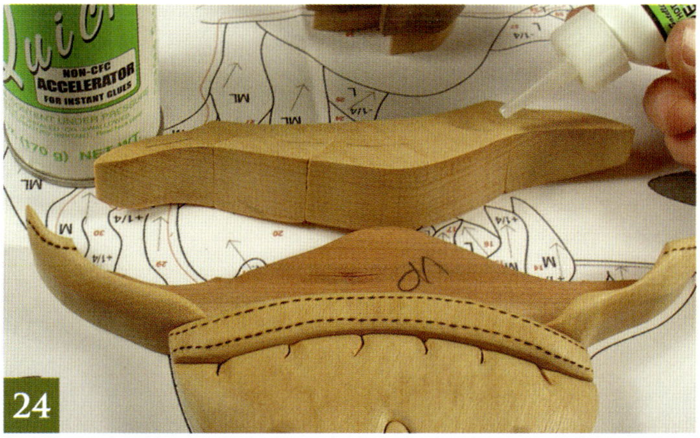
24

Kleben Sie den soeben zusammengeklebten Hutkrempen-Mittelteil mit CA-Kleber auf der Unterlegscheibe auf. Legen Sie Teil 6 und 12 an ihren Platz, damit der Mittelteil in Position bleibt. Kleben Sie den Mittelteil mit CA-Kleber am Hutband (Nr. 5) an. Kleben Sie den Hut fertig zusammen.

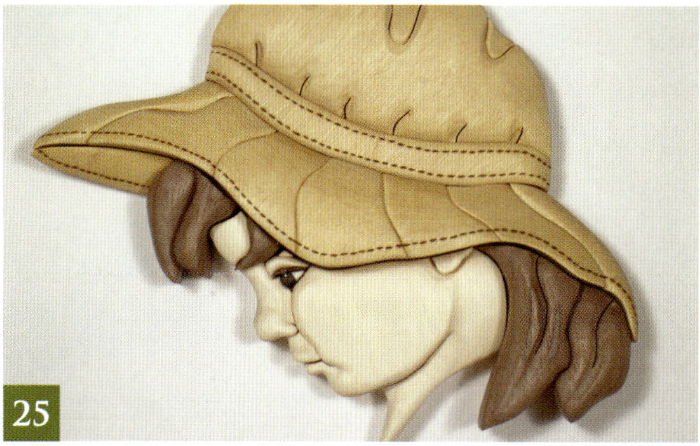
25

Kleben Sie die kleinen Einzelteile des Gesichts mit CA-Kleber zusammen, ebenso die Haare am Hinterkopf, die Stirnfransen (Nr. 14–17) und die Stiefel (Nr. 59, 61–65).

3. Abschnitt: Schritt-für-Schritt-Anleitung – Kind mit Stiefeln

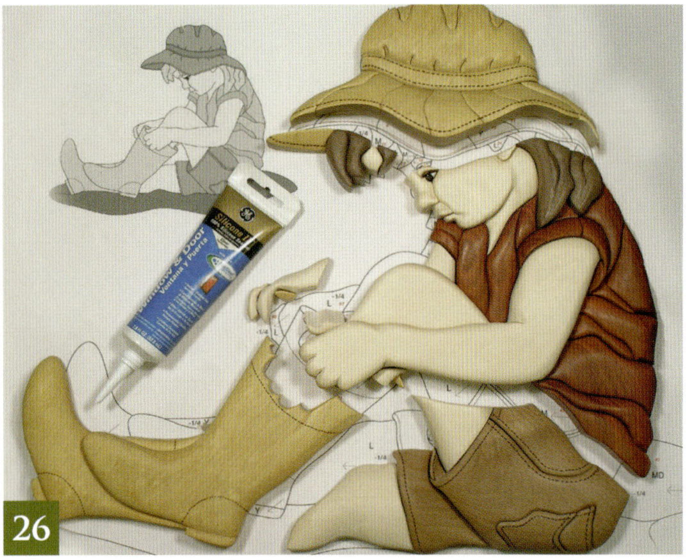
26

Befestigen Sie die Teile von Gesicht und Oberkörper (Nr. 18–42, 55, 56) mit einigen Tropfen Silikonkleber (siehe S. 20) aneinander und legen Sie sie auf die Vorlage. Machen Sie es bei den Hosenbeinen und Oberschenkeln (Nr. 43, 44, 46–49, 52, 53) ebenso. Lassen Sie alles über Nacht trocknen.

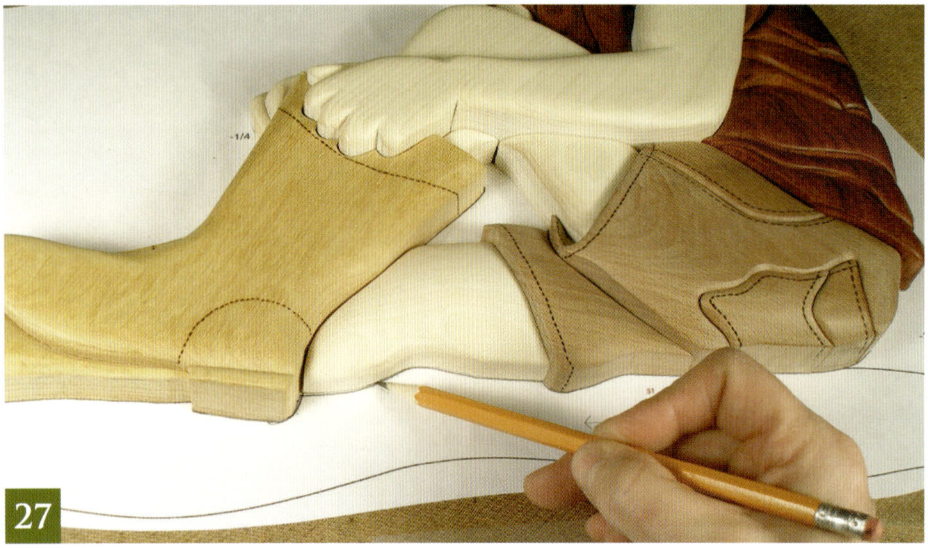
27

Stellen Sie das ganze Projekt auf der Vorlage zusammen, die auf der Trägerplatte aufgeklebt ist. Ziehen Sie die Umrisslinie der Figur dort nach, wo sie den Untergrund berührt.

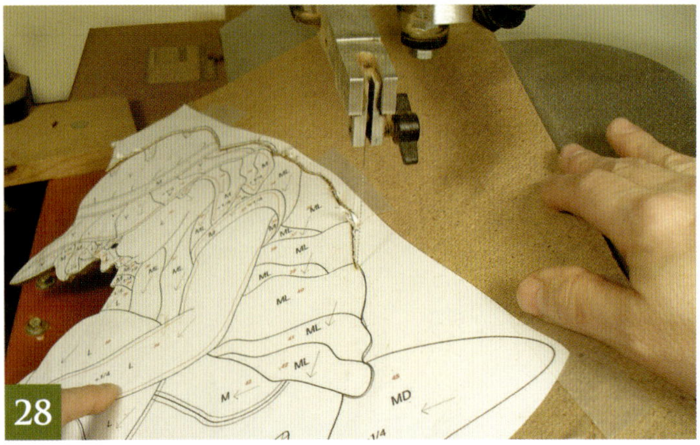
28

Sägen Sie die Trägerplatte knapp innerhalb der Umrisslinie mit einem Sägeblatt mit Gegenzähnen aus. Schrägen Sie die Kante nach Wunsch ab, indem Sie die Säge kippen. Besprühen Sie die Rückseite der Trägerplatte mit Farbe.

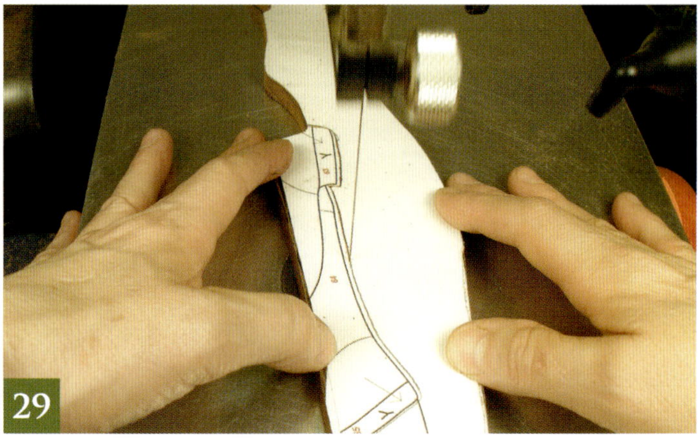
29

Untergrundvorlage, auf der der Figurenumriss nachgezogen wurde, abziehen und die Oberkante des Untergrundes schneiden. Untergrundteile auseinanderschneiden. Endstücke mit CA-Kleber ankleben und zurechtschleifen.

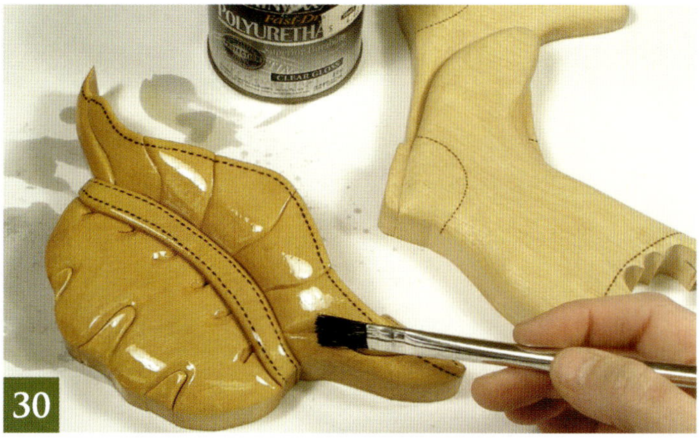

30

Tragen Sie mit dem Pinsel transparenten Hochglanzlack auf den Hut und die Stiefel auf. Dadurch entsteht eine Öltuch-Optik, da der Lack sich an der fertigen Arbeit vom seidenmatten Finish auf den anderen Teilen abhebt.

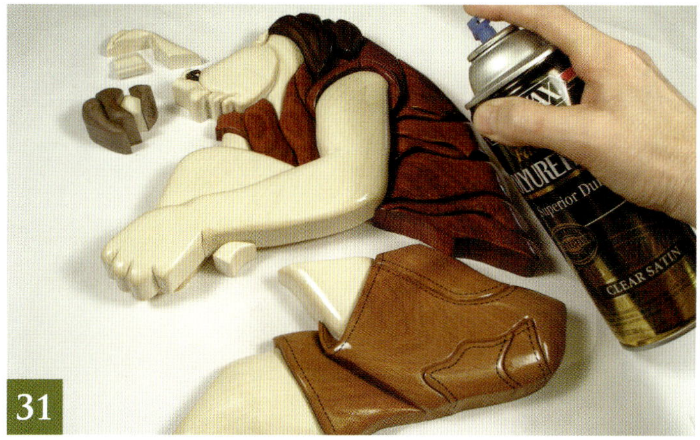

31

Überziehen Sie die restlichen Teile mehrmals mit transparentem seidenmattem Polyurethan-Sprühlack. Lassen Sie sie über Nacht trocknen.

Besprühen Sie die Trägerplatte mit Kleberbeschleuniger. Verteilen Sie Holzleim und CA-Kleber auf der Rückseite des Untergrundes (Nr. 51). Kleben Sie ihn an und lassen Sie die anderen Teile an ihrem Platz. Kleben Sie als Nächstes die Stiefel an (Nr. 61–65), dann die Hose (Nr. 43, 44, 46–49, 52, 53), dann den Oberkörper und den Kopf (Nr. 18–42, 55, 56).

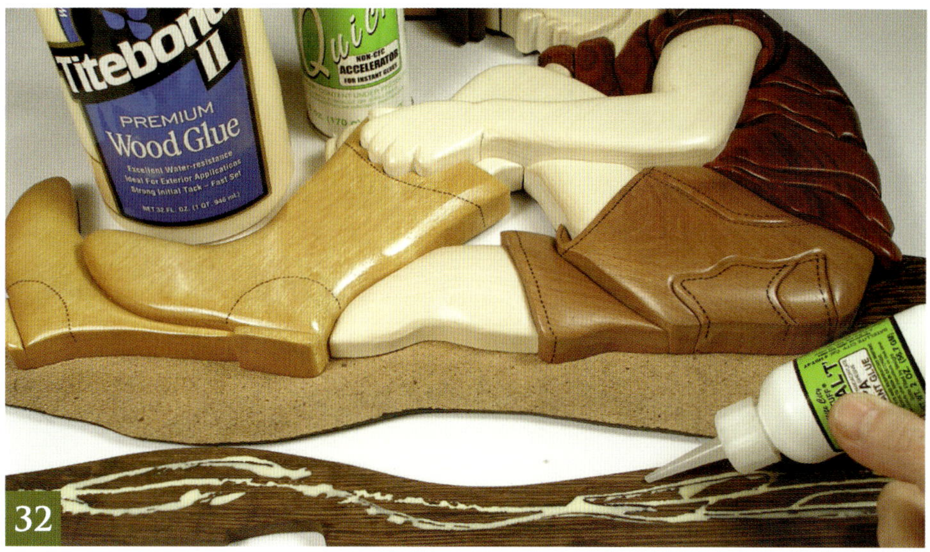

32

Kleben Sie den Hut (Nr. 1–13) und die Stirnfransen (Nr. 14–17) auf die Trägerplatte. Schneiden Sie die Platte an den Rändern überall dort zurück, wo sie von vorne sichtbar ist, und bemalen Sie die Kanten mit Farbe. Tragen Sie glänzenden Klarlack auf das Auge auf. Bringen Sie einen Bilderhaken an.

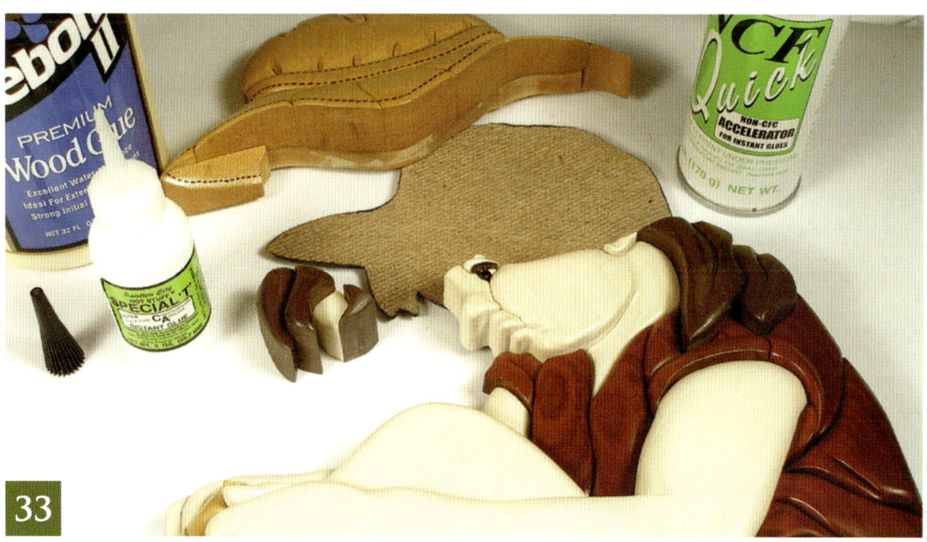

33

Kreuz mit Lilienschmuck

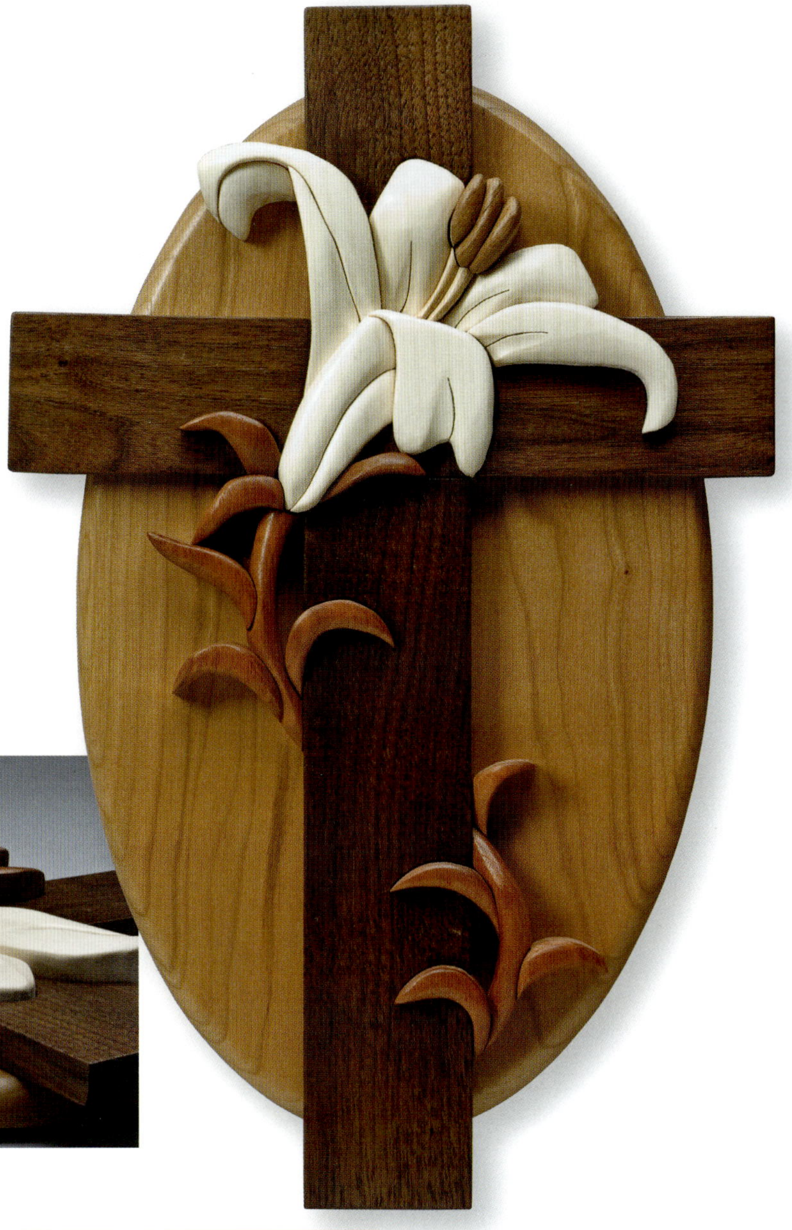

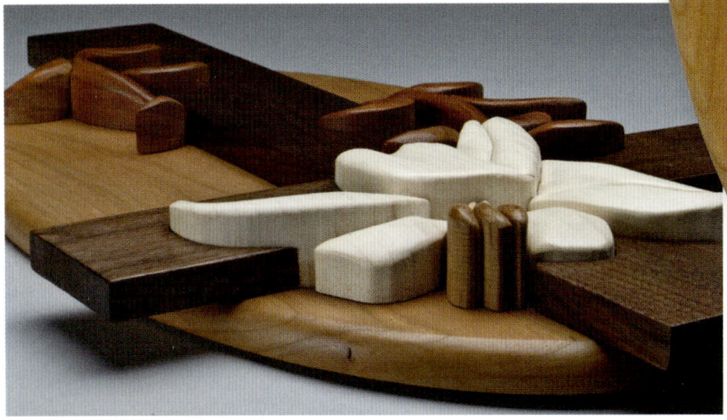

Tipps

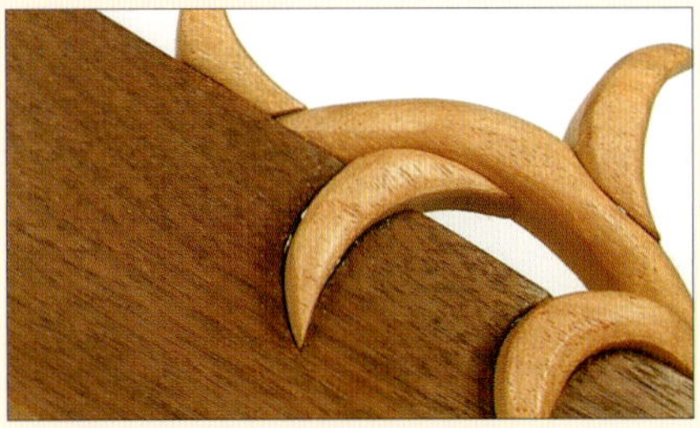

Markieren Sie den Stängel und die Laubblätter und runden Sie sie ab. Senken Sie den Stängel jeweils am Rand des Kreuzbalkens ab, sodass er hinter dem Kreuz zu „verschwinden" scheint. Schleifen Sie jedes einzelne Laubblatt in Form.

- Kreuz und Lilie werden als Overlays auf den ovalen Hintergrund aufgeklebt.
- Heben Sie die beiden höchsten Laubblätter (Nr. 20 und 23) mit Unterlegscheiben um ca. 3 mm an.
- Runden Sie die Kanten des ovalen Hintergrundes mit einer Fräse oder einem Trommelschleifer ab. Schleifen Sie die Rückseite plan ab.
- Beim Schleifen der Kreuzbalken sollen die Kanten scharf bleiben.
- Damit die weiße Blüte nicht vergilbt, können Sie sie mit weißer Beize behandeln. Die Kreuzbalken habe ich mit Nussöl eingelassen, damit die tiefdunkle Holzfarbe erhalten bleibt.

Material

- dunkles Holz (Schwarznuss), 380 x 150 x 13 mm
- mittelbraunes Holz (Mahagoni), 125 x 255 x 19 mm (Laubblätter)
- mittelbraunes Holz (Buche), 50 x 50 x 25 mm (Staubbeutel)
- helles, rötlich-braunes Holz (Kirsche), 400 x 250 x 13 mm (Oval)
- helles Holz (Platane), 50 x 50 x 25 mm (Staubfäden)
- weißes Holz (Pappel), 200 x 170 x 25 mm

LEGENDE

→ Faserrichtung
D dunkles Holz
M mittelbraunes Holz
H helles Holz
W weißes Holz
—— Trägerplatte

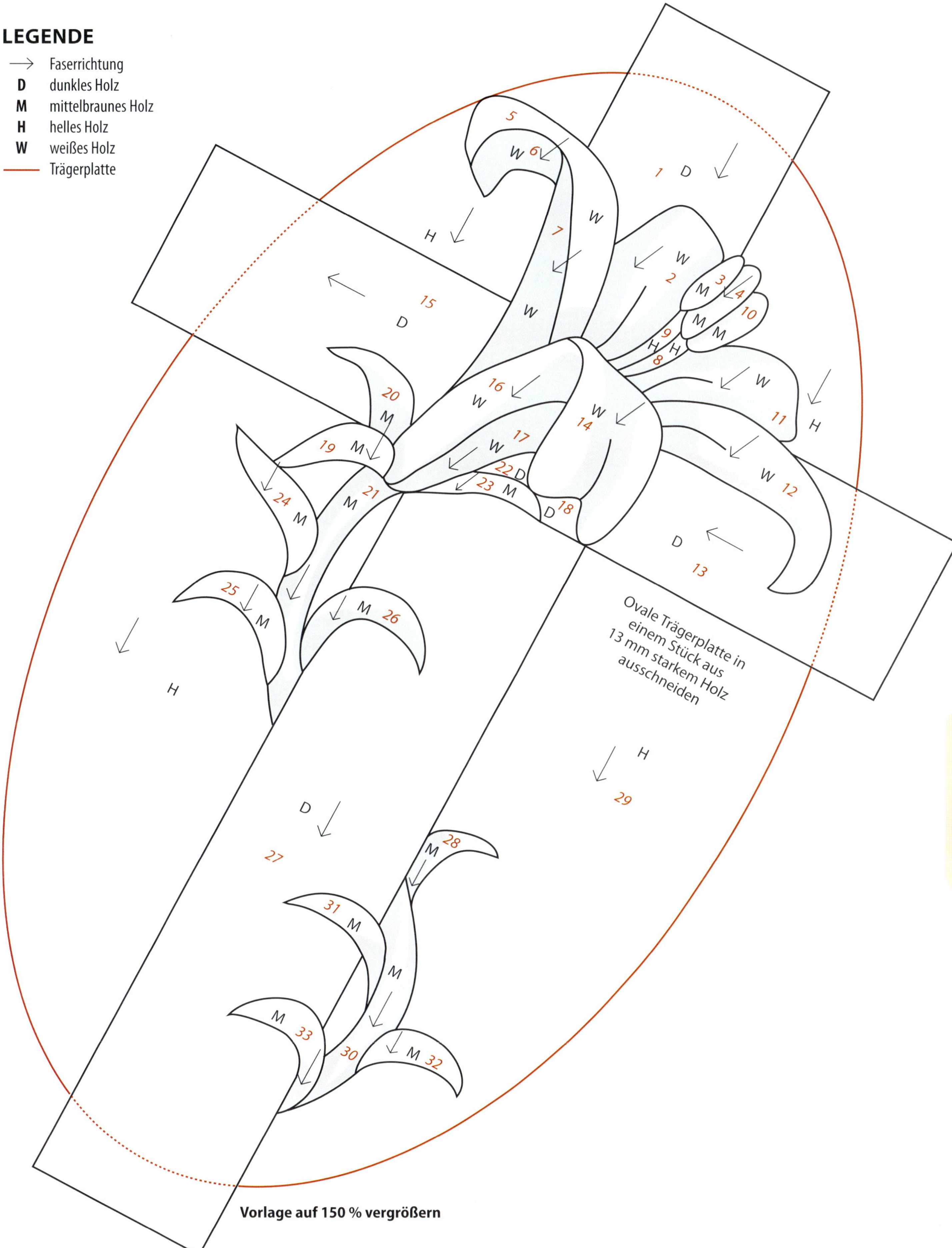

Vorlage auf 150 % vergrößern

Waschbär

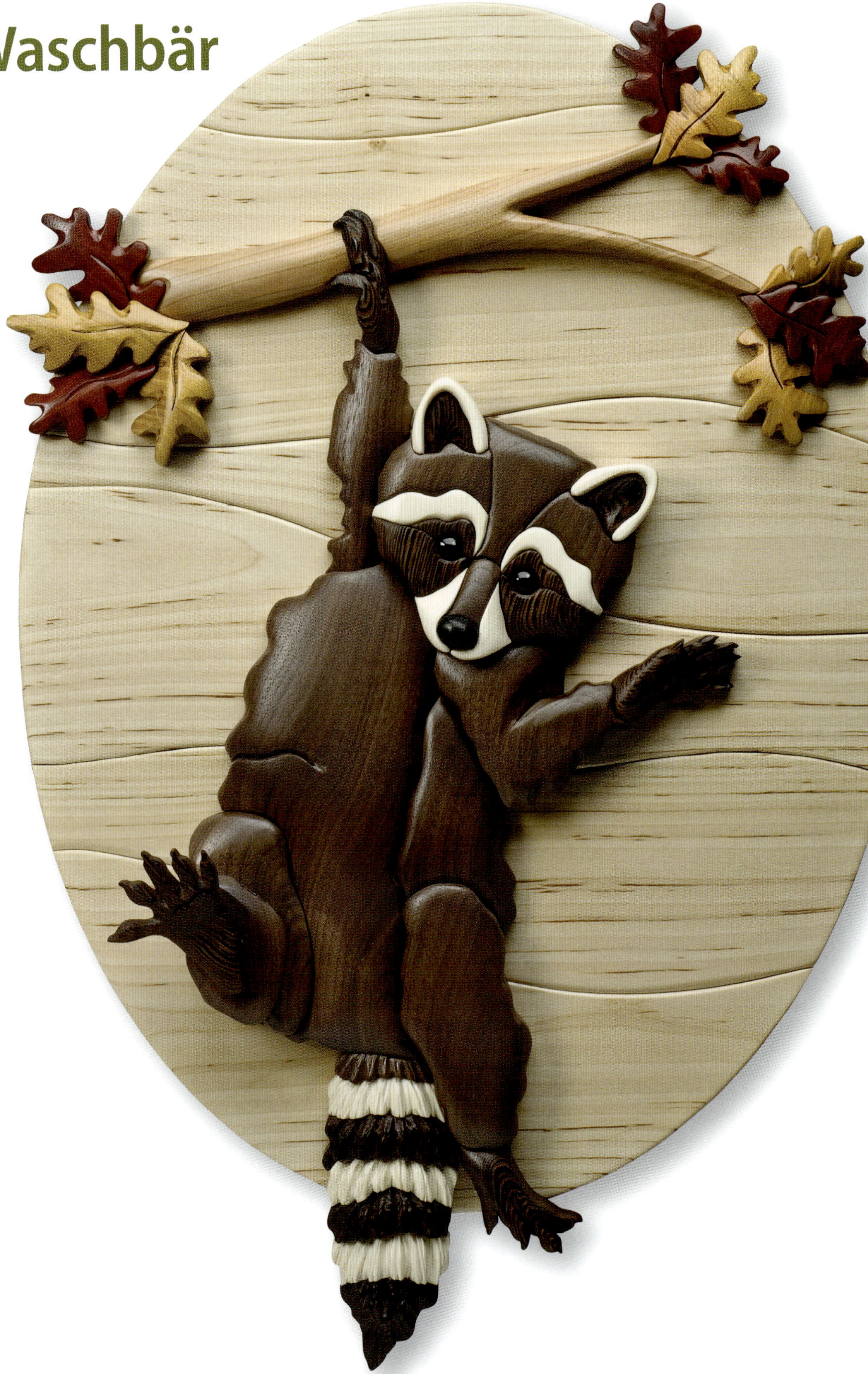

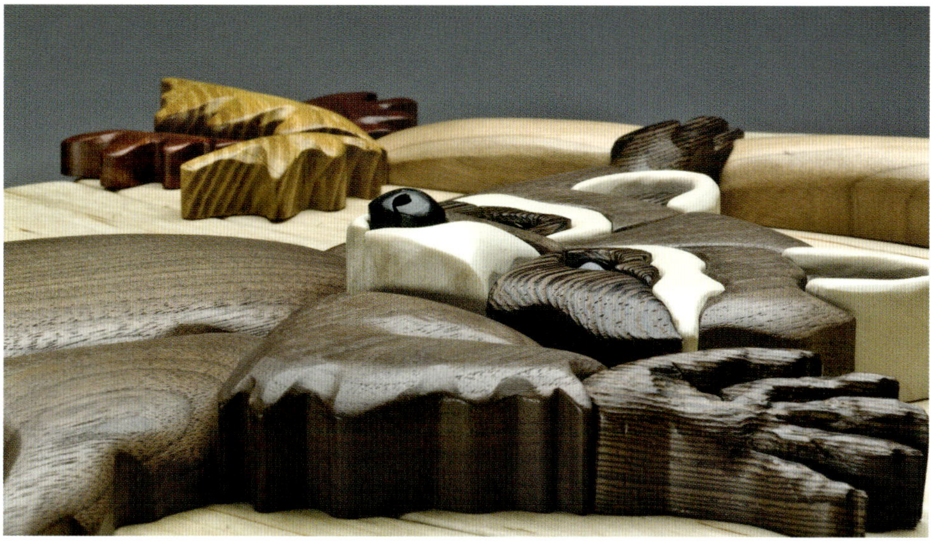

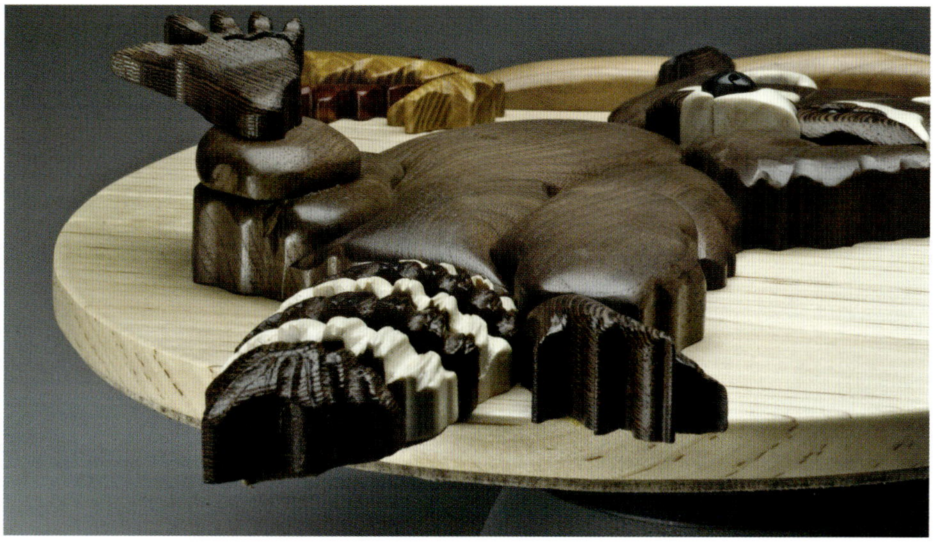

Material

- schwarzes Holz (Ebenholz), 105 x 70 x 19 mm
- dunkles Holz (Wenge), 130 x 250 x 25 mm
- tiefbraunes Holz (Schwarznuss), 400 x 200 x 25 mm
- rötlich-braunes Holz (Kirsche), 300 x 120 x 25 mm
- rotes Holz (Bluthholz), 300 x 150 x 19 mm
- weißes Holz (Pappel), 190 x 120 x 25 mm
- gelbes Holz (Osage-Orange), 300 x 105 x 19 mm

Tipps

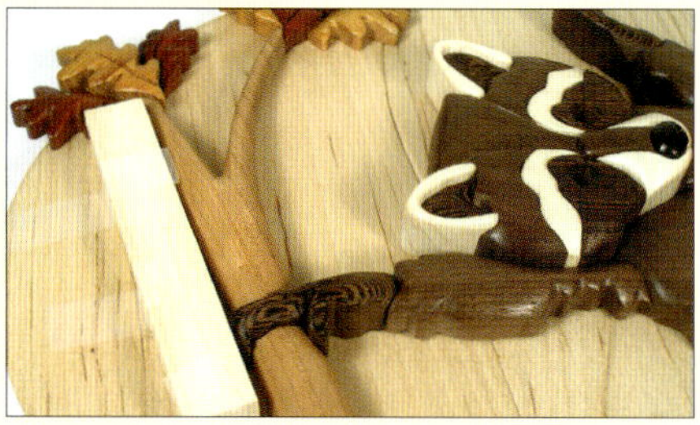

Befestigen Sie ein Stück Restholz als „Stopper" mit Klebeband am Hintergrund. So können Sie den Zweig wieder genau in Position bringen, nachdem Sie den Kleber aufgetragen haben.

- Achten Sie beim Anpassen der Teile besonders auf die Augenpartie.
- Verwenden Sie eine 10 mm starke Unterlegscheibe für die Nasenpartie (Nr. 31–34) und – wenn nötig – auch für die Augen.
- Achten Sie darauf, dass alle Teile harmonisch verlaufend ineinander übergehen und sich zwischen den Teilen keine scharfen Kanten befinden.
- Schleifen Sie die Rundungen an der Innenseite der Ohren (Nr. 16 und 25) mit der Spindelschleifmaschine.
- Statt der effektvollen plastischen Oberflächengestaltung an allen Einzelteilen des Schwanzes (mehr dazu auf S. 42) können Sie sich auch für einen Schwanz mit glatter Oberfläche und nahtlosen Farbübergängen entscheiden.
- Damit die weißen Teile nicht vergilben, können Sie sie mit weißer Beize behandeln.
- Fügen Sie den fertig geklebten Kopf, den Körper und den „Hängearm" zusammen. Schneiden Sie die Fugen nach, wenn die Teile nicht perfekt zusammenpassen. Die Vorderpfote (Nr. 8 und 9) bildet einen Teil des Zweiges und wird nicht am Arm angeklebt. Kleben Sie die Blätter zuerst abschnittsweise mit CA-Kleber zusammen, bevor Sie sie am Zweig ankleben.

Waschbär

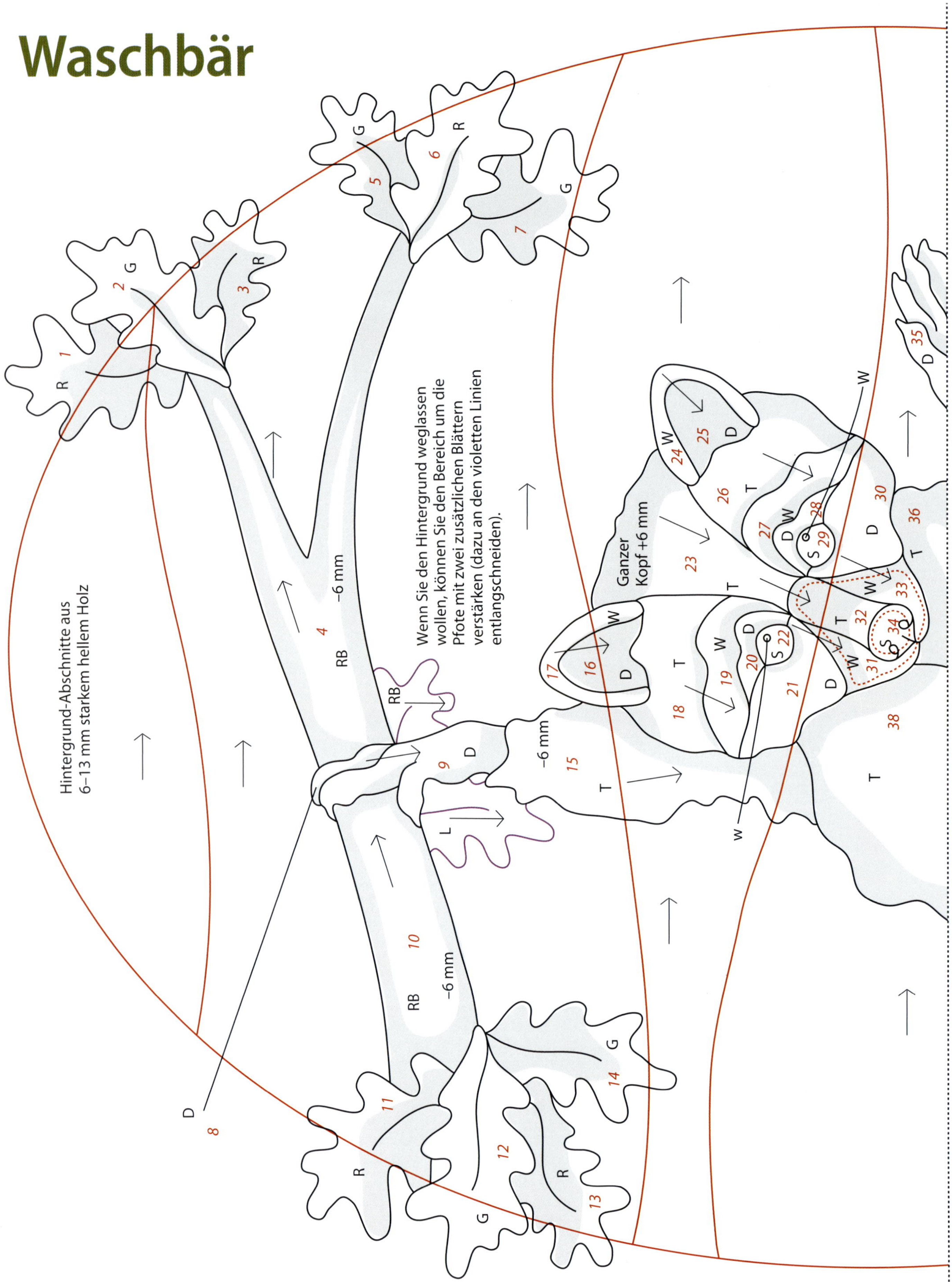

Vorlage auf 150 % vergrößern

LEGENDE

→	Faserrichtung
S	schwarzes Holz
D	dunkles Holz
T	tiefbraunes Holz
RB	rötlich-braunes Holz
R	rotes Holz
W	weißes Holz
G	gelbes Holz
–6 mm	um 6 mm dünneres Holz verwenden
+6 mm	um 6 mm dickeres Holz oder Unterlegscheibe verwenden
+13 mm	um 13 mm dickeres Holz oder Unterlegscheibe verwenden
- - - - - -	Unterlegscheiben
———	Trägerplatte
- - - - - -	Overlays anbringen
———	optionale Teile

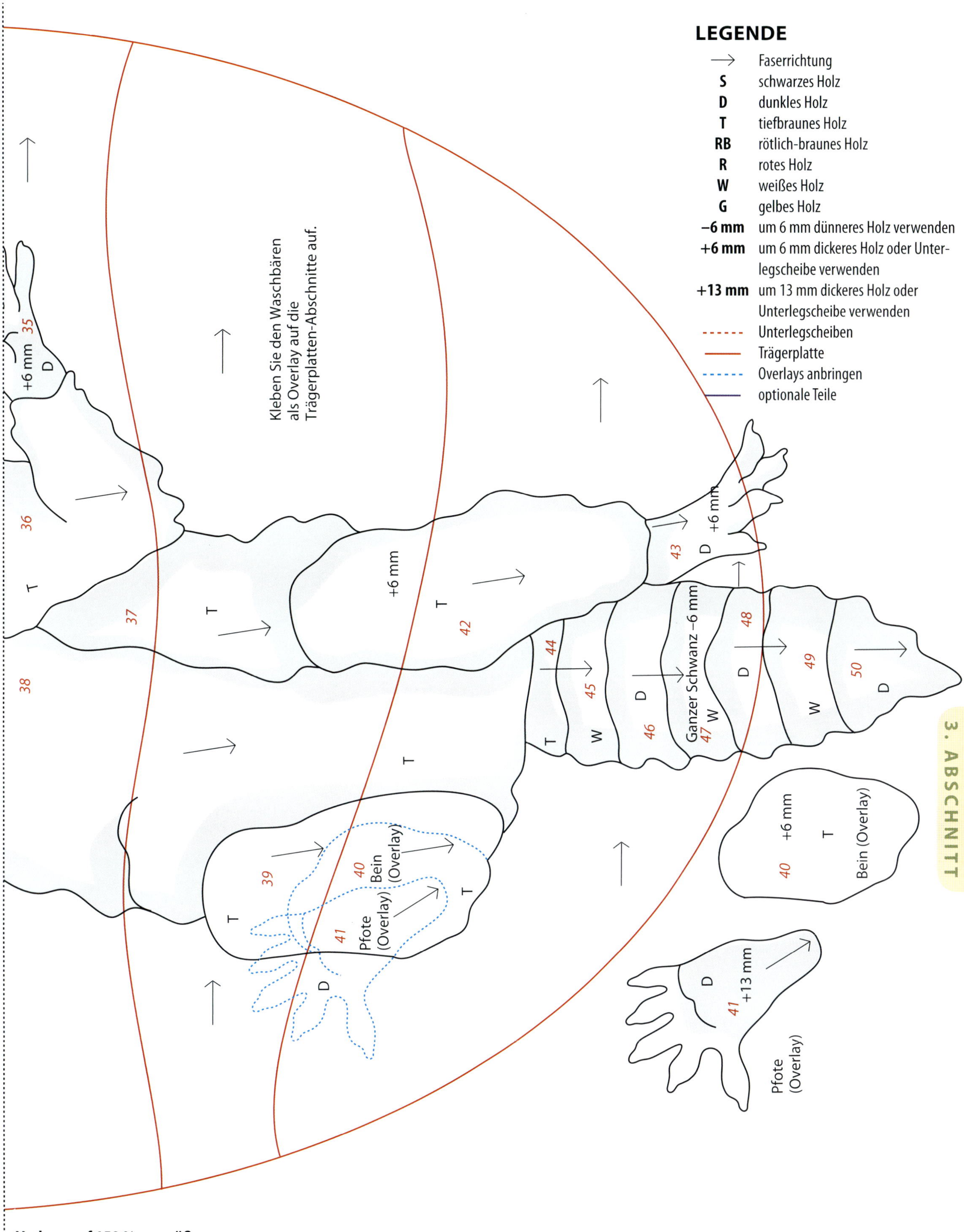

Vorlage auf 150 % vergrößern

Vogelhaus

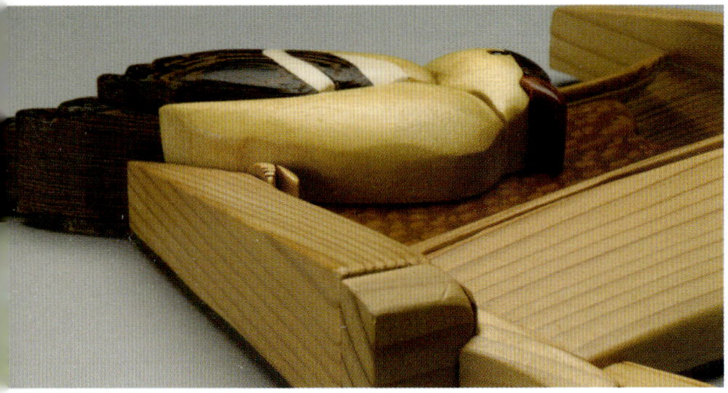

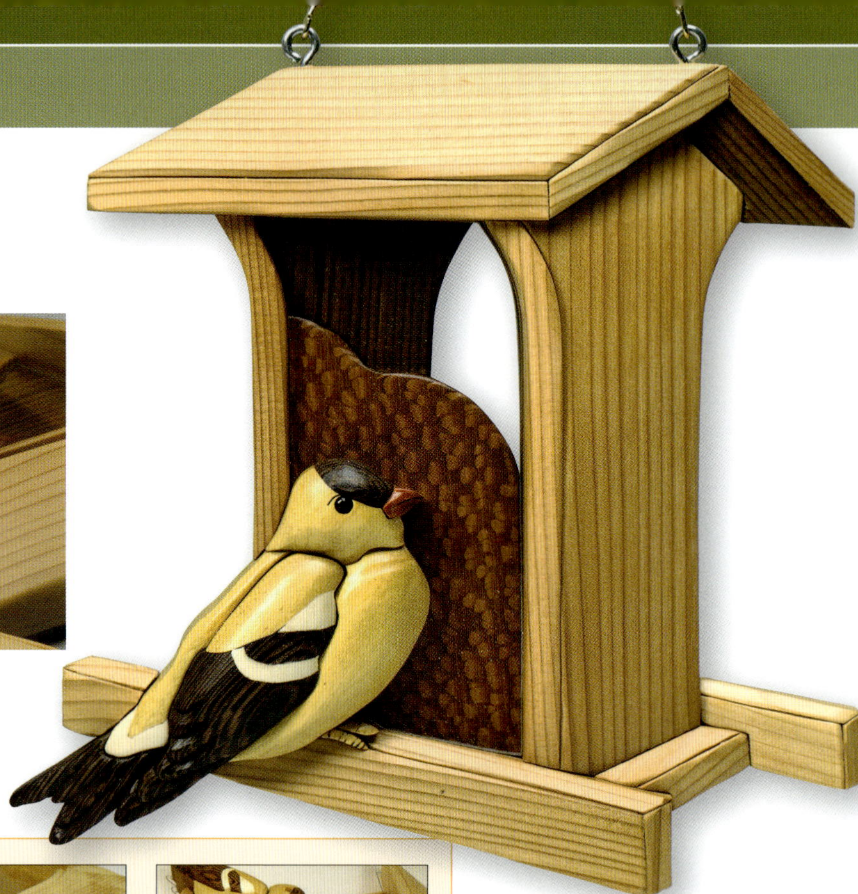

Tipps

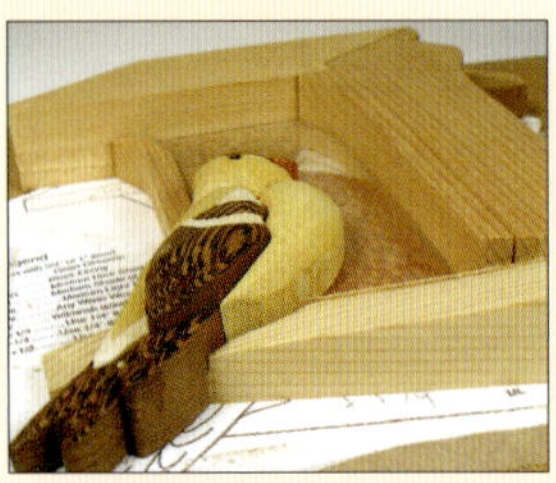

Markieren und schleifen Sie den unteren Balken (Nr. 3) so, dass er nach links abfällt und die Kanten scharf abgewinkelt vom Betrachter weg zeigen.

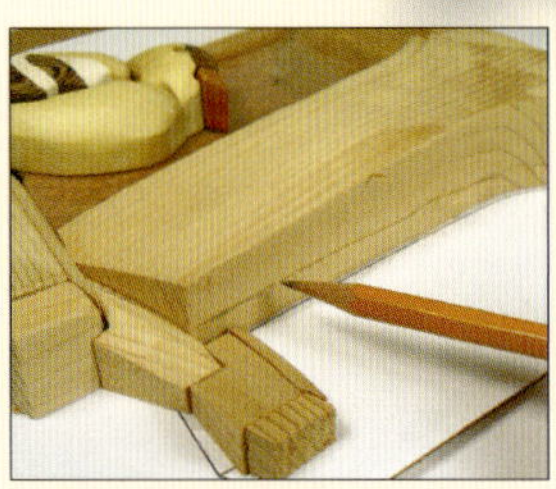

Geben Sie den unteren Teilen auf der rechten Seite eine Neigung nach rechts. Die Seitenwand (Teil Nr. 11) ist an der linken Seite am höchsten und neigt sich ebenfalls stark nach rechts.

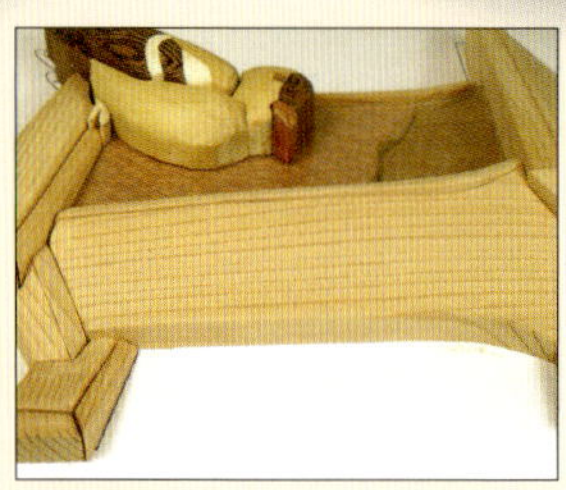

Teil Nr. 12 muss tiefer sein als die Teile Nr. 3 und 4, die sich unterhalb von ihm befinden.

- Einsteiger können das ganze Vogelhaus aus einem einzigen Stück Zedernholz ausschneiden und die Faserrichtungspfeile außer Acht lassen.
- An diesem Projekt können Sie üben, wie man durch Abschleifen eine schöne Tiefenwirkung erzeugt. Je dicker das Holz, desto mehr 3-D-Wirkung können Sie erzielen. Verwenden Sie, wenn möglich, 32 mm starkes Holz oder kleben Sie zwei 19-mm-Schichten zusammen.
- Verwenden Sie für den Flügel eine 13 mm starke Unterlegscheibe.
- Für die Details an den Schwanz- und Schwungfedern (Nr. 30, 33, 34) nehmen Sie ein Multifunktionswerkzeug.
- Das Dach neigt sich oben und an der linken Seite nach hinten, das Holz wird also stark abgeschliffen.
- Bekleben Sie beide Kanten der Plexiglasscheibe mit transparentem Klebeband und sägen Sie sie mit einem Sägeblatt Nr. 3 mit Gegenzähnen mit niedriger Geschwindigkeit aus. Nachher schleifen Sie die Schnittkanten leicht mit einem Trommelschleifer ab.
- Teil 13 (Vogelfutter) sollte eben sein, sodass das Plexiglas problemlos darüberpasst.
- Überziehen Sie die Holzteile mit Sprühlack. Lassen Sie sie über Nacht trocknen. Kleben Sie das Plexiglas mit CA-Kleber so an, dass die Klebestelle später durch den Vogel verdeckt wird. Kleben Sie den Vogel an. Schleifen Sie die gesamte Rückseite der Arbeit plan ab.
- Als zusätzliches „realistisches" Detail bringen Sie zwei Augbolzen und eine Kette zum Aufhängen an.

Material

- schwarzes Holz (Ebenholz), 50 x 125 x 25 mm
- tiefbraunes Holz (dunkles Zedernholz), 100 x 100 x 19 mm
- tiefbraunes Holz (Seideneiche), 150 x 125 x 13 mm (Vogelfutter)
- mittelbraunes Holz (Zeder), 405 x 150 x 25 mm
- weißes Holz (Pappel), 50 x 50 x 25 mm
- gelbes Holz (Gelbholz), 75 x 100 x 25 mm
- orangefarbenes Holz (Cocobolo), 25 x 25 x 25 mm

LEGENDE

→	Faserrichtung
S	schwarzes oder dunkles Holz
T	tiefbraunes Holz
M	mittelbraunes Holz
W	weißes Holz
G	gelbes Holz
O	orangefarbenes Holz
–6 mm	um 6 mm dünneres Holz verwenden
+6 mm	um 6 mm dickeres Holz oder Unterlegscheibe verwenden
- - - - -	Unterlegscheibe

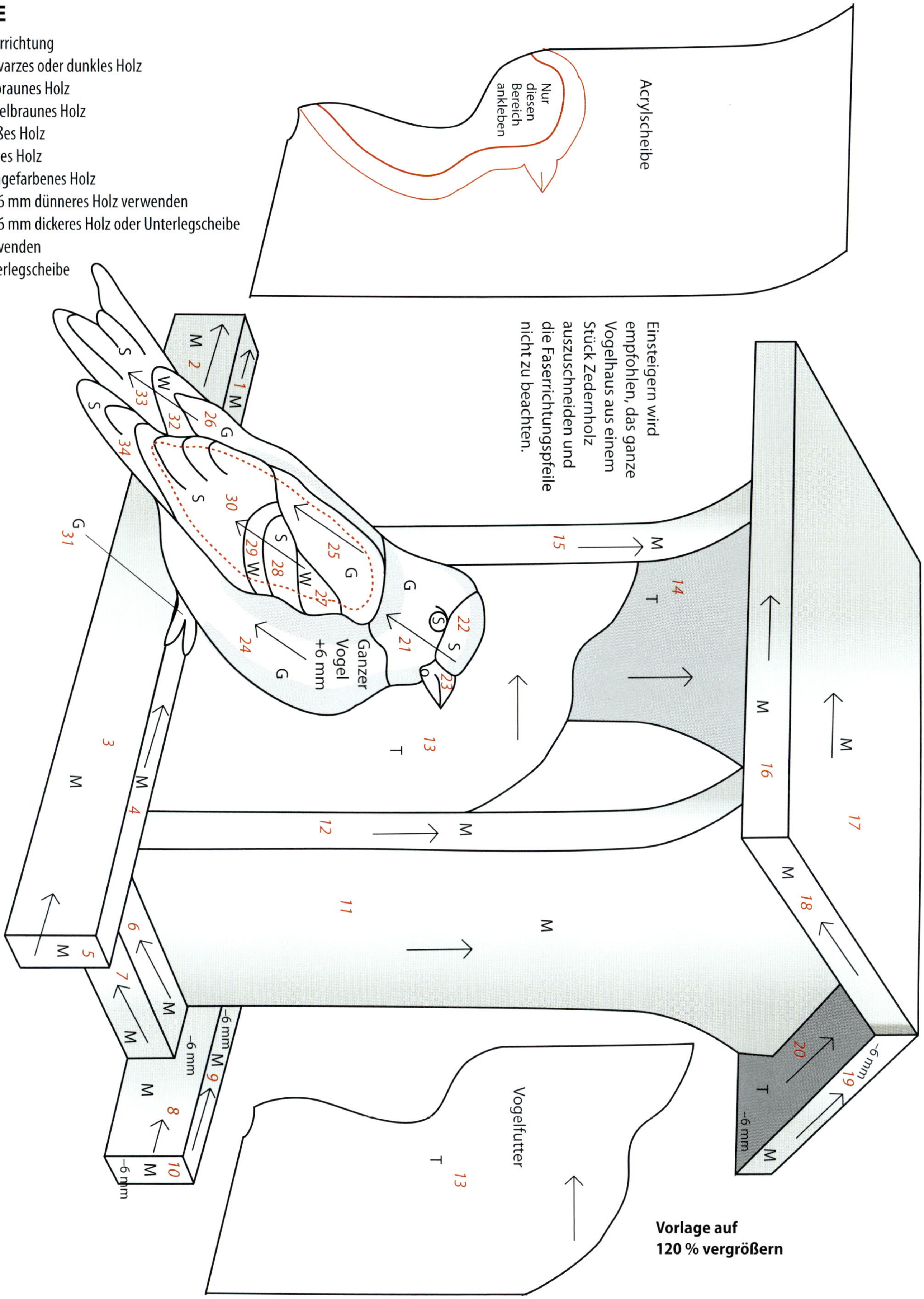

Vorlage auf 120 % vergrößern

Junge auf der Schaukel

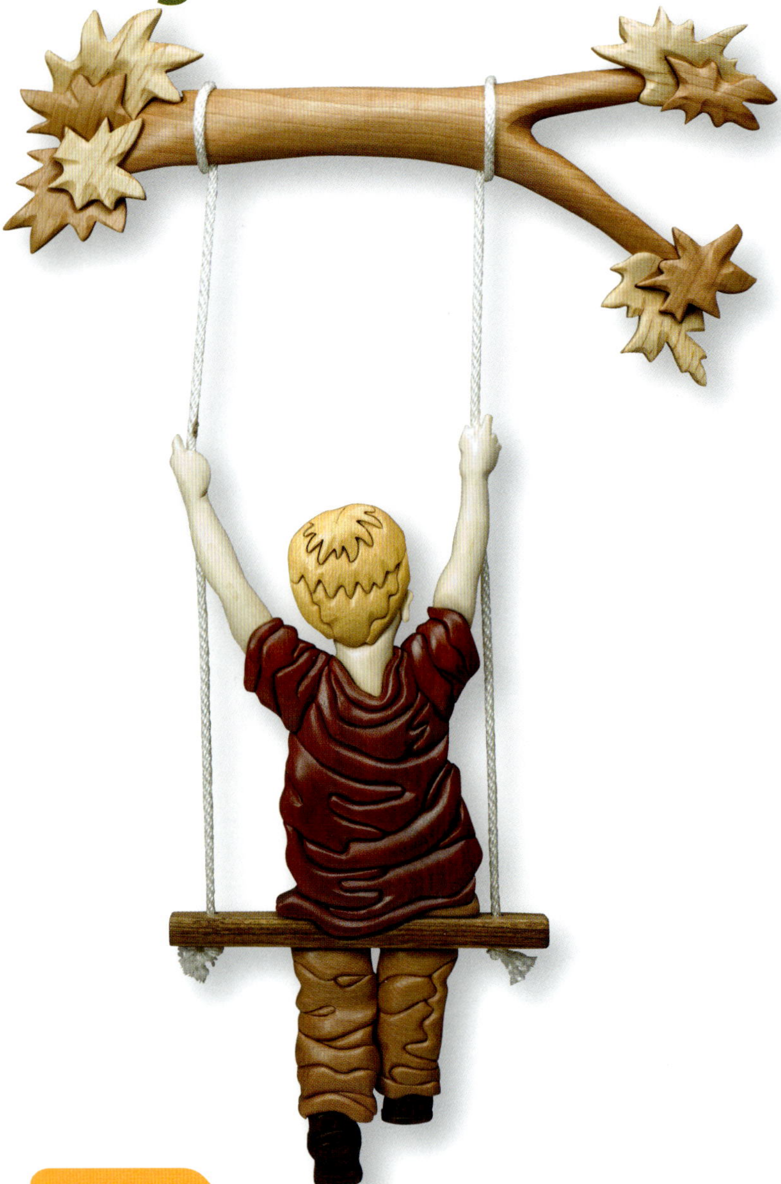

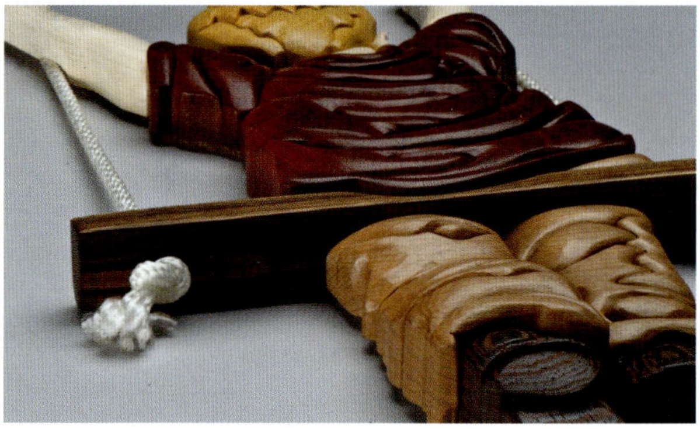

Material

- tiefbraunes Holz (Schwarznuss), 200 x 50 x 25 mm (Schaukel)
- rotes Holz (Blutholz, dunkles Zedernholz), 460 x 100 x 13 mm (Blätter)
- mittelbraunes Holz (Kirsche), 380 x 130 x 25 mm (Ast)
- gelbes Holz (Gelbholz, helles Zedernholz), 460 x 100 x 13 mm (Blätter)
- dunkles Holz (Wenge), 50 x 75 x 25 mm (Schuhe)
- mittelbraunes Holz (Buche), 100 x 130 x 25 mm (Hose)
- rotes Holz (Blutholz), 180 x 150 x 25 mm (Hemd)
- gelbes Holz (Gelbholz), 180 x 100 x 25 mm (Haare)
- helles Holz (Pappel), 180 x 130 x 25 mm (Hals, Arme)

Tipps

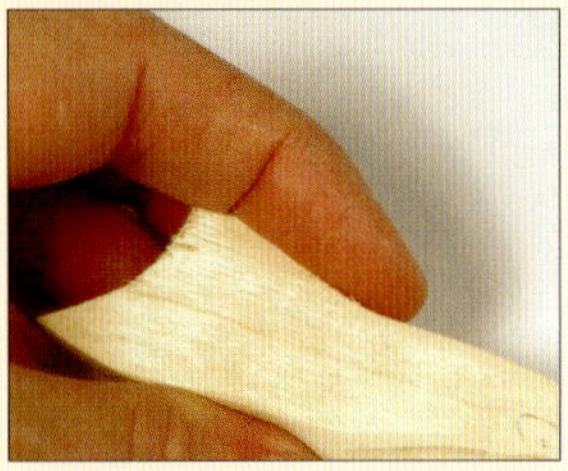

Bohren Sie zwei Löcher in die Schaukel. Bringen Sie mit dem Multifunktionswerkzeug an der Rückseite der Arme und Hände eine Rille zum Einkleben der Schnur an.

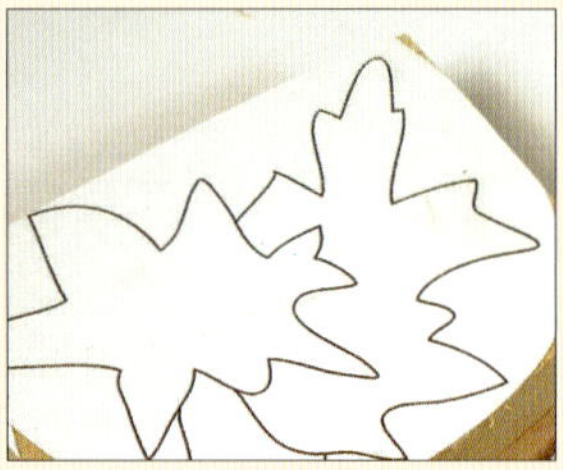

Sie können die Blätterpaare auf der rechten Seite im Stapelschnitt herstellen und ein Paar umdrehen.

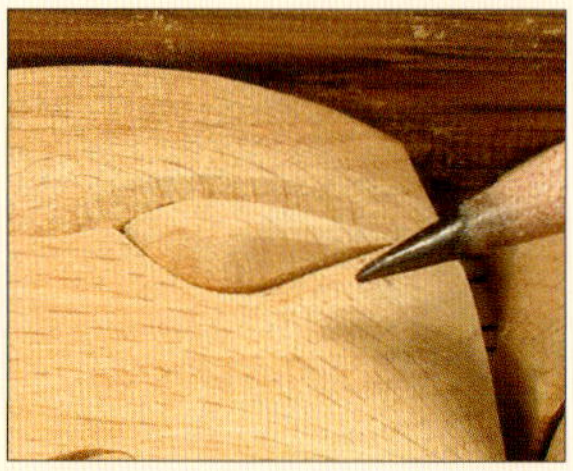

Runden Sie jede Falte an Hemd und Hose ab. Das Fältchen auf dem Foto ist zu hoch – nach dem Schleifen sollte die Mitte eine tiefe Mulde bilden, die von abgerundeten Rändern umgeben ist.

- Diese Figur ist ein ideales Geschenk für ein Kind oder Enkelkind. Sie können die Haarfarbe ebenso abändern wie die Farbe von Hemd und Hose. Das Hemd kann auch ein Streifenmuster bekommen.
- Hemd und Hose werden jeweils aus einem Stück Holz ausgeschnitten, damit die einzelnen Teile gut zusammenpassen.
- Dort, wo die Schnur an der Innenseite der Arme und Hände verläuft, wird keine Trägerplatte angebracht.

Mädchen auf der Schaukel

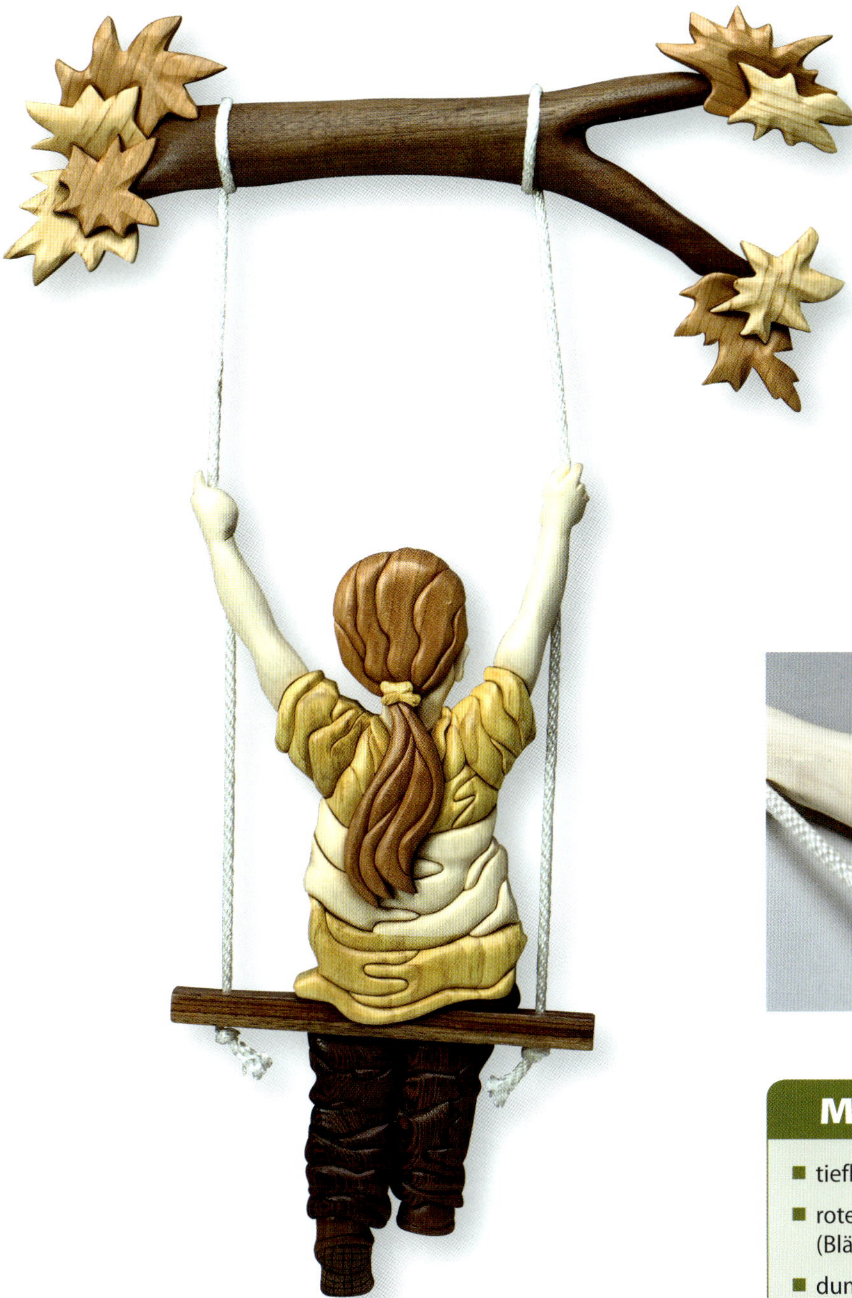

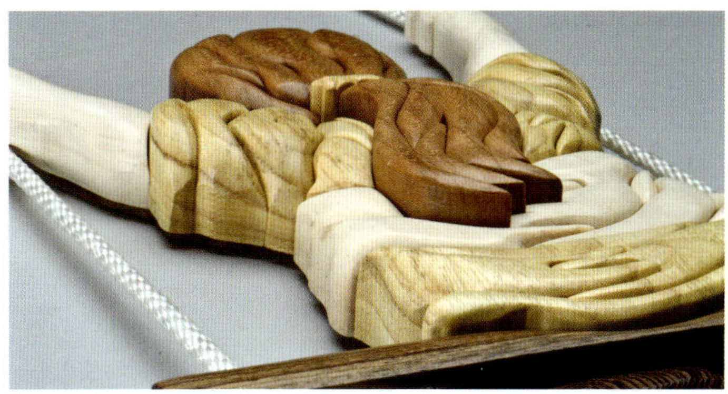

Material

- tiefbraunes Holz (Schwarznuss), 200 x 50 x 25 mm (Schaukel)
- rotes Holz (Blutholz, dunkles Zedernholz), 460 x 100 x 13 mm (Blätter)
- dunkelbraunes Holz (Walnuss), 380 x 130 x 25 mm (Ast)
- gelbes Holz (Gelbholz, helles Zedernholz), 460 x 100 x 13 mm (Blätter)
- dunkles Holz (Wenge, Schwarznuss), 100 x 130 x 25 mm (Hose)
- mittelbraunes Holz (Kirsche), 180 x 100 x 25 mm (Haare)
- weißes Holz (Pappel), 130 x 75 x 25 mm (Hemd)
- gelbes Holz (Gelbholz), 150 x 150 x 25 mm (Hemd, Haargummi)
- dunkles Holz (Schwarznuss), 75 x 50 x 25 mm (Schuhe)
- helles Holz (Pappel), 180 x 130 x 25 mm (Hals, Arme)

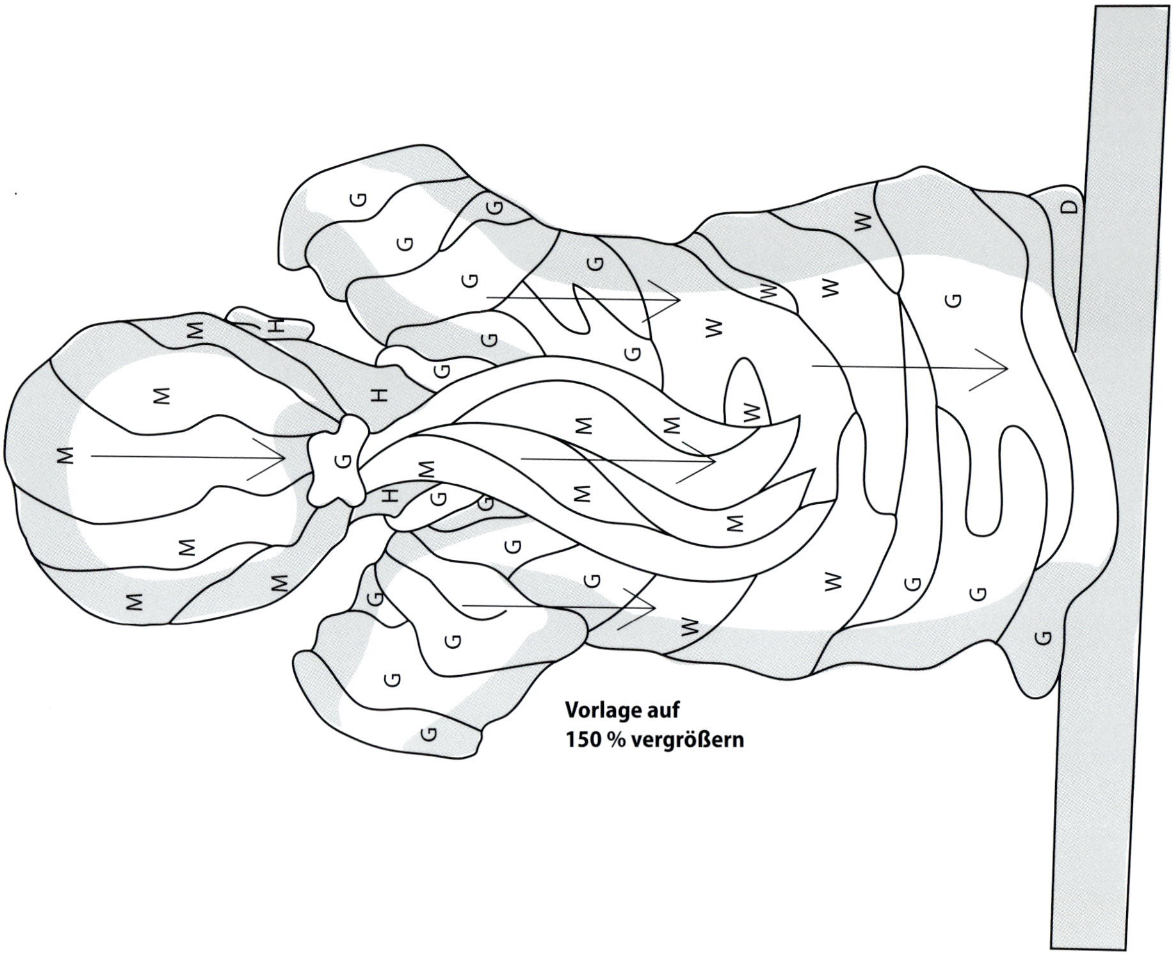

Vorlage auf
150 % vergrößern

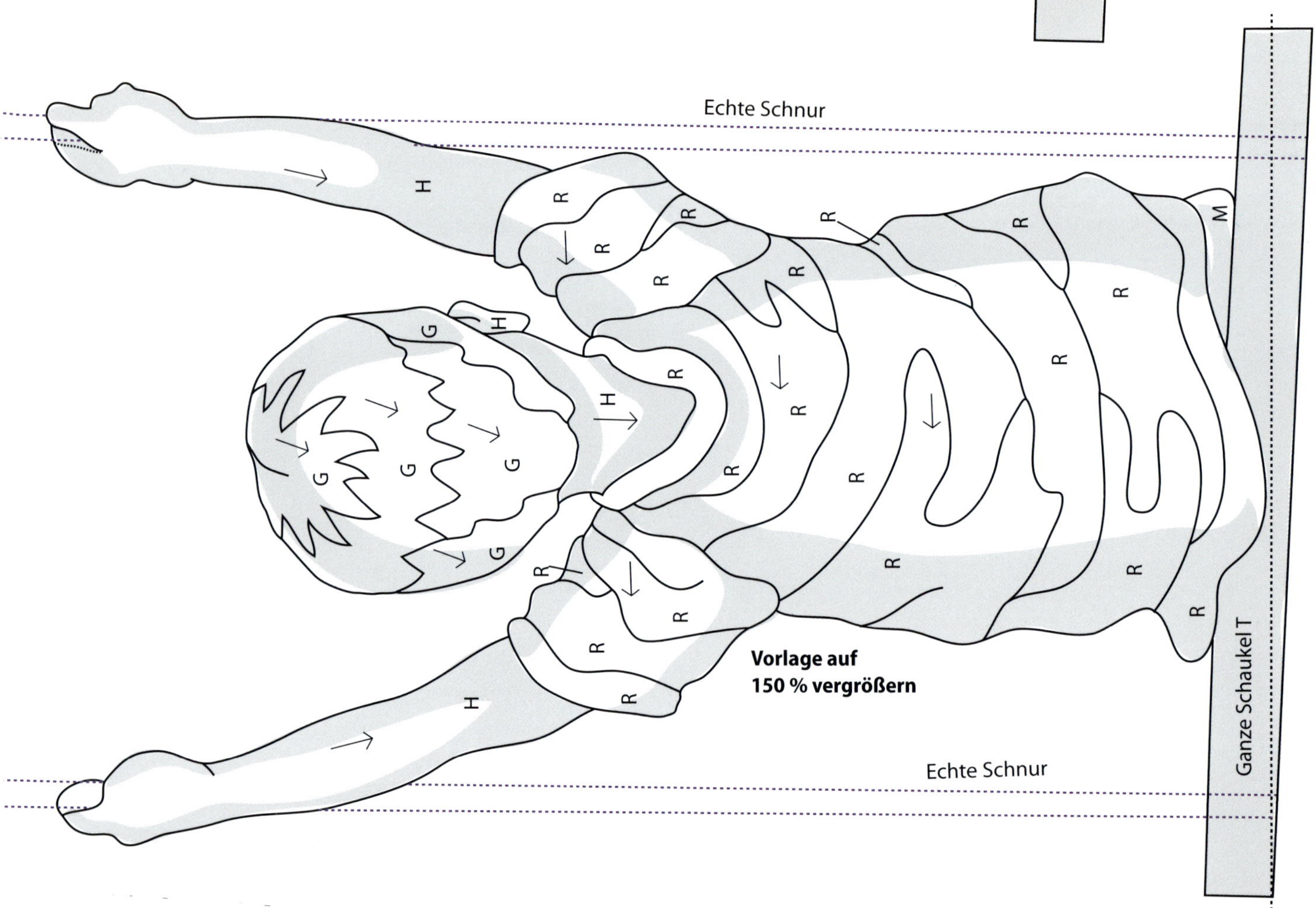

Vorlage auf
150 % vergrößern

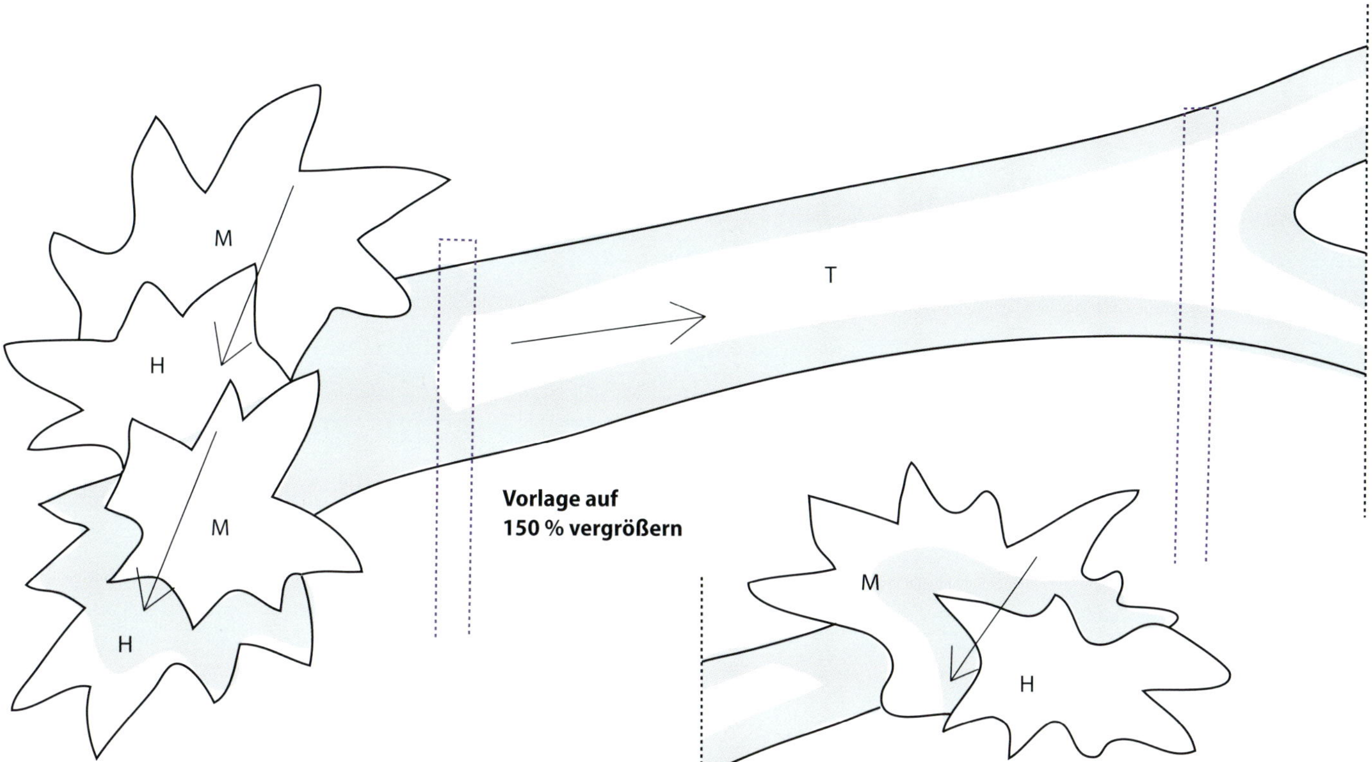

Vorlage auf
150 % vergrößern

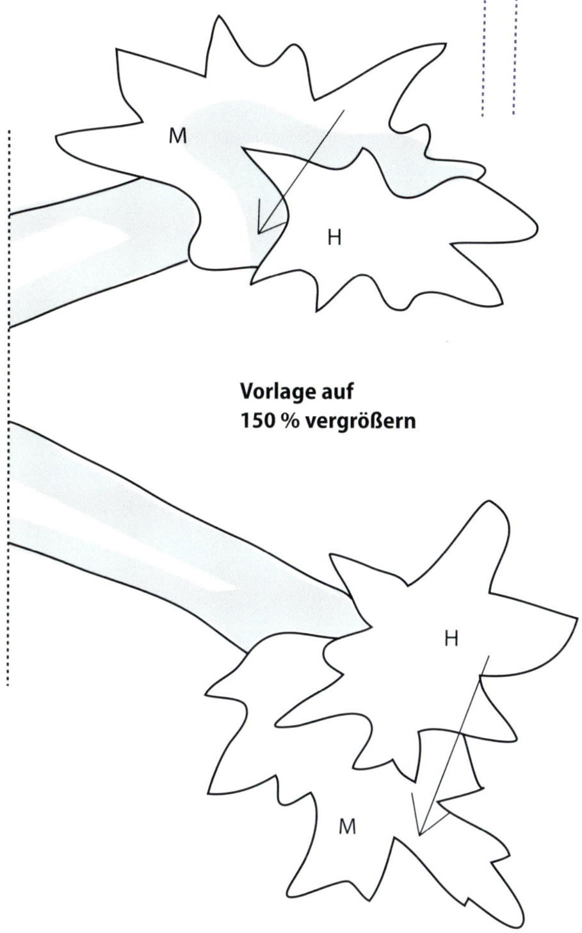

Vorlage auf
150 % vergrößern

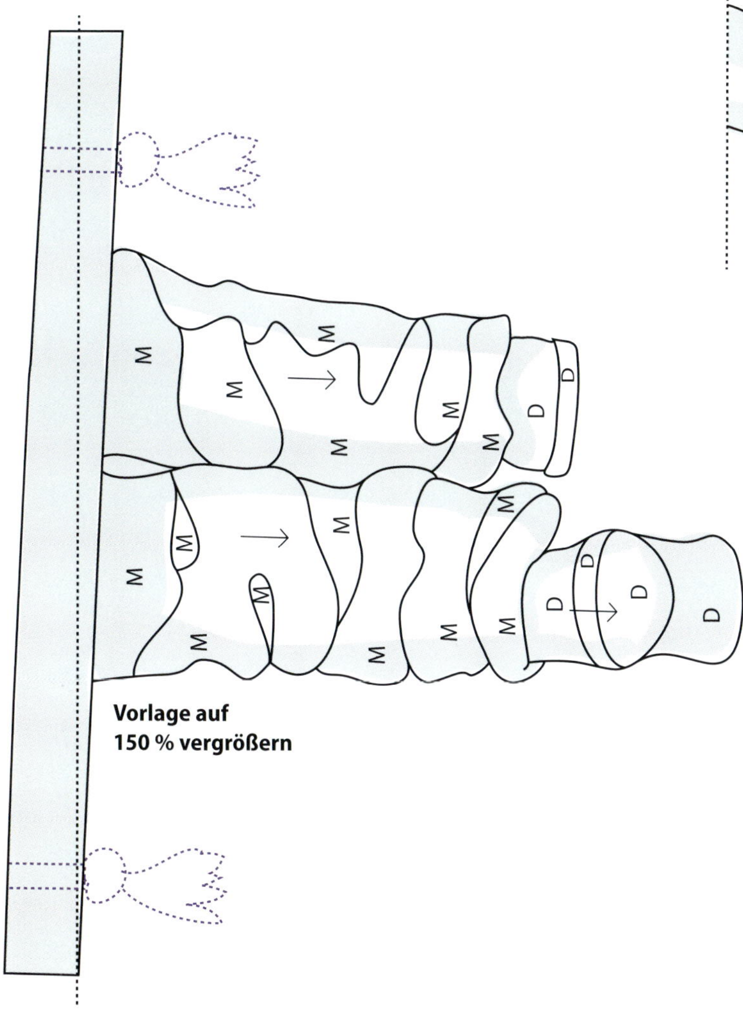

Vorlage auf
150 % vergrößern

LEGENDE

- → Faserrichtung
- **D** dunkles Holz
- **T** tiefbraunes/dunkelbraunes/mittelbraunes Holz
- **M** mittelbraunes/rötliches Holz
- **H** helles Holz
- **R** rotes Holz
- **G** gelbes Holz
- - - - - - Schnur

Anhang

1. ÜBUNG

Einfache Schnitte: Gerade Linien und Kurven

Hier können Sie die Fertigkeiten üben, die Sie für Intarsienarbeiten brauchen. Wenn Sie den Umgang mit der Dekupiersäge erst erlernen wollen, ist diese Übung gerade richtig für Sie.

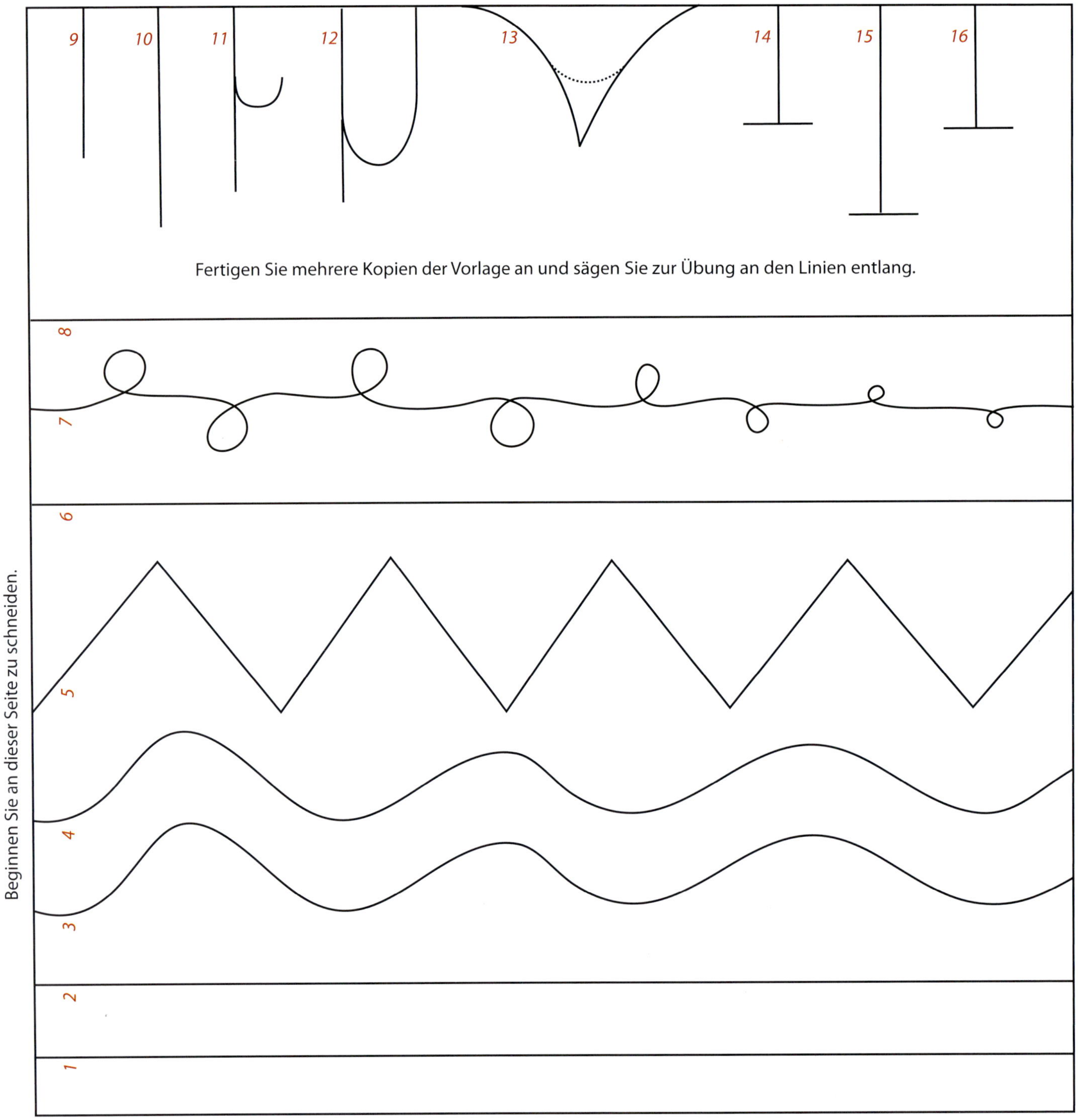

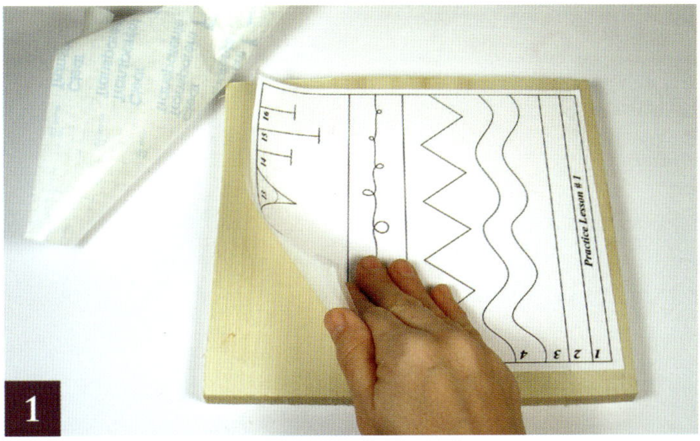

Beginnen Sie mit einem Stück Weichholz (z. B. Zeder, Pappel, Kiefer; 200 x 230 x 13 mm). Nehmen Sie ein Sägeblatt Nr. 3 oder 5 mit Gegenzähnen – mit diesem dünnen Sägeblatt lassen sich scharfe Wendungen leichter schneiden. Sprühen Sie die Rückseite der Vorlage mit Kleber ein und kleben Sie sie auf.

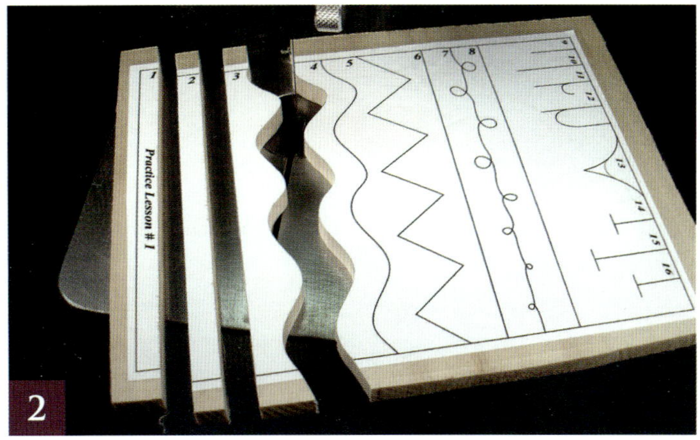

Beginnen Sie mit den geraden Linien (Nr. 1 und 2). Schneiden Sie langsam und bleiben Sie auf der Linie. Schieben Sie das Holz mit leichtem Druck in das Sägeblatt. Lassen Sie das Sägeblatt die Arbeit machen. Wenn Sie von der Linie abkommen, fahren Sie nicht zurück, sondern führen Sie das Sägeblatt allmählich auf die Linie zurück. In vielen Fällen müssen Sie das Werkstück leicht schräg vorschieben, um auf der geraden Linie zu bleiben.

Nun schneiden Sie die Kurvenlinien Nr. 3 und 4. Drehen Sie das Werkstück leicht hin und her und „steuern" Sie es so, dass das Sägeblatt auf der Linie bleibt. Üben Sie dabei keinen seitlichen Druck auf das Sägeblatt aus.

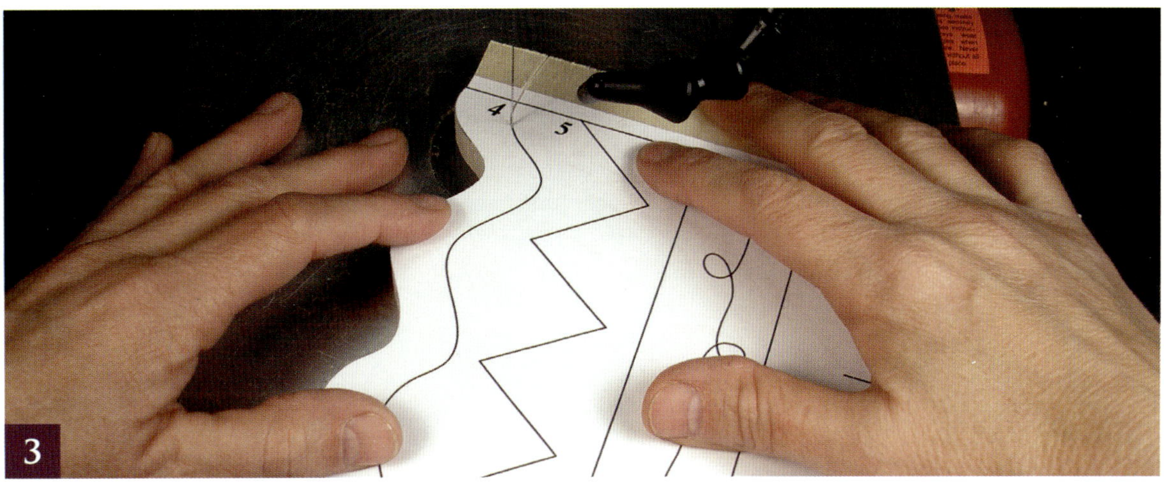

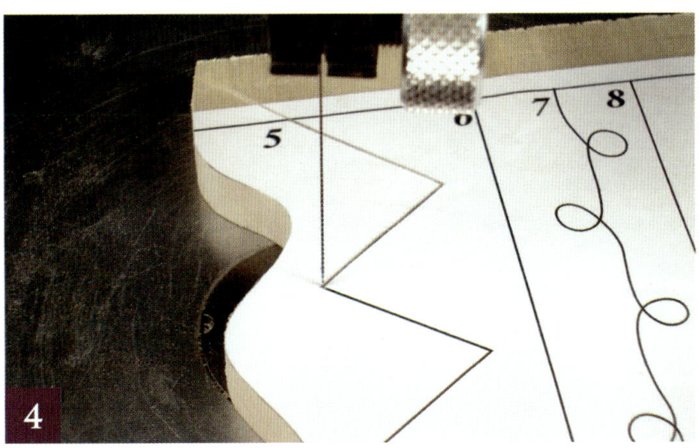

Wenn Sie bei der Linie Nr. 5 zum Ende der Geraden kommen, reduzieren Sie den Druck auf das Sägeblatt, indem Sie aufhören, das Holz vorzuschieben. Dadurch löst sich das Holz vom Sägeblatt und lässt sich leicht drehen. Drehen Sie das Holz um 90°, sodass das Sägeblatt wieder in die gewünschte Richtung zeigt. Sägen Sie weiter und wiederholen Sie den Vorgang bei der nächsten „Ecke".

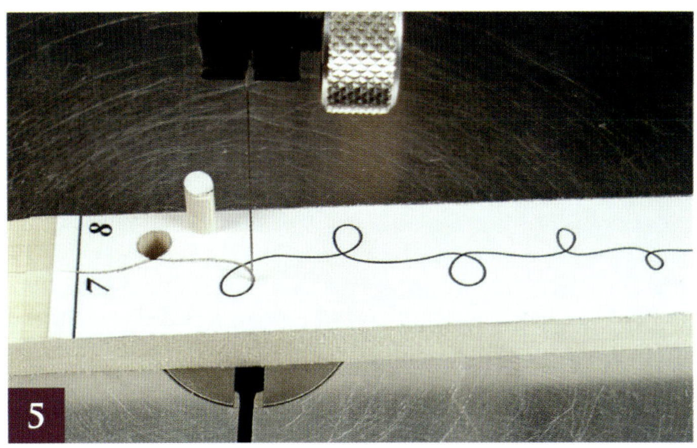

Schneiden Sie nun die geraden Linien Nr. 6 und 8. So erhalten Sie ein kleineres Holzstück, das sich beim Schneiden der Schleifen von Nr. 7 um die eigene Achse drehen lässt. Wenn der Ausschnitt während des Sägens herausfällt, entfernen Sie ihn (Motor abdrehen!), damit er nicht in den Schneidspalt hinunterfällt und hängenbleibt. Probieren Sie immer kleinere Schleifen zu sägen.

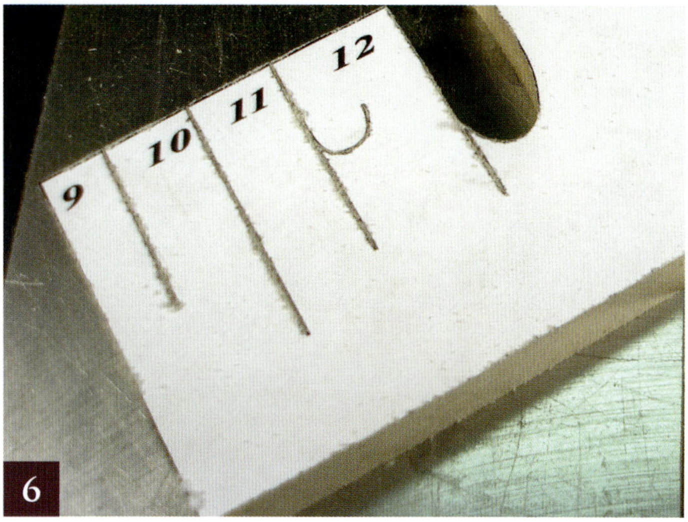

6

Schneiden Sie Nr. 9 und 10: Sägen Sie bis zum Ende an der jeweiligen Linie entlang, fahren Sie mit dem Sägeblatt ganz zurück und aus dem Sägeschlitz heraus. Nun versuchen Sie es bei Nr. 11 und 12: Schneiden Sie bis zum Ende der Linie, fahren Sie bis zum Ansatz der Kurve zurück und sägen Sie die Kurve. Fahren Sie bei Nr. 11 ganz zurück und aus dem Sägeschlitz heraus.

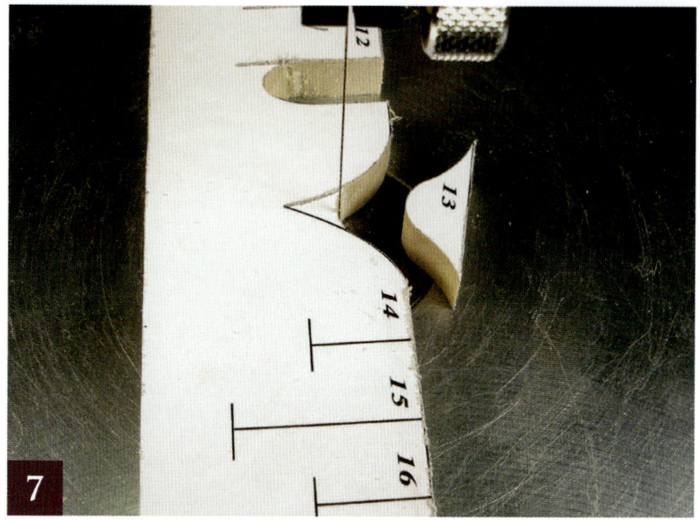

7

Schneiden Sie an der Linie Nr. 13 entlang bis zur „Spitze". Fahren Sie bis zur punktierten Linie zurück. Sägen Sie an der punktierten Linie entlang und in einem Zug weiter über das Ende der ununterbrochenen Linie hinaus. Entfernen Sie das Abfallholz. Sägen Sie von der anderen Seite bis zur „Spitze", aber nicht über die Spitze hinaus.

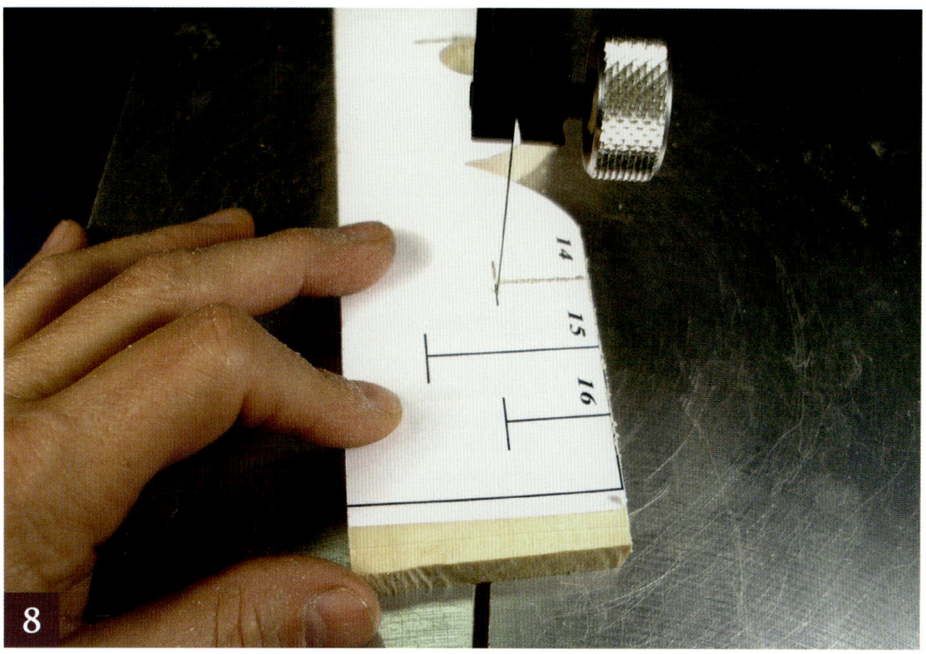

8

Eine gute Übung für präzise Schnitte: Sägen Sie bis zum Ende der Linie Nr. 14, drehen Sie das Holz um 90° nach links, sodass das Sägeblatt und die Linie (= rechte Hälfte des waagrechten T-Balkens) wieder fluchten. Schneiden Sie bis zum Ende des T-Balkens und fahren Sie bis zum vorherigen Wendepunkt zurück. Drehen Sie das Holz um 180°, schneiden Sie die andere Hälfte des waagrechten T-Balkens und fahren Sie zurück. Probieren Sie verschiedene Varianten, bis Sie das Sägeblatt im Sägeschlitz drehen können, ohne zusätzliches Material wegzunehmen.

Tipps

- Lassen Sie sich Zeit. Drücken Sie nicht zu stark auf das Holz – lassen Sie das Sägeblatt in der eingestellten Geschwindigkeit schneiden.
- Üben Sie anhand dieser Vorlage, bis Sie das Gerät sicher beherrschen.

2. ÜBUNG

Der Reihe nach

Dieser Schriftzug ist ein schönes Segmentierungsprojekt, an dem Sie die erlernten Fertigkeiten erproben können. Zugleich erhalten Sie Tipps zur optimalen Reihenfolge der Schnitte.

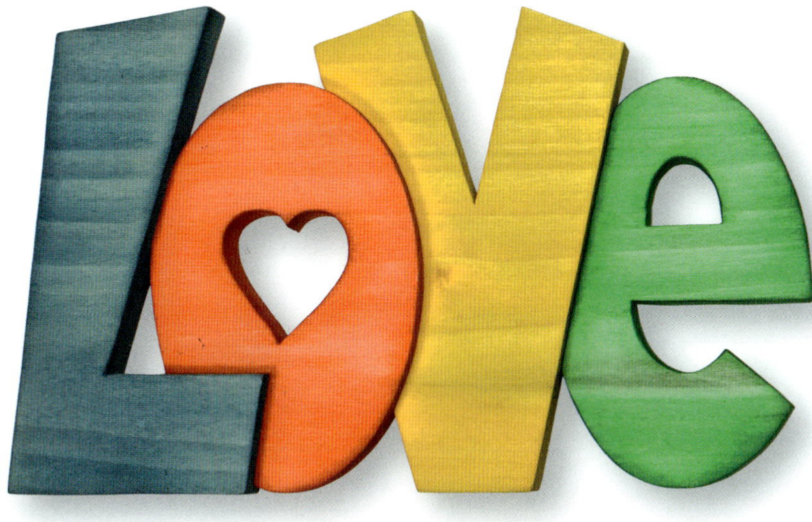

Material

- Weichholz (Zeder, Pappel, Kiefer), 280 x 220 x 19–25 mm

Tipps

- Schneiden Sie die Linien in dieser Reihenfolge: Rot, Grün, Blau, Orange, Rosa, Schwarz.
- Schneiden Sie immer in Pfeilrichtung.
- Wenn Sie an der grünen Linie entlangschneiden, fallen die scharfen Wendungen oben am Buchstaben L und an der linken Seite des Buchstabens V weg.
- Am waagrechten L-Balken müssen Sie eine scharfe Wendung sägen und zurückfahren.
- Bohren Sie an den Buchstaben O und E Startlöcher und schleifen Sie etwaige Grate von der Rückseite ab.
- Schleifen Sie die Buchstaben ab und behandeln Sie sie nach Wunsch mit Farbe, Beize oder Klarlack.

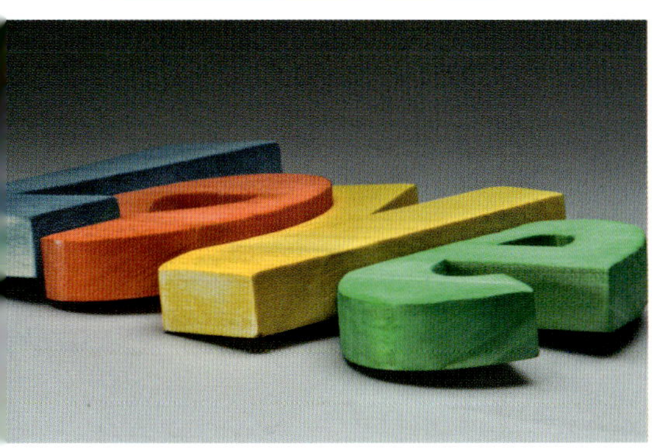

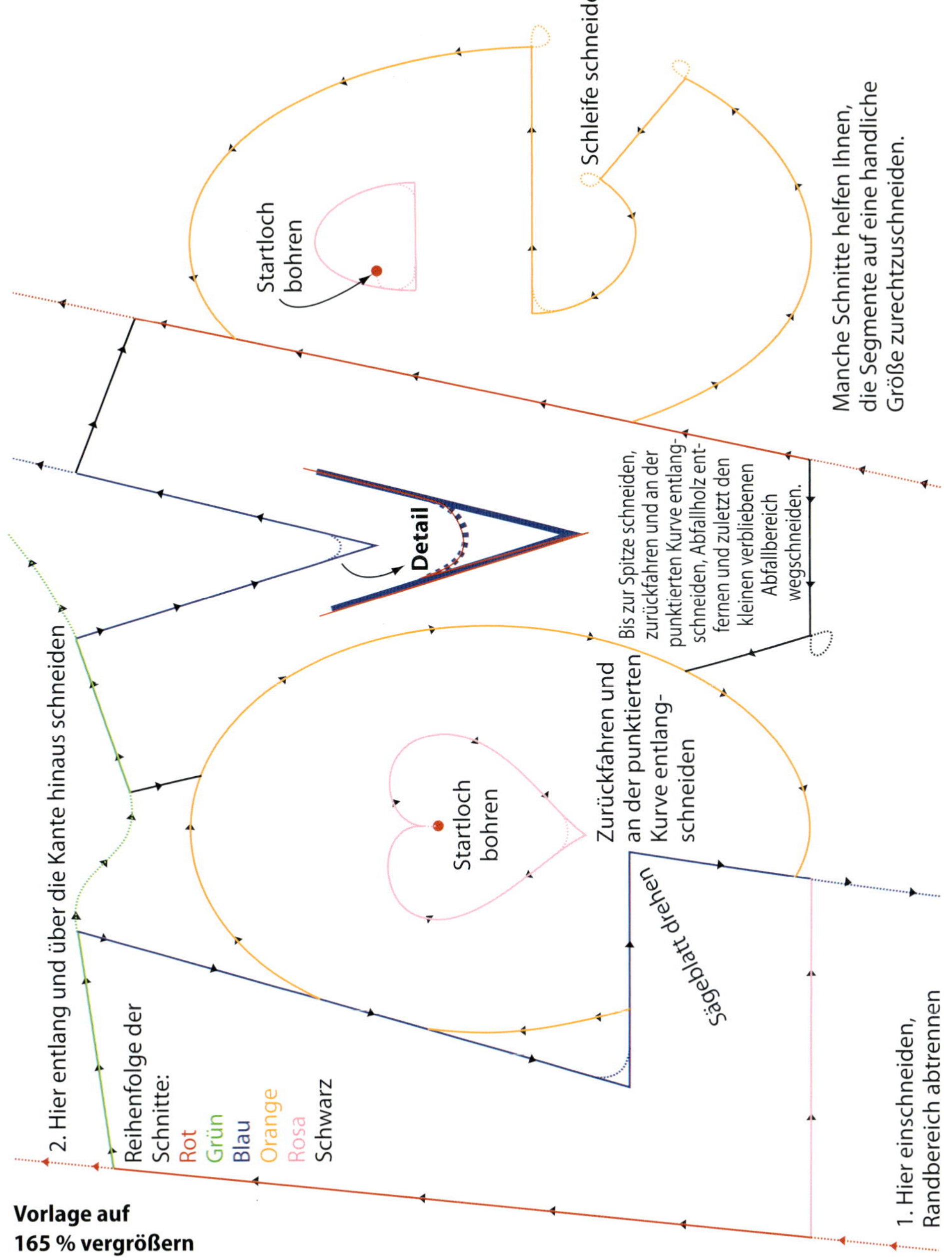

Vorlage auf 165 % vergrößern

LEGENDE

▶ Schnittrichtung

······ In den Abfallbereich hineinschneiden

3. Übung

Praxis erwerben

Halten Sie sich auch bei der einfachen Vorlage für das Schwein an denselben Farbcode. Sägen Sie das ganze Projekt aus einem Stück Weichholz aus. Die Arbeitsschritte – Schneiden, Schleifen, Kleben – sind dieselben wie in der Anleitung für den Goldfisch (S. 10).

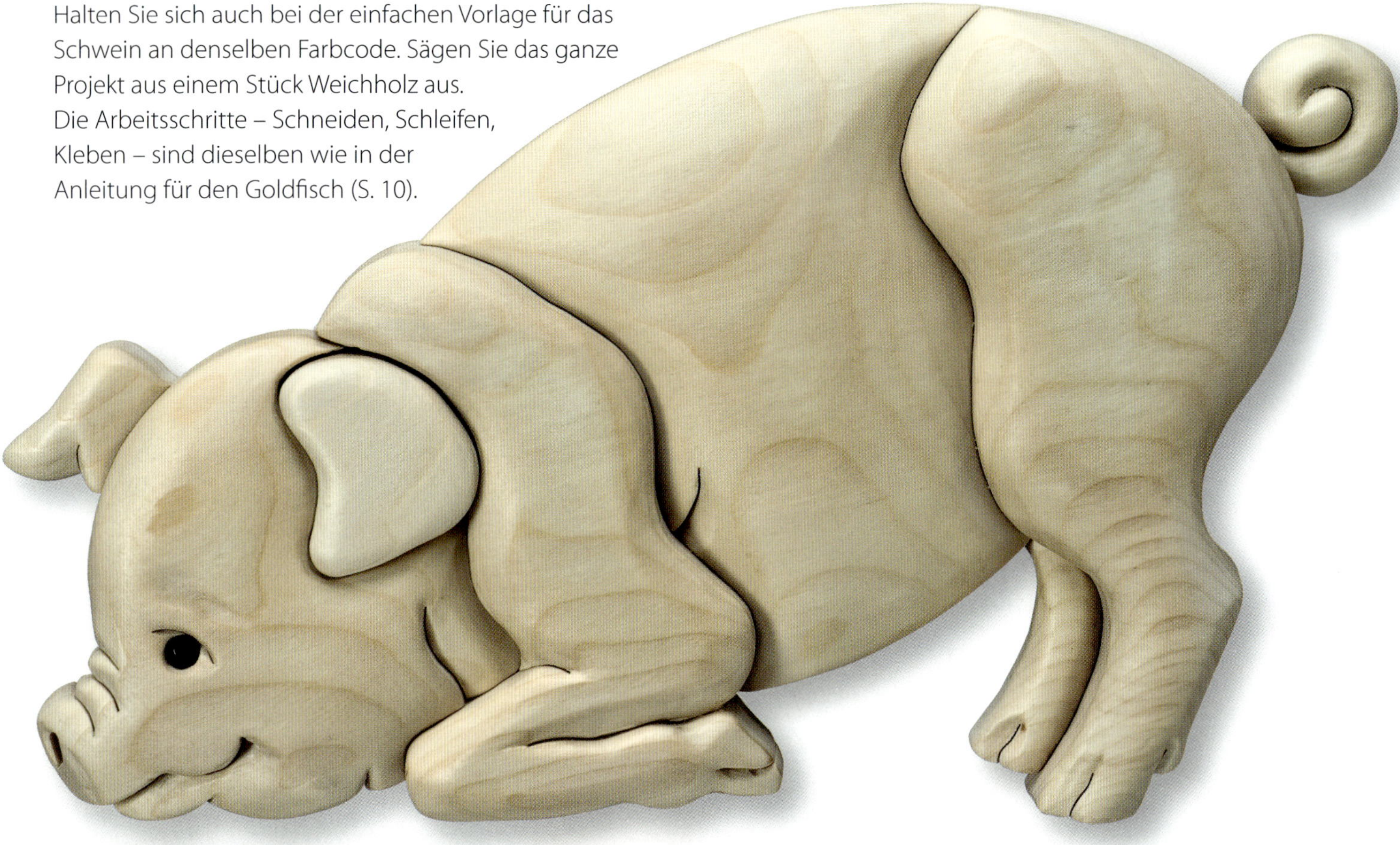

Material

- helles Weichholz (Zeder, Pappel, Kiefer), 220 x 280 x 19–25 mm

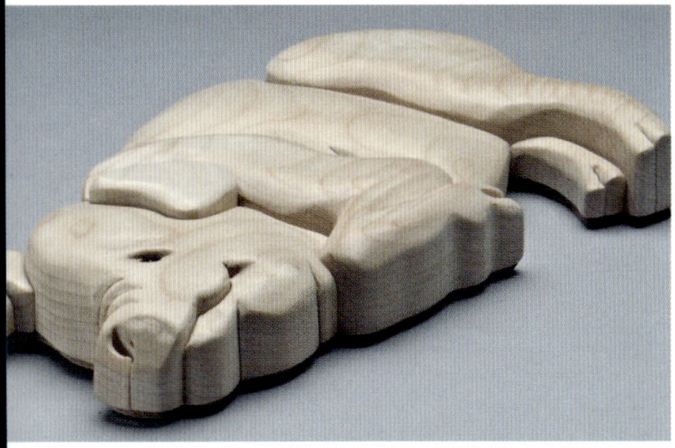

Tipps

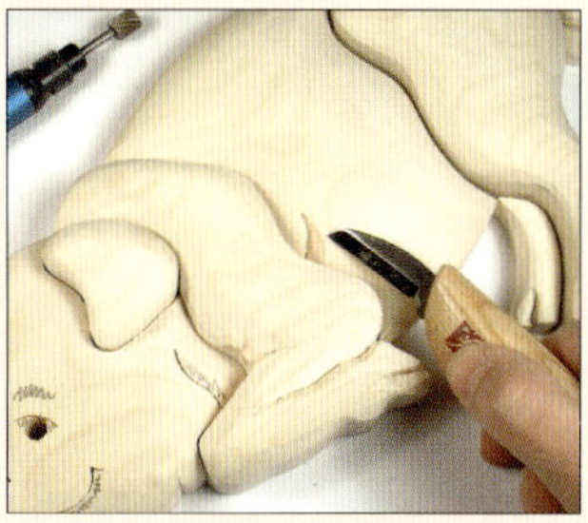

Formen Sie kleine Teile (Schwanz, Beine oder das Maul …) mit einem kleinen Multifunktionswerkzeug mit einem 13-mm- oder 6-mm-Schleifband oder einem Fräsmesser – oder schnitzen Sie sie von Hand und versäubern Sie die Schnitte mit dem Schnitzmesser.

- Schneiden Sie die Linien in dieser Reihenfolge: Rot, Grün, Blau, Orange, Rosa, Schwarz.
- Schneiden Sie immer in Pfeilrichtung.
- Runden Sie die Figur an den Kanten vorsichtig ab. Nehmen Sie bei den Bereichen, die auf der Vorlage grau schattiert sind, mehr Material weg.
- Um kleine Teile an die Schleiftrommel zu halten, nehmen Sie eine Zange oder eine Pinzette.
- Für das Auge runden Sie das Ende eines Dübels ab, der in das Bohrloch passt. Färben Sie das Ende mit dem Brandmalgerät, mit Beize oder Lackfarbe schwarz. Kleben Sie den Dübel in das Loch.

LEGENDE

⟶	Faserrichtung
S	schwarzes (dunkles) Holz
W	weißes Holz
+13 mm	um 13 mm dickeres Holz oder Unterlegscheibe verwenden
- - - - -	Unterlegscheibe

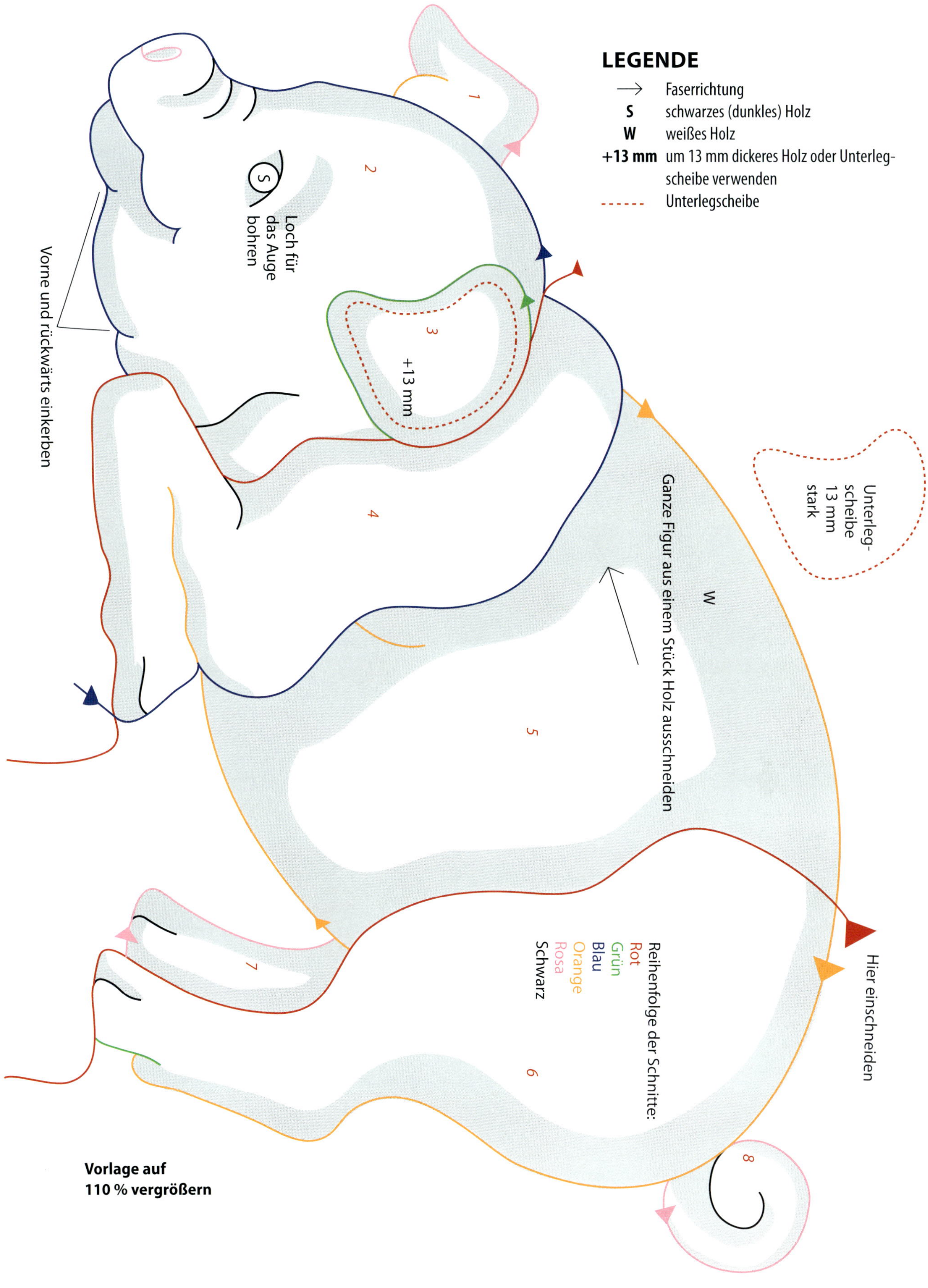

Vorlage auf 110 % vergrößern

4. ÜBUNG

Passgenau schneiden

Wenn Sie mehrere Holzarten verwenden (hier sind es zwei), müssen Sie ganz genau schneiden, damit sich die Teile nachher problemlos zusammenfügen lassen. Bei unserem Pandabären gilt dies besonders für die gelb markierten Vorlagelinien. Schneiden Sie langsam und vorsichtig, damit Sie nicht von der Linie abkommen.

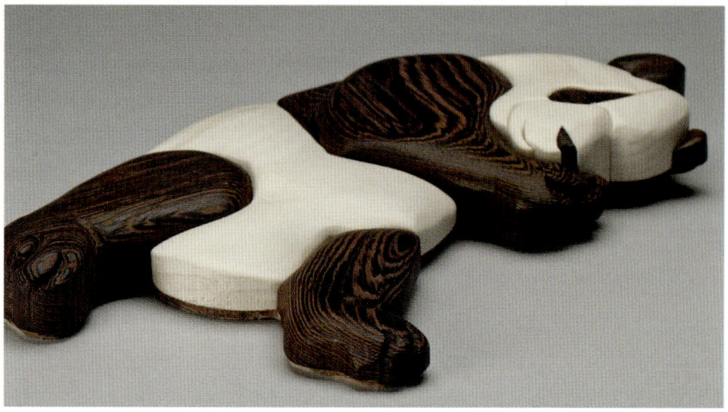

Tipps

- Schneiden Sie die gelb markierten Linien besonders langsam und genau. Vorsicht bei den Hinterbeinen und dem Ohr, das dem Betrachter zugewandt ist.
- Damit dieses Ohr stärker hervortritt, senken Sie seine Umgebung ab.
- Arbeiten Sie das Kinn und die Linien an den Pfoten mit einem Schnitzmesser oder einem Multifunktionswerkzeug mit Fräskopf heraus. Der Schleifmop sorgt für eine schöne Oberfläche.
- Runden Sie das Auge ab, geben Sie ihm mit dem Brandmalgerät eine schöne schwarze Farbe und tragen Sie Klarlack auf.

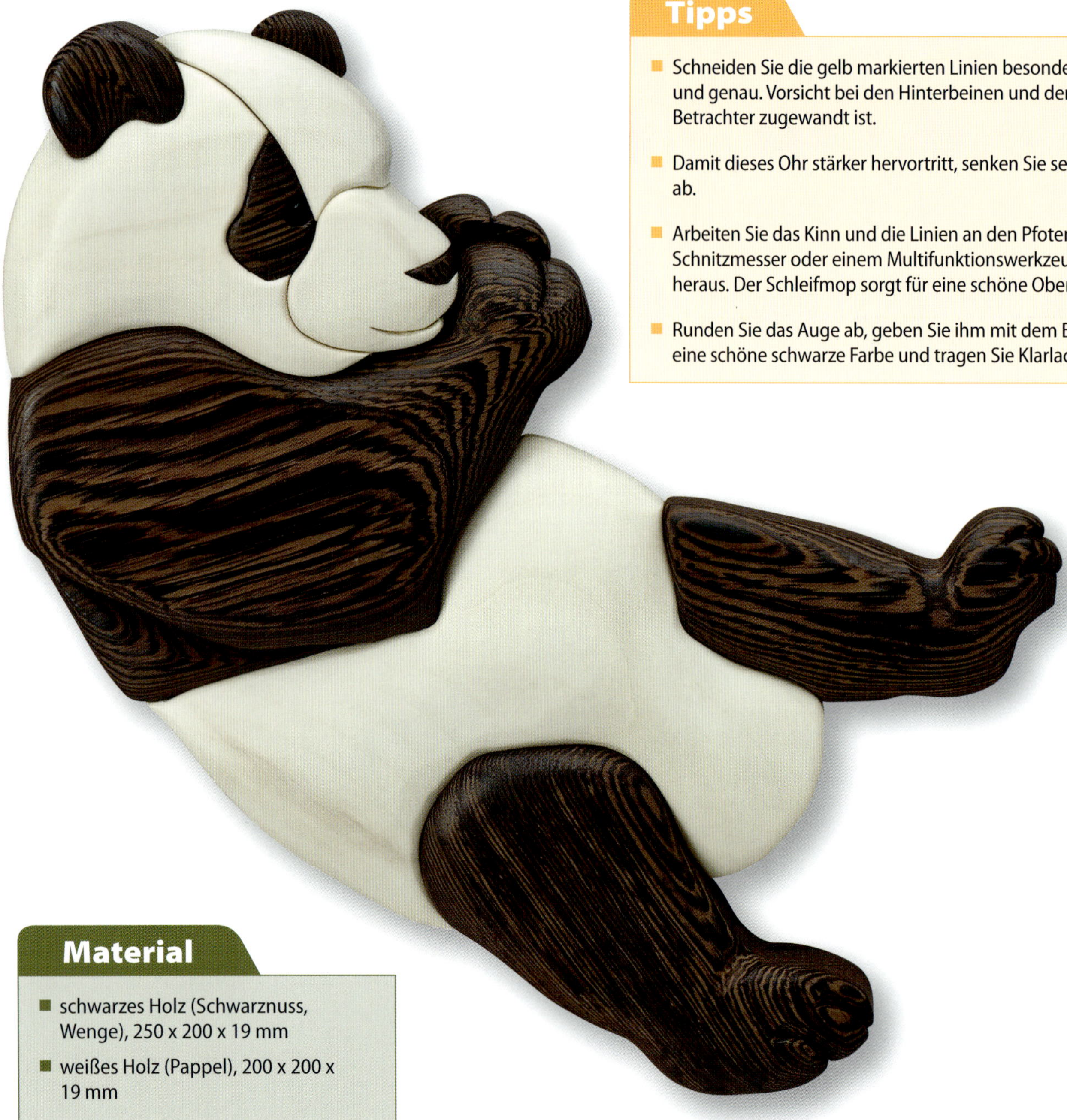

Material

- schwarzes Holz (Schwarznuss, Wenge), 250 x 200 x 19 mm
- weißes Holz (Pappel), 200 x 200 x 19 mm

Gelb markierte Linien möglichst langsam und genau schneiden (wichtig für Passgenauigkeit)

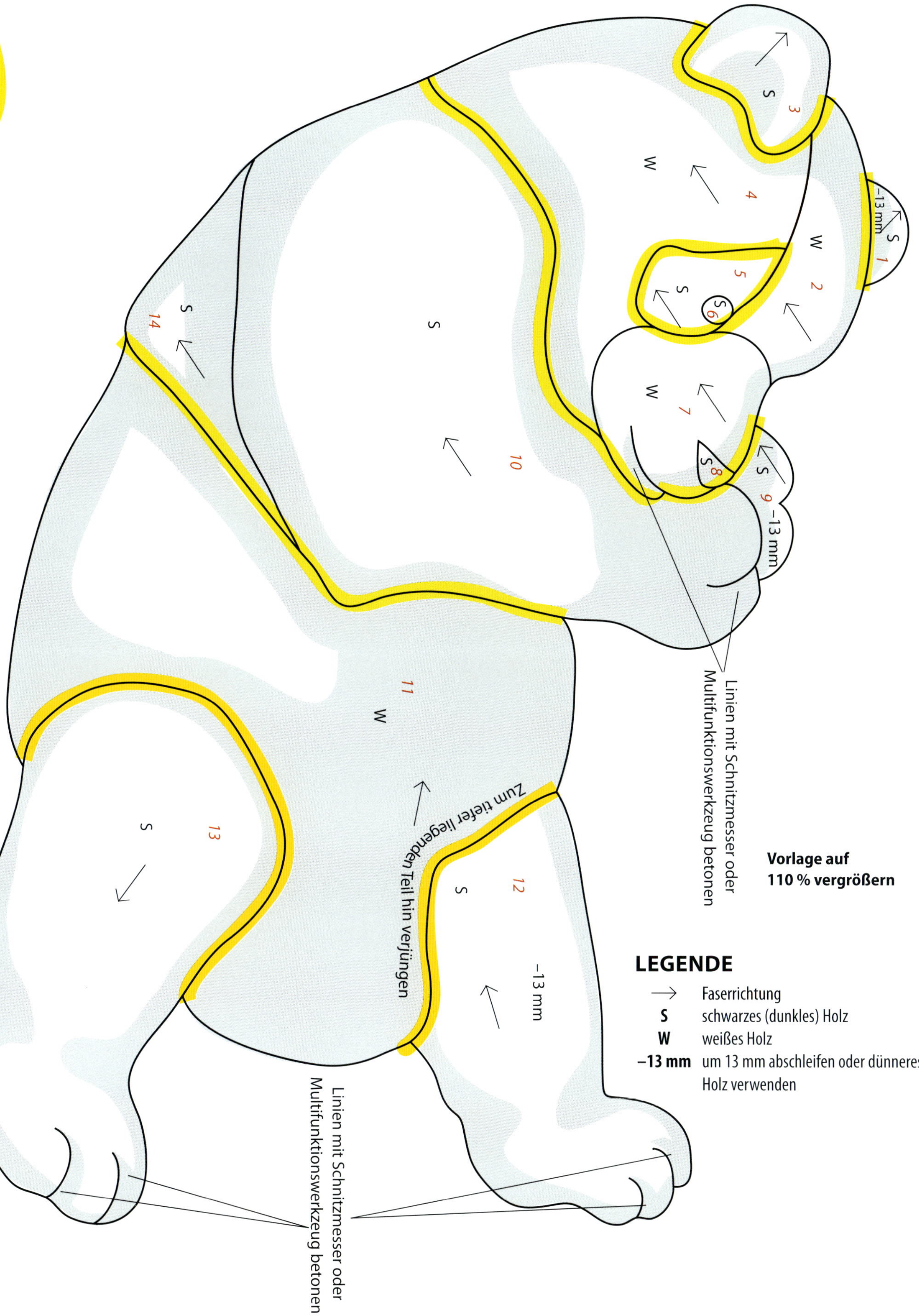

Vorlage auf 110 % vergrößern

LEGENDE

→	Faserrichtung
S	schwarzes (dunkles) Holz
W	weißes Holz
–13 mm	um 13 mm abschleifen oder dünneres Holz verwenden

5. ÜBUNG

Nachschneiden

Bei Intarsienarbeiten aus mehreren Holzarten werden die verschiedenfarbigen Teile separat ausgeschnitten und sollen trotzdem genau zusammenpassen. Das funktioniert leider nicht immer auf Anhieb. Mit zunehmender Übung wird es Ihnen immer besser gelingen, die Teile gleich beim ersten Mal genau zu schneiden. Aber auch das Nachschneiden der Fuge zwischen zwei Teilen sollten Sie üben! Dabei müssen Sie die beiden Teile mit den Fingern gut zusammendrücken. Lassen Sie sich nicht entmutigen, wenn es nicht gleich klappt. Wenn Sie den Trick einmal heraus haben, müssen Sie sich nie mehr über mangelnde Passgenauigkeit und unschöne Lücken zwischen den Teilen ärgern!

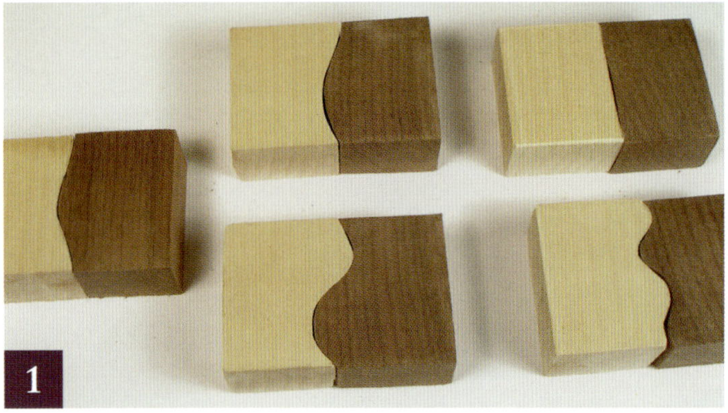

1

Nehmen Sie ein Sägeblatt Nr. 3 oder 2 (weitgezahnt oder mit Gegenzähnen). Schneiden Sie die linke Seite (Teil A) aus einem dunklen, die rechte Seite (Teil B) aus einem hellen Rohling aus. Sie müssen nicht allzu genau schneiden – Sie wollen ja das Korrigieren von Ungenauigkeiten üben!

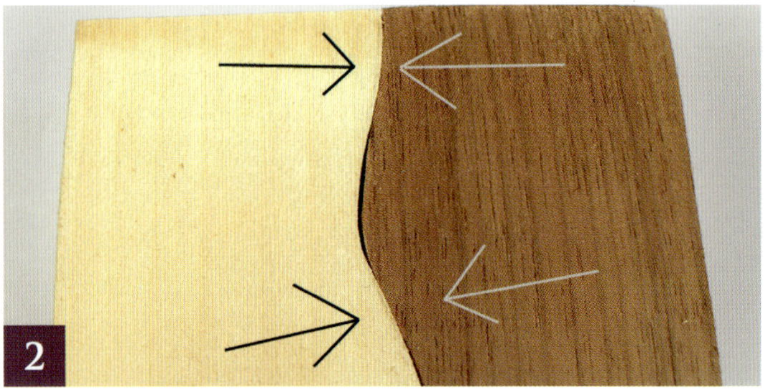

2

Zersägen Sie die Teile an den punktierten Linien entlang in einzelne Abschnitte. Nummerieren Sie diese auf der Rückseite. Halten Sie zuerst die beiden Teile mit der Nummer 1 aneinandergedrückt gegen das Licht, um die Lücken besser zu sehen. Markieren Sie die Stellen, wo die Teile sich berühren – hier müssen Sie nachschneiden, um die Teile dicht aneinander zu bringen.

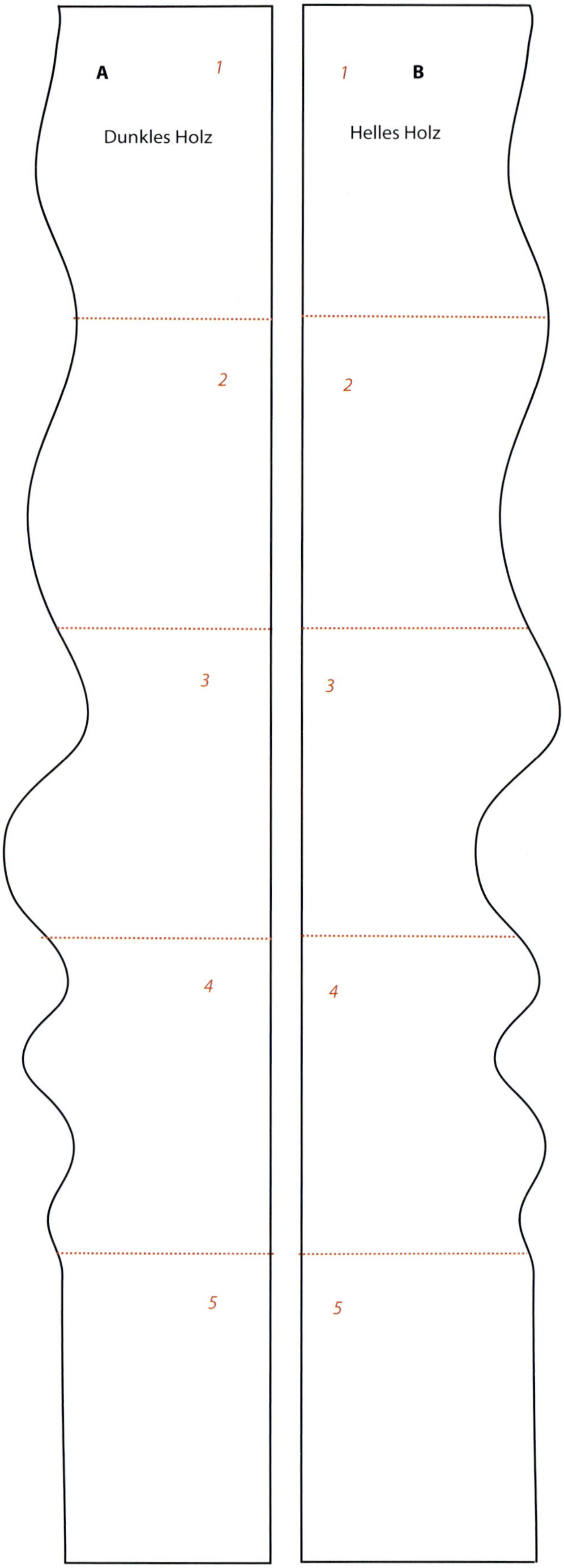

Vorlage auf 110 % vergrößern

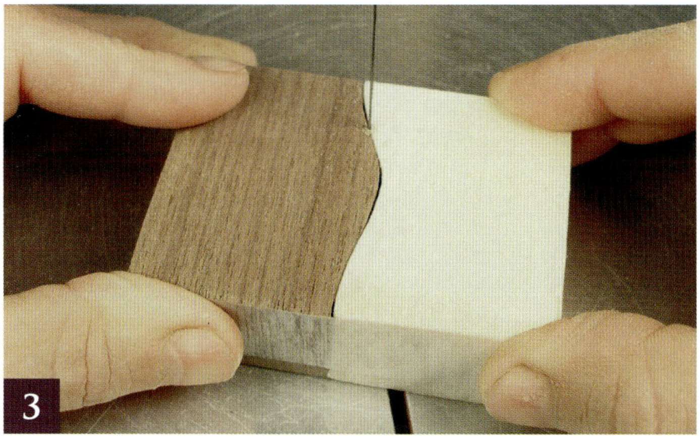

Drücken Sie die beiden Teile aneinander. Sichern Sie sie an der Rückseite und an den Enden mit durchsichtigem Klebeband, damit sie nicht verrutschen (vor allem, solange Sie es noch nicht gewohnt sind, die Teile während des Schneidens zusammengedrückt zu halten). Schneiden Sie langsam und vorsichtig und drücken Sie die Teile dabei leicht zusammen. Sie werden merken, wie das Sägeblatt ohne Widerstand durch die Fuge gleitet, bei den eng aneinanderliegenden Bereichen jedoch langsamer wird und schneidet.

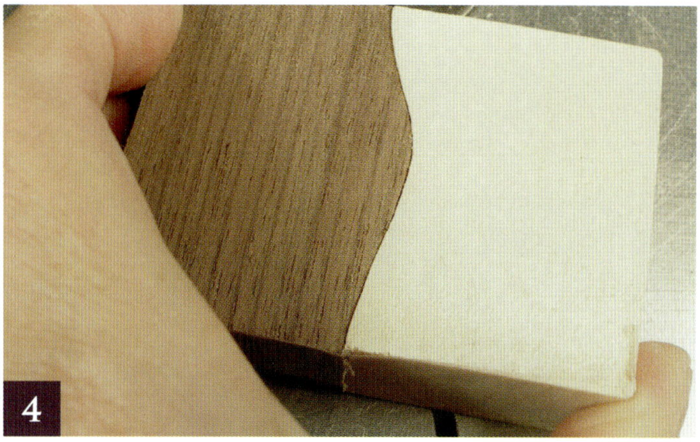

Halten Sie die fertig gesägten Teile nochmals gegen das Licht. Wenn noch Lücken zu sehen sind, wiederholen Sie den Vorgang.

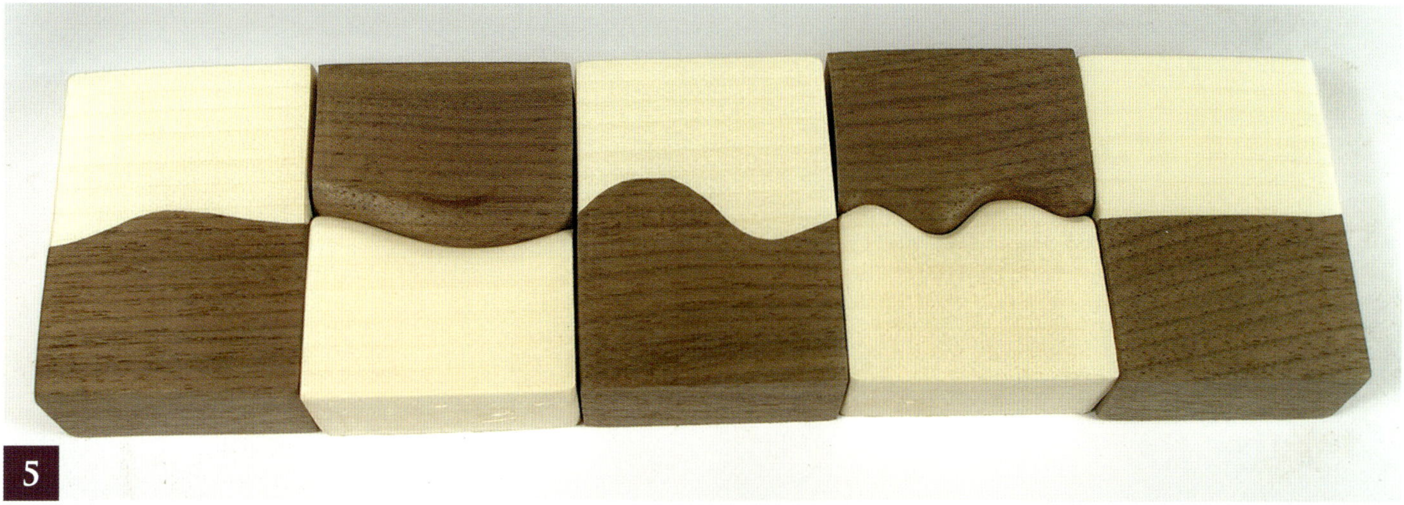

Bearbeiten Sie ebenso die anderen verschiedenfarbigen Teilpaare (Nr. 2–5). Versuchen Sie, das Klebeband auf der Rückseite wegzulassen. Wenn die Kanten der Teile nach dem Nachschneiden gleichmäßig dicht aneinanderliegen, beherrschen Sie die Technik so gut, dass Sie sie bei Ihren Intarsienarbeiten einsetzen können.

Tipps

- Gerade Linien wie beim Teilpaar Nr. 5 sind oft am schwersten nachzuschneiden. Damit das Holz beim Schneiden nicht verrutscht, fixieren Sie die Teile mit Klebeband aneinander.

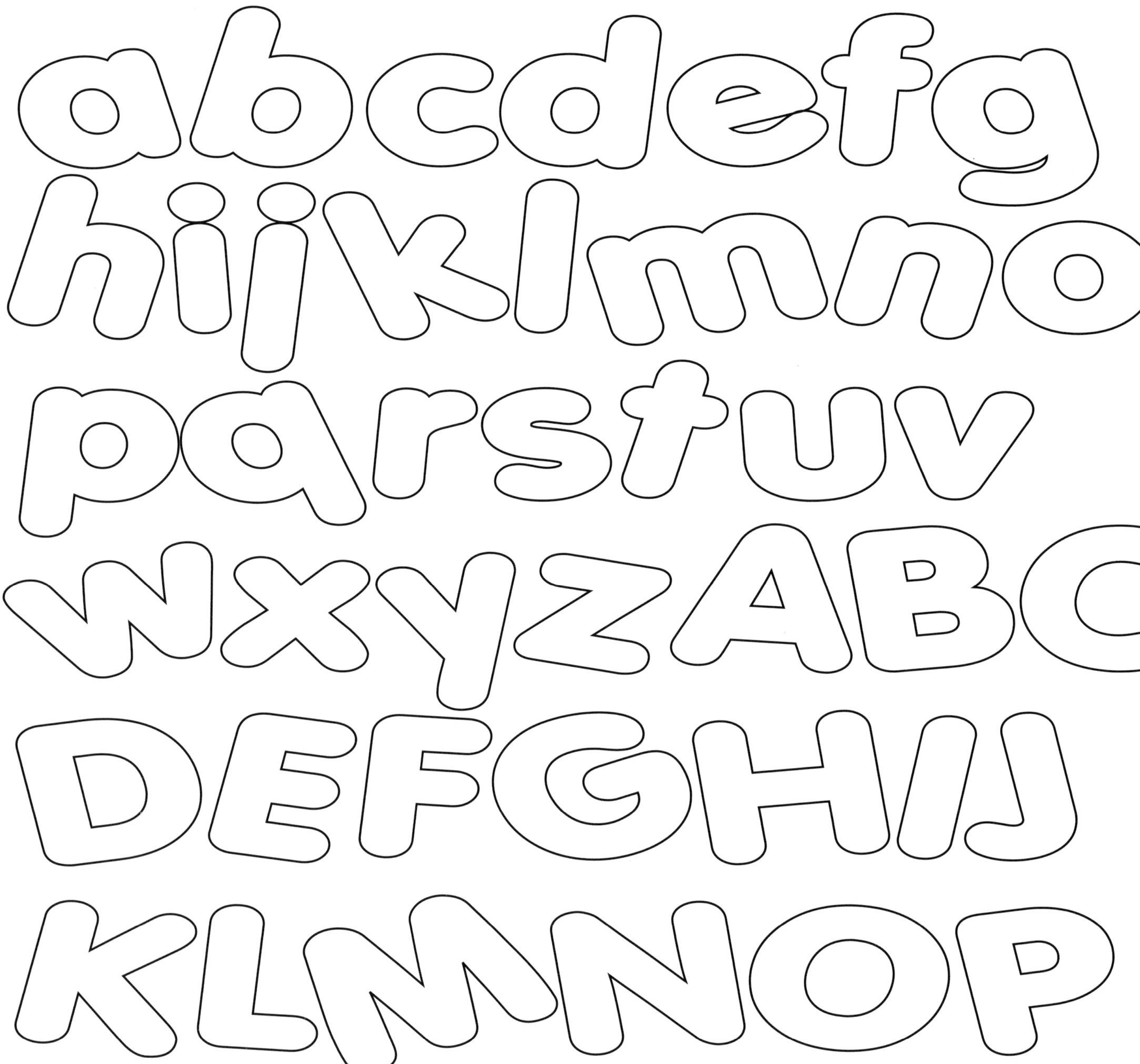

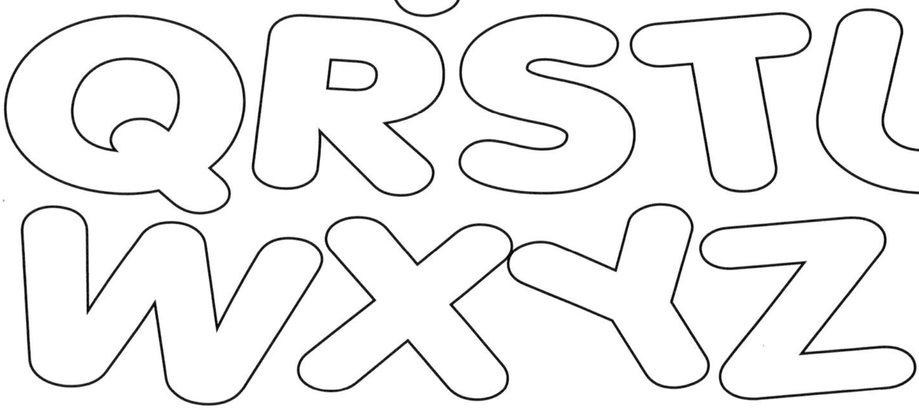

Als Perfektionsübung für den Umgang mit der Dekupiersäge schneiden Sie diese Buchstaben aus. Sie können sie verwenden, um das Namensschild auf S. 37 und den Fotorahmen auf S. 68 zu beschriften.

Nützliche Werkzeuge für Intarsienarbeiten

Eine Dekupiersäge und ein kleines Handschleifgerät genügen, um wunderschöne Intarsienarbeiten zu gestalten. Mit einigen zusätzlichen Geräten macht die Arbeit jedoch mehr Freude und Sie sparen auch noch Zeit. Kaufen Sie die besten Geräte, die Sie sich leisten können.

Dekupiersäge

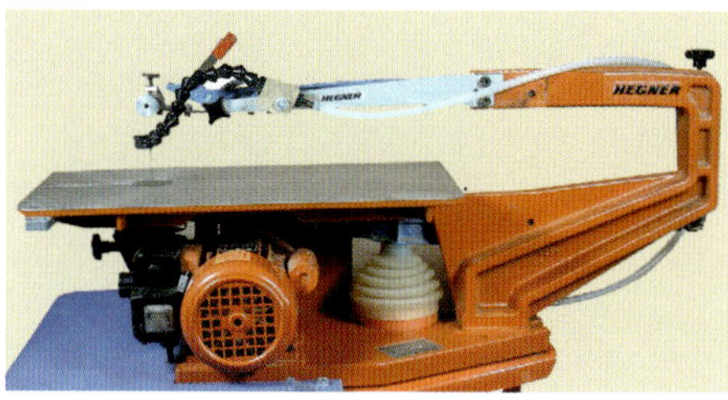

Wenn Sie noch keine Dekupiersäge haben und große Projekte in Angriff nehmen wollen, wählen Sie ein Gerät mit einer großen Halsweite und einem Sägetisch. Vielleicht können Sie vor dem Kauf das eine oder andere Gerät im Bekanntenkreis oder bei einem Verein ausprobieren oder sich Empfehlungen im Internet holen (bspw. über **www.scroll-sawprojects.net**).

Bei der Arbeit muss der Sessel auf die richtige Höhe eingestellt sein. Überprüfen Sie, ob das Sägeblatt senkrecht zum Tisch steht und richtig gespannt ist. Achten Sie auf eine gute Beleuchtung und tragen Sie eine Staubmaske. Schneiden Sie langsam und vorsichtig; versuchen Sie auf der Linie zu bleiben. Vor allem sägen Sie, so oft Sie können, um die notwendige Praxis und Sicherheit zu erwerben. – Mit der

Bandsäge

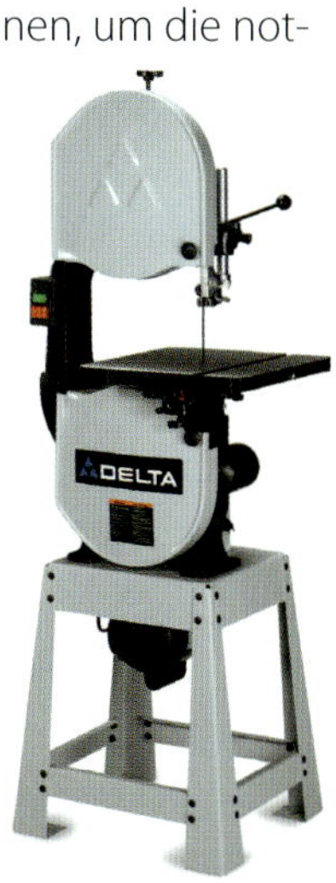

können Sie z. B. schmale Leisten schneiden oder Bretter auftrennen. Ich verwende sie, um große Bretter zu handlicheren Stücken zu zerlegen, die ich mit der Dekupiersäge besser bearbeiten kann. Manchmal reduziere ich die Dicke eines ausgesägten Intarsien-Teils mit der Bandsäge, statt den Teil abzuschleifen. Wenn Sie öfter mit sägerauem Holz oder stärkeren Brettern arbeiten, ist die Anschaffung eines Parallelanschlags oder eines geeigneten Anschlags zum Auftrennen zu überlegen. – Mit einer leistungsstarken

Tischsäge

und dem richtigen Sägeblatt können Sie Leisten schneiden, Fasen anbringen,

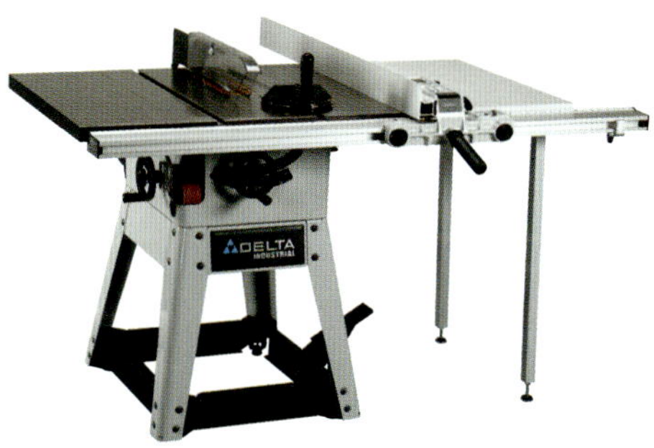

Querschnitte, Gehrungsschnitte und doppelte Gehrungsschnitte ausführen. Ein einfaches Anschlagsystem hilft beim Zuschneiden von Rahmen für Ihre Intarsienprojekte oder beim Zerlegen größerer Hölzer auf eine leicht zu bearbeitende Größe.

Standbohrmaschine

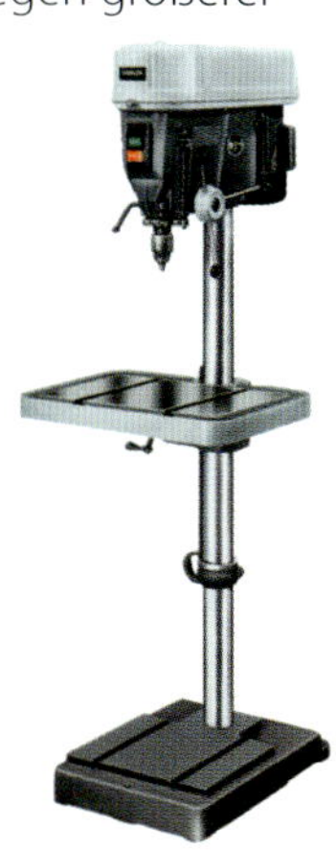

Bessere Kontrolle, genaue Ausrichtung und größerer Bohrdruck sind die Vorteile einer Standbohrmaschine (Säulenbohrmaschine oder Tischbohrmaschine) gegenüber einer herkömmlichen elektrischen Handbohrmaschine. Endlich können Sie das Bohrloch genau dort platzieren, wo Sie wollen! Manche Geräte haben sogar ein Laser-Führungslicht. Große Bohrer in hartes, dickes Holz zu treiben, erfordert starken Druck – für die Standbohrmaschine kein Problem. Schnellspannbohrfutter, zahlreiche Bohrgeschwindigkeiten und ein verstellbarer Tisch sind weitere Pluspunkte.

Dickenhobelmaschine

Wenn die Rückseite des Werkstücks beim Sägen nicht völlig eben ist, vibriert das Sägeblatt und die fertig gesägten Teile passen nicht richtig. Hier hilft die Hobelmaschine. Sie brauchen sie jedenfalls, wenn Sie mit sägerauem Holz arbeiten oder die Materialstärke reduzieren wollen. Mit der Dickenhobelmaschine können Sie Bretter auf eine Dicke von 13 mm, 6 mm oder sogar 3 mm hobeln, raue Stellen glätten und mit der Feineinstellung eine Oberfläche erzeugen, die fast so glatt wie nach dem Feinschleifen ist. Ein Tipp zum Kauf: Die Hobelbreite sollte mindestens 33 cm betragen.

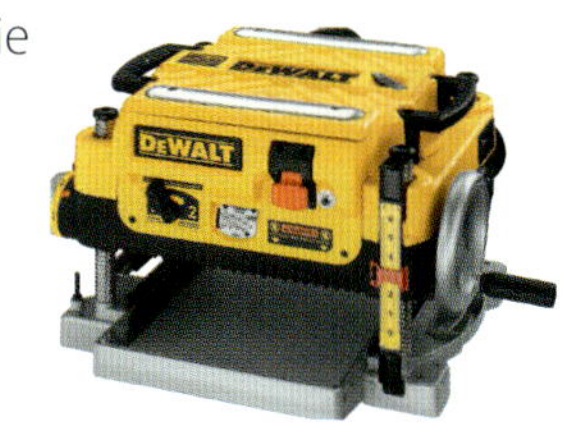

Sägeblätter

Bei der Dekupiersäge unterscheidet man Sägeblätter mit und ohne Querstift. Viele ältere Modelle sind nur für Querstiftsägeblätter geeignet, bei neuen Modellen können Sie meist auch die beliebteren Sägeblätter ohne Querstift nehmen, die es in vielfältigen Ausführungen und auch in ganz kleinen Größen gibt. Einige Varianten werden im Folgenden beschrieben:

Sägeblätter mit Gegenzähnen

Da die untersten 5–7 Zähne nach oben zeigen, werden Ausriss und Grate auf der Rückseite des Werkstücks hintangehalten und Sie erhalten beim Sägen von Sperrholz in Standard- und Premium-Qualität besonders saubere Schnitte.

Weitgezahnte Sägeblätter,

bei denen jeder zweite Zahn fehlt, werfen Sägestaub und Holzschnipsel besonders gut aus.

Standardsägeblätter

Bei diesen „normalen" Sägeblättern zeigen alle Zähne in dieselbe Richtung. An der Rückseite des Werkstücks entsteht dadurch ein Grat. Für weiches und dünnes Holz, scharfe Wendungen und feine Details verwenden Sie ein dünnes Sägeblatt (höchstens Nr. 3), ebenso auch zum Zerlegen von größeren Hölzern in kleine Teile: Durch den schmaleren Sägeschlitz ist auch die Passgenauigkeit besser. Ein Sägeblatt Nr. 5 oder 7 eignet sich für dickes und hartes Holz sowie für Außenschnitte.

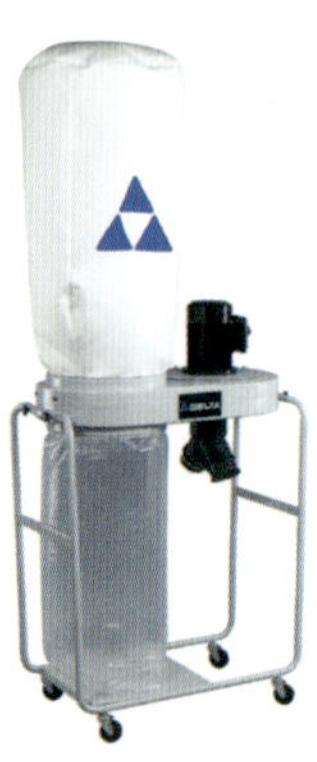

Staubabsaugung, Luftreiniger

Bei etlichen Holzarten ist der Holzstaub giftig und kann ernste Gesundheitsschäden hervorrufen. Daher brauchen Sie eine gute Staubabsaugung für Ihre stauberzeugenden Geräte und einen Luftreiniger für Ihre Werkstatt. Außerdem sollten Sie beim Sägen und Schleifen eine Staubmaske tragen.

Pneumatischer Trommelschleifer

Für Schleifarbeiten nehme ich zu 95 % dieses Gerät. Die Schleifwalze ist eine

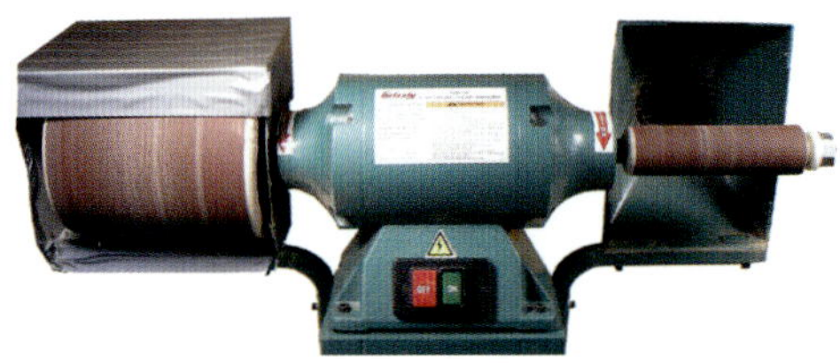

mit Schleifpapier bezogene Hülse aus Leinen, in der sich eine luftgefüllte Blase befindet. Auf Druck gibt sie etwas nach. Mein Schleifgerät hat zwei Trommeln. Die größere (203 mm Ø) ist mit Schleifpapier der Körnung 100 bezogen und nimmt in kurzer Zeit viel Holz weg. Die kleinere Trommel (51 mm Ø) ist mit Schleifpapier der Körnung 180 ausgestattet und erzeugt eine schöne, glatte Oberfläche. Eine gute Staubabsaugung ist ein Muss! Tragen Sie beim Schleifen Staubmaske und Augenschutz sowie Fingerschützer aus Gummi. Gewöhnen Sie sich an, den Teil nur leicht an die Trommel zu drücken, zurückzuziehen und wieder dagegen zu drücken. Nehmen Sie nur wenig Material auf einmal weg und legen Sie den Teil zwischendurch immer wieder an seinen Platz, um den Effekt zu überprüfen.

Spindelschleifmaschine

Hier rotiert die Schleifwalze und bewegt sich gleichzeitig auf und ab. Rundungen werden im Nu sauber abgeschliffen. Die austauschbaren Gummiwalzen haben Durchmesser von 19–76 mm; dazu gibt es passende Schleifhülsen.

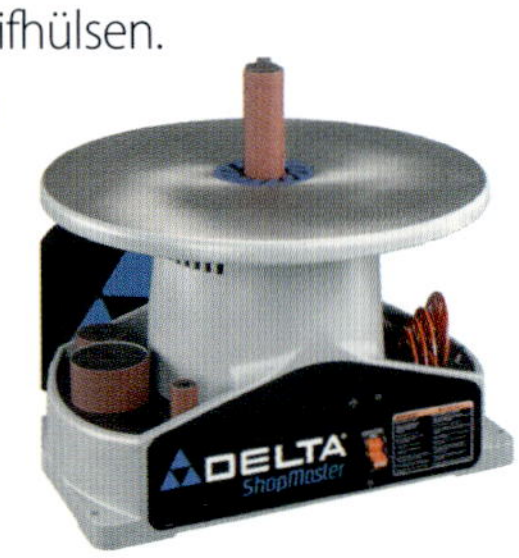

Das Gerät kann statt einem kleinen Multifunktionswerkzeug an Innenrundungen, bei konkaven Bereichen (z. B. Augenpartie) und anderen schwer zugänglichen Stellen eingesetzt werden und eignet sich perfekt für Korrekturen, zur Verbesserung der Passgenauigkeit, zum „Reparieren" schiefer Schnitte und verwackelter rechter Winkel.

Schleifmop

Zerfranste Schleifpapierscheiben werden – durch Abstandstücke getrennt – an einer Achse angebracht und bilden den radförmigen Schleifmop. An einem Multifunktionswerkzeug mit variabel einstellbarer Geschwindigkeit montiert, funktioniert er meiner Meinung nach am besten. Man kann ihn aber auch an einer Standbohrmaschine oder sogar an einer elektrischen Handbohrmaschine anbringen. Die variable

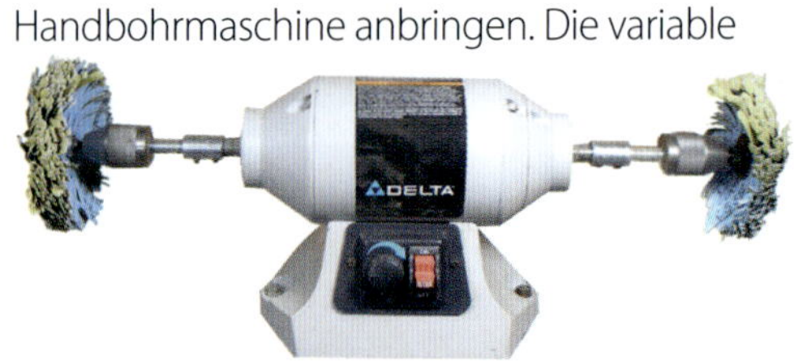

Geschwindigkeit ist sinnvoll, da manche Hölzer (z. B. Kirsche) bei zu hoher Umdrehungszahl Brandspuren bekommen. Ich verwende zuerst einen Schleifmop mit 120er-Körnung und gehe für den Feinschliff zu 220 oder einer noch feineren Körnung über. Die gröbere Körnung entfernt scharfe Kanten und spart Zeit. Tragen Sie beim Arbeiten immer Augenschutz und Staubmaske. Halten Sie das Werkstück leicht gegen den Mop und bewegen Sie es ständig, sonst wird es an einer Stelle zu stark abgeschliffen. Wenn Sie das Werkstück zu tief hineindrücken oder nicht fest genug halten, wird es vom Mop erfasst und weggeschleudert. Kleine Stücke oder Teile, die sich schwer festhalten lassen, halte ich mit einer Pinzette oder Nadelzange in den Mop.

Tisch-Walzenschleifmaschine

Inmitten einer ebenen Oberfläche befindet sich ein Schlitz, aus dem die Schleifwalze hervorragt. Damit können Sie

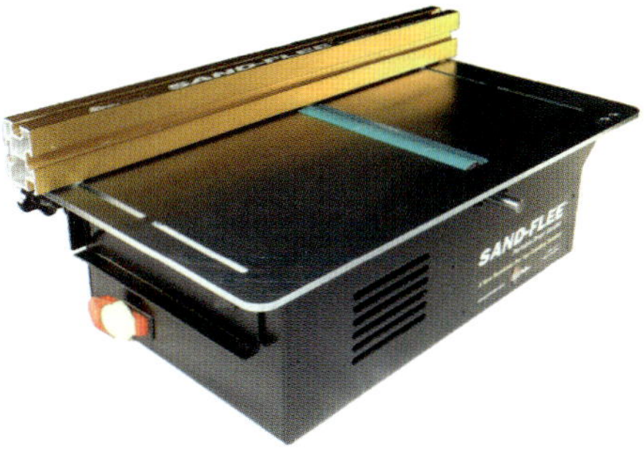

die Rückseite eines Werkstücks glatt abschleifen, von Klebstoffresten befreien sowie Unebenheiten und Grate entfernen, die durch das Sägen mit einem Sägeblatt ohne Gegenzähne entstehen. – Ein

Mikro-Druckluftschleifer

oder ein kleines Multifunktionswerkzeug mit variabler Geschwindigkeit ist zum Schleifen von kleinen Bereichen und Innenrundungen und zum Herausarbeiten von Details zu empfehlen. Für schwer zugängliche Bereiche verwende ich einen Fräskopf.

Schnitzwerkzeuge

Bei manchen Projekten sind leichte Schnitzarbeiten vorgesehen. Wenn Sie mit dem Schnitzmesser noch nicht umgehen können, legen Sie sich am besten ein Einführungsbuch zum Thema Schnitzen zu. Ergänzen Sie Ihre Ausrüstung um ein paar hochwertige Schnitzmesser oder nehmen Sie stattdessen ein X-Acto-Messer mit neuer Klinge. Ein Schleifstein hält die Klinge scharf.

Beim Schnitzen besteht Verletzungsgefahr. Sicherheit hat Vorrang! Tragen Sie einen Schnitzhandschuh, gehen Sie mit dem Schnitzmesser vorsichtig um und üben Sie nicht zu viel Druck aus. Arbeiten Sie so, dass das Messer nicht in Ihrem Finger oder einem anderen Körperteil landet, wenn es einmal abrutscht. – Mit einem

Brandmalgerät

(auch Holzbrenngerät) können Sie mit wenig Zeit- und Arbeitsaufwand viele Details gestalten und sich oft auch das Ausschneiden und Einfügen kleiner Teile (z. B. Augen – siehe S. 64) ersparen. Wählen Sie ein hochwertiges Gerät mit verstellbarer Temperatur und mehreren Brennspitzen.

Weitere nützliche Geräte und Ausrüstungsgegenstände:

Klemmen und/oder Sandsäckchen
Fräse mit Fräsköpfen
Feinschleifer
Kreissäge
Nadelzange/Pinzette
Schleifpapier
Holzgel/Sprühlack
Staubmaske
durchsichtige Klebefolie
Sprühkleber
doppelseitiges Teppichklebeband
durchsichtiges Paketklebeband
Klebestick
CA-Kleber und CA-Kleberentferner

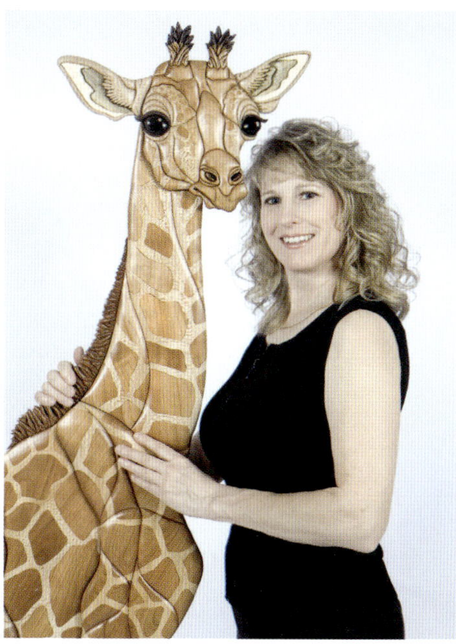

Über die Autorin

Die Liebe zu Tieren und zur Kunst wurde Kathy Wise praktisch in die Wiege gelegt. Schon als Kind hat sie Tierskulpturen aus Seife hergestellt, während ihre Mutter Landschaften und Menschen malte. Während ihrer College-Zeit hat sie eine ganze Reihe weiterer Tierskulpturen geschaffen, die sie nach ihrer Studienzeit auch verkaufte. Nach und nach kam sie zur Intarsientechnik, wobei vor allem ihre Hundeskulpturen bekannt und beliebt wurden. 2004 begann sie für **Scroll Saw Woodworking & Crafts** (ein Dekupiersägen-Magazin) zu schreiben, ein paar Jahre später erschien ihr erstes eigenes Buch zum Thema Intarsien. Einen Einblick in ihre Arbeit gibt die Website: www.kathywise.com

Kathy Wise mit ihrer lebensgroßen Intarsiengiraffe (705 Teile, 1.829 x 660 mm)

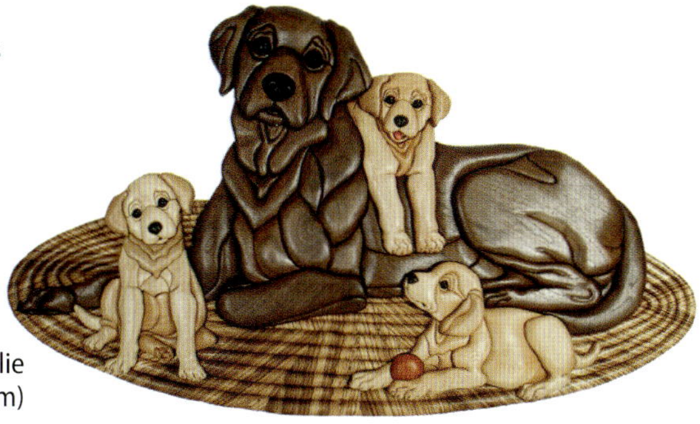

Labradorfamilie (288 Teile, 864 x 483 mm)

Register

Aus unserem Programm

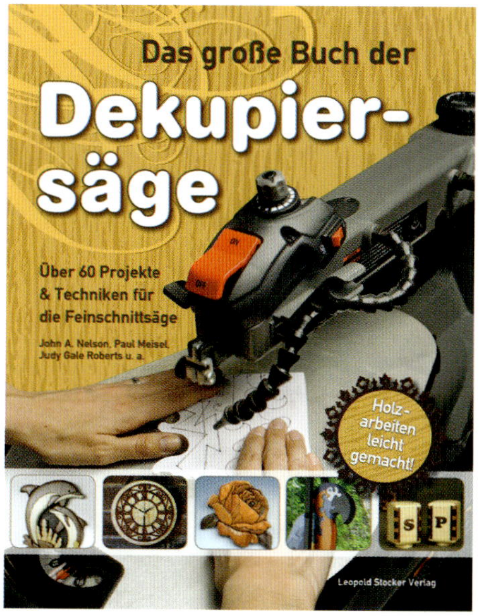

ISBN 978-3-7020-1466-7

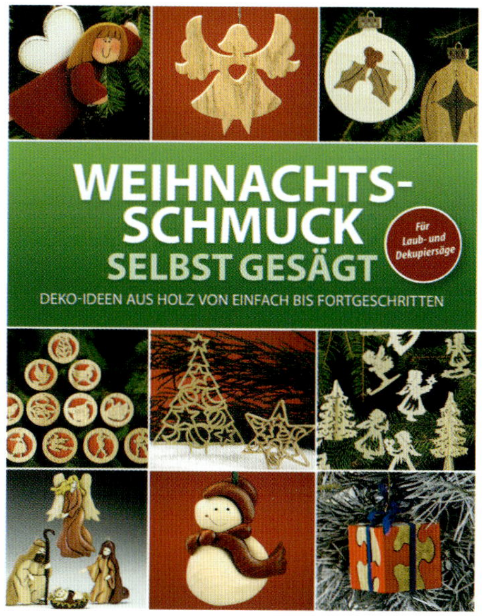

ISBN 978-3-7020-1492-6

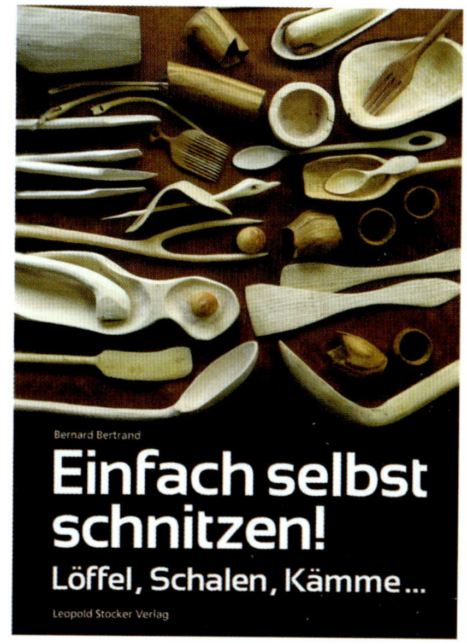

ISBN 978-3-7020-1322-6

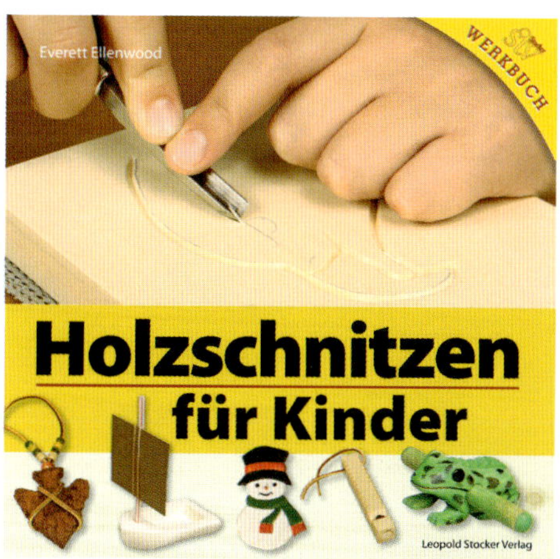

ISBN 978-3-7020-1373-8

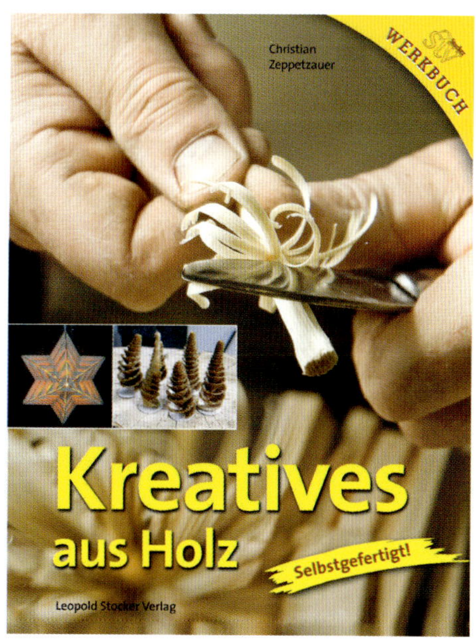

ISBN 978-3-7020-1279-3

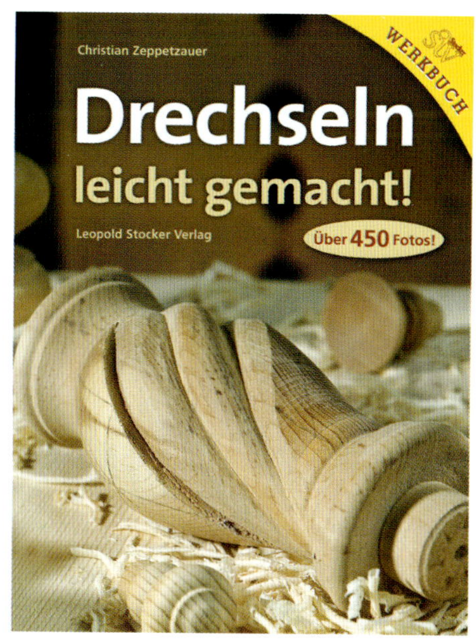

ISBN 978-3-7020-1234-2

Leopold Stocker Verlag

Graz – Stuttgart

Aus unserem Programm

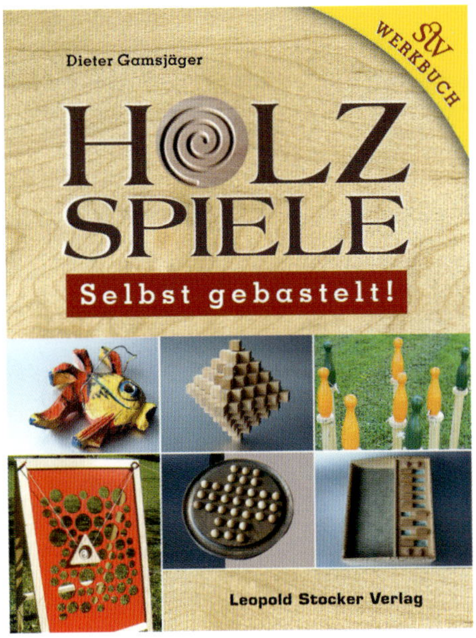

ISBN 978-3-7020-1081-2

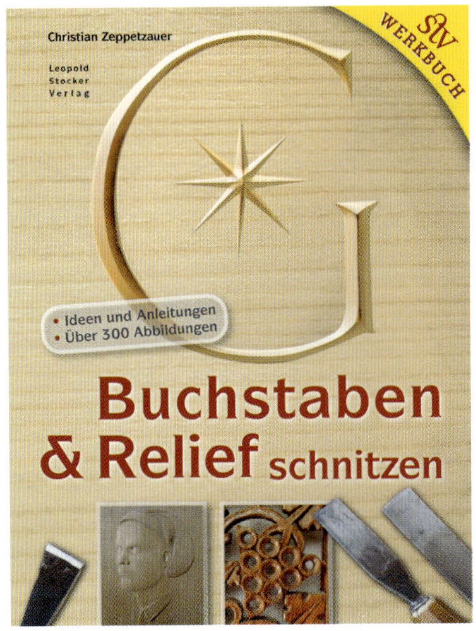

ISBN 978-3-7020-1490-2

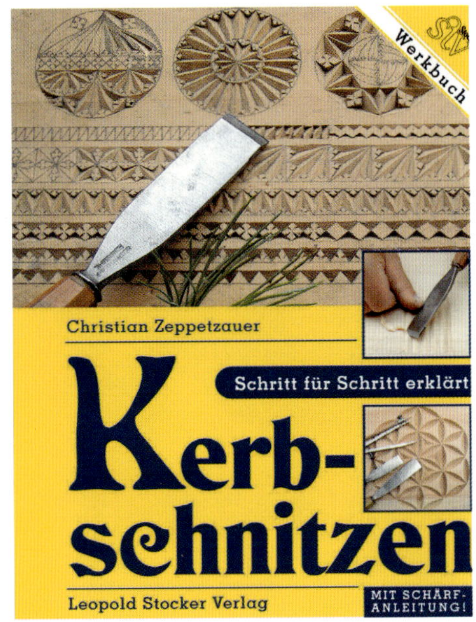

ISBN 978-3-7020-1057-7

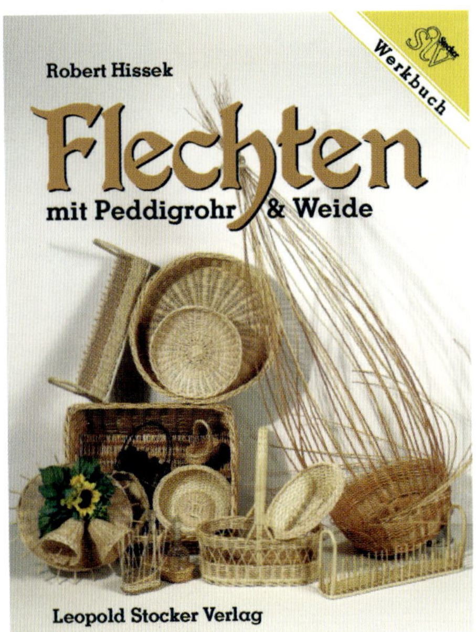

ISBN 978-3-7020-0949-6

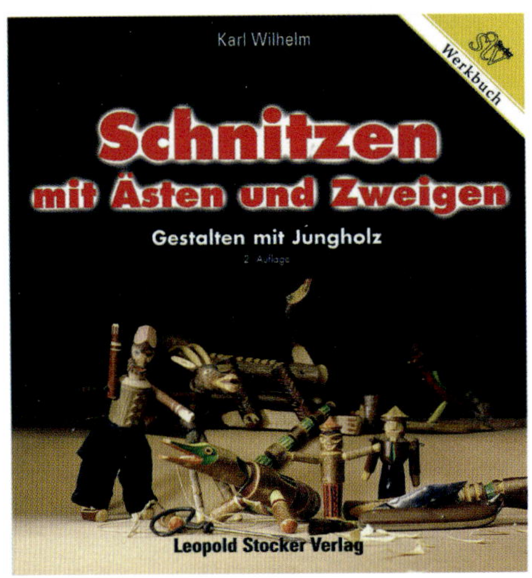

ISBN 978-3-7020-0857-4

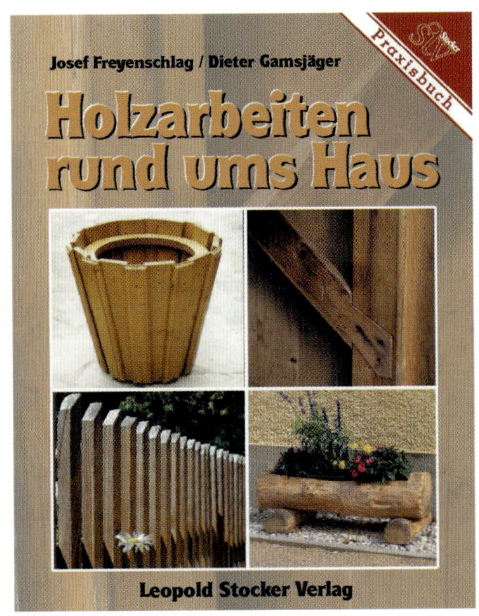

ISBN 978-3-7020-0922-9

Leopold Stocker Verlag

Graz – Stuttgart